煤炭技工学校“十二五”规划教材

煤 矿 测 量

中国煤炭教育协会职业教育教材编审委员会　编

煤 炭 工 业 出 版 社

·北　京·

图书在版编目（CIP）数据

煤矿测量/中国煤炭教育协会职业教育教材编审委员会编．--北京：煤炭工业出版社，2013

煤炭技工学校“十二五”规划教材

ISBN 978-7-5020-4054-3

Ⅰ．①煤…　Ⅱ．①中…　Ⅲ．①矿山测量—技工学校—教材　Ⅳ．①TD17

中国版本图书馆 CIP 数据核字(2012)第 091773 号

煤炭工业出版社　出版

（北京市朝阳区芍药居 35 号　100029）

网址：www. cciph. com. cn

煤炭工业出版社印刷厂　印刷

新华书店北京发行所　发行

*

开本 787mm × 1092mm 1/16　　印张 14

字数 325 千字　　印数 1—3 000

2013 年 6 月第 1 版　　2013 年 6 月第 1 次印刷

社内编号 6877　　定价 28.00 元

版权所有　违者必究

本书如有缺页、倒页、脱页等质量问题，本社负责调换

中国煤炭教育协会职业教育教材编审委员会

主　　任　邱　江

常务副主任　刘　富

副 主 任　刘爱菊　肖仁政　吴占鹏　武继承　魏焕成
曹允伟　仵自连　雷家鹏　丁　波　韩文东
李传涛　牛耀宏　程建业

秘 书 长　刘　富（兼）

委　　员　（按姓氏笔画排序）
丁　波　王　忱　王明生　牛宪民　牛耀宏
甘志国　仵自连　任秀志　刘　富　刘爱菊
孙茂林　肖仁政　吴丁良　吴占鹏　邱　江
何富贤　邹京生　张久援　张延刚　张瑞清
陈季言　武继承　赵　杰　赵俊谦　贾　涛
夏金平　曹中林　梁茂庆　葛　侃　董　礼
韩文东　程光岭　程建业　温永康　谢宗东
雷家鹏　魏焕成

主　　编　刘俊荷

前　言

“十二五”期间，煤炭职业教育必须坚持认真贯彻党的教育方针，全面实施素质教育；坚持以服务为宗旨、以就业为导向、以提高质量为重点，立足煤炭、面向社会办学，增强职业教育服务煤炭工业发展和社会主义现代化建设的能力；深化人才培养模式改革，完善教学内容，创新教学方法，突出职业技能培养，全面提升学生的综合素质和职业能力。为此，中国煤炭教育协会组织煤炭行业职业教育专家编制了《煤炭技工学校专业目录》，并在人力资源和社会保障部备案，同时完成了《煤炭职业教育“十二五”教材建设规划》编制工作，提出了教材建设工作继续坚持“改革创新、突出特色、提高质量、适应发展”的指导思想，新的教学方法研究和教材开发工作进展顺利，一套“结构科学、特色突出、专业配套、质量优良”的煤炭技工学校“十二五”规划教材正在陆续出版发行，将为煤炭职业教育的创新发展提供有力的技术支撑。

这套教材主要适用于煤炭技工学校教学、工人在职培训和就业前培训，也适合具有初中文化程度的工人自学和工程技术人员参考。

《煤矿测量》是这套教材中的一种，是根据中国煤炭教育协会发布并经人力资源和社会保障部认可的全国煤炭技工学校统一教学计划、教学大纲的规定编写的，经中国煤炭教育协会职业教育教材编审委员会审定，并认定为合格教材，是全国煤炭技工学校教学、工人在职培训和就业前培训的必备的统一教材。

本书由石家庄工程技术学校刘俊荷主编。在本书的编写过程中，得到了有关煤炭技工学校的广大教师和煤矿企业有关工程技术人员的大力支持和帮助，在此一并表示感谢。

中国煤炭教育协会职业教育
教材编审委员会
2013 年 5 月

目　次

绪　论

一、测量学

测量学是人类在生产实践中不断发展而形成的一门应用学科。据《史记》记载，早在夏禹治水时，就使用了“准、绳、规、矩”等测量工具。春秋战国时代发明的指南针，直到现在还被全世界广泛地应用着。测量学是研究地球形状、大小以及确定地面点空间位置的一门学科。它是一门技术科学和应用科学。

测量工作的主要任务包括测定和测设两部分。测定就是使用测量仪器和工具，将测区内的地物和地貌按比例缩小测绘成地形图，供城市规划设计、工程建设和国防建设使用；测设（也称放样、标定）就是将图纸上设计好的建筑物和构筑物的位置标定到实地上，以便施工。

二、测量学的分类

随着国家经济建设的发展和科学技术的进步，测量工作在国家各项建设工作中的作用越来越大，所涉及的内容也越来越丰富，并派生出许多分支学科。如研究整个地球形状和大小以及较大区域内控制测量问题的大地测量学；研究小区域地形图、把地球表面看做平面而不考虑地球曲率影响的地形测量学；利用摄影像片来确定物体的形状、大小和空间位置的摄影测量学，它又分为陆地摄影测量学、航空摄影测量学、水下摄影测量学及航天摄影测量学等分支学科；研究以海洋和陆地水域为测量工作对象的海洋测绘学；为满足工程建设的需要，结合各种工程建设的特点而进行的工程测量学；研究如何确保矿产资源的合理开发、安全生产和矿区环境治理的矿山测量学；研究利用所获取的测量成果资料，编绘和印制各种地图（地形图）的制图学。随着遥感（RS）、卫星全球定位系统（GPS）和地理信息系统（GIS）等新技术的不断发展，新的测量分支学科将会不断涌现。

三、测量工作的作用

测绘科学的应用范围很广。在国民经济建设和社会发展规划中，测绘信息是最重要的基础信息之一；在国防建设中，军事测绘和军用地图是现代大规模诸多兵种协同作战必不可少的重要保障；在科学实验、航空航天、地壳形变和地震预报等研究工作中，也都要应用测绘成果资料。

在地质勘探工程中的地质普查阶段，要为地质技术人员提供地形图和有关测量资料作为其填图的依据；在地质勘探阶段，要进行勘探线、网、钻孔的标定和地质剖面测量。

在采矿工程中，测量工作起着十分重要的作用，在矿区开发的整个过程中都要进行测量工作。在建井阶段，要进行建井和巷道开拓所需的施工和设备安装测量；在生产阶段，除进行井下控制测量和采区测量外，还要开展矿体几何和储量管理、岩层移动监测和地面建筑物保护、矿区环境治理等工作。

在建筑工程中，测量工作也有着广泛的应用。在规划和勘测设计的各个阶段都要求提供各种比例的地形图；在施工阶段，要将设计的建筑物、构筑物的平面位置和高程标定于实地，作为施工的依据；工程竣工后，还要进行竣工测量，绘制各种竣工图，以供日后改建、扩建和维修之用。

四、本课程的主要任务

（1）学习普通测量工作的基本内容，能使用测量仪器、工具测绘某一小区域内的地面要素（地形），按一定的比例缩绘成图（亦称测绘）。

（2）学习矿山测量工作的基本内容，将矿山建设和生产中的各种设计工程，按其几何关系，用测量仪器、工具测设到地面或井下实地，以便于施工。

采矿、地质和工业与民用建筑等专业的学生都应学好测量学，以便在实际工作中运用测量知识解决实际问题。

第一章　测量学基本知识

第一节　地面点空间位置的表示

测量工作的任务之一就是确定地面点的空间位置，即确定该点在基准面（球面或平面）上的投影位置以及该点的高程（高低位置）。由于测量工作是在地球表面上进行的，为了确定地面点的位置，就要选择一个合适的投影面作为基准面，然后在基准面上建立坐标系统，测量出地面点在该坐标系中的坐标值，其次还需确定地面点到该基准面的铅垂距离，这样，地面点的空间位置才可以确定。

一、地面点高低位置的表示

1. 测量工作的基准面

地球表面十分复杂，有高山、深谷、丘陵、平原、河流、湖泊及海洋等。地球上最高的珠穆朗玛峰高出海水面 8843.34 m，最低的马利亚纳海沟低于海水面 11034 m（最低处），它们与地球的半径（6371 km）相比是很微小的，又由于海洋约占整个地球表面积的 71%，因此，可以把地球总的形状近似地看成是一个被海水面包围的球体。

自由静止的水表面称为水准面。海水面受波浪和潮汐的影响，并不能完全静止，故水准面有无数多个。将平均海水面无限延伸，穿过大陆和岛屿围成的闭合曲面，称大地水准面。大地水准面是确定地面点高低位置的基准面。

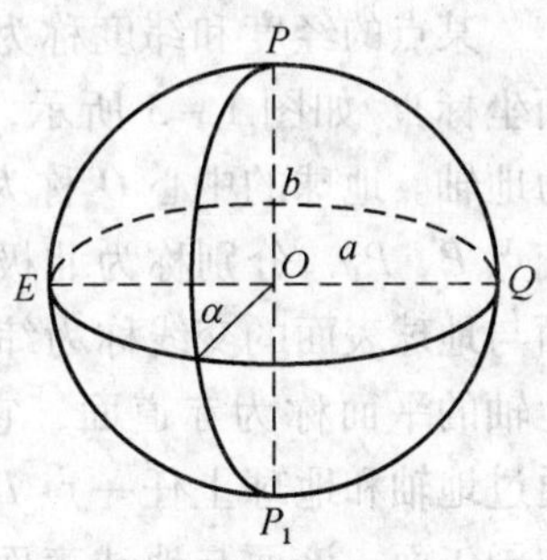

a—长半径；b—短半径

图 1-1　参考椭球体

由于地球内部物质分布不均匀，使地面上各点的铅垂线方向产生不规则的变化，因而大地水准面实际上是一个十分复杂和不规则的曲面。为了便于测量计算和绘图，选择了一个非常接近于大地水准面的辅助曲面，它是一个规则的几何球体，可以用数学公式来表示，把这个辅助曲面所包围的球体称为参考椭球体或旋转椭球体，如图 1-1 所示。在测量工作中，以参考椭球面作为测量计算工作的基准面，并在此面上建立坐标系统。这样，把地球自然表面上的点垂直投影到椭球体的参考面上，就可以确定地面点在球面上的投影位置了。

目前我国采用的椭球参数为：长半轴 $a=6378140$ m，扁率为 1/298.257，并选择陕西省泾阳县永乐镇某点作为大地原点，建立的坐标系称为“1980 年国家大地坐标系”（之前为 1954 年北京坐标系）。

2. 高程

地面点到大地水准面的铅垂距离称为该点的绝对高程（简称高程），亦称标高或海

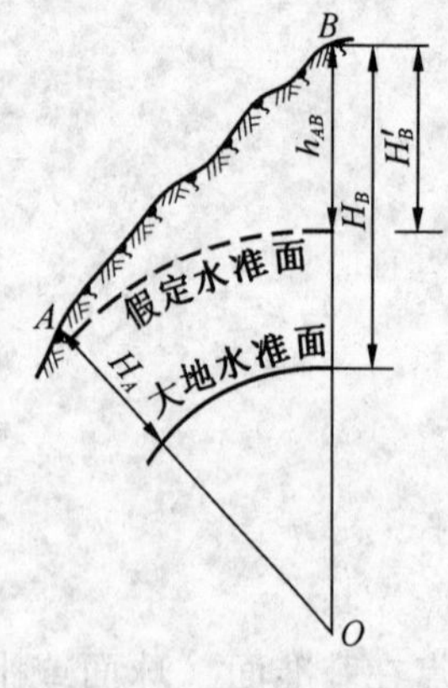

图 1－2 高程与高差

拔。常用 H 表示，如图 1－2 所示，H_A 和 H_B 表示地面点 A 和 B 的高程。点在高程起算面上，其高程的绝对值为零，在大地水准面之上为正值，反之为负值。

我国在青岛设有验潮站。根据 1950—1956 年的验潮资料推算出的黄海平均海水面作为我国的高程起算面，水准原点的高程为 72.289 m，这一系统称为“1956 年黄海高程系”。20 世纪 80 年代初，国家又根据 1953—1979 年的验潮资料推算出新的平均海水面，水准原点（极稳固的半球形玛瑙标志）的高程为 72.260 m，这一系统称为“1985 年国家高程基准”。该基准于 1985 年开始执行。

地面点到假定水准面的铅垂距离称为该点的假定高程，亦称相对高程。图 1－2 所示的 H'_B 就表示 B 点的相对高程或假定高程。

地面上任意两点的高程之差称为高差，常用 h 表示，在图 1－2 中，A 至 B 点的高差为

$$h_{AB}=H_B-H_A \tag{1-1}$$

高差有正、负之分，正值表示高程增加（上坡）；负值表示高程减少（下坡）；高差为零表示两点高程相等（同高）。

二、地面点在曲面或平面上投影位置的表示

根据不同需要，地面点在曲面或平面上的位置，可用球面坐标或平面直角坐标表示，为此需建立坐标系统，以便确定点的坐标数值。

1. 地理坐标

某点的经度和纬度称为该点的地理坐标（又称球面坐标）。如图 1－3 所示，PP_1 为地球的自转轴，称为地轴。地球的中心 O 称为球心。地轴与地球表面的交点 P、P_1，分别称为北极与南极。垂直于地轴的平面与地球表面的交线称为纬线。通过球心 O 且垂直于地轴的平面称为赤道面，它与球面的交线称为赤道。通过地轴和地球上任一点 L 的平面 $PLKP_1$，称为 L 点的子午面，该面与地球表面的交线称为子午线（又称经线）。国际上规定通过英国格林尼治天文台的子午面为首子午面，作为计算经度的起始面。

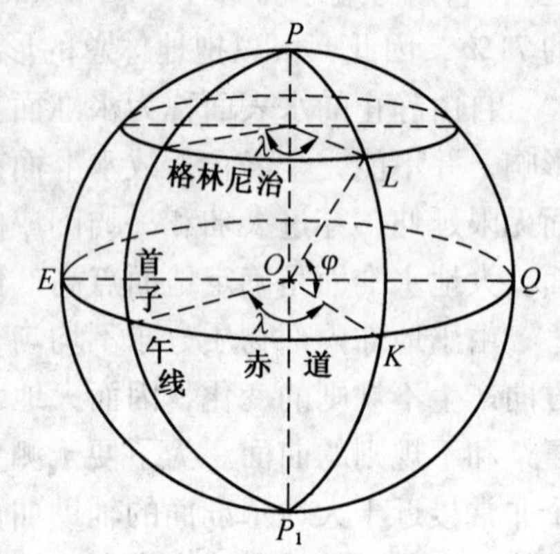

图 1－3 地理坐标

L 点的经度是该点的子午面与首子午面所构成的二面角，以 λ 表示。经度由首子午面起向东、向西度量，各由 0°～180°。在首子午面以东者称为东经，以西者称为西经。

L 点的纬度是通过该点的铅垂线与赤道面之间的夹角，以 φ 表示。纬度以赤道平面为基准，向北、向南各由 0°～90°。在赤道以北者称为北纬，以南者称为南纬。例如，北京某地的地理坐标（λ，φ）为东经 116°23′，北纬 39°54′。

上述点的经纬度是用天文方法观测得到的，所以又称为天文经纬度或天文地理坐标。还有一种经、纬度是用大地测量的方法确定的，称为大地经纬度或大地地理坐标，通常用 L、B 表示。对于地球表面上的同一点，这两种地理坐标的差异一般很小。在中小比例尺

地形图中使用的经纬度通常是大地经纬度。

2. 高斯平面直角坐标

当测绘地形图的范围较小时，可以把球面当做平面看待，可将所测的地面图形直接按比例缩小绘于图纸上，但是，如果测绘范围较大时（大于 10 km^2），就不能把球面看成平面。因为球面是一个不可展的曲面。为了解决这一问题，德国数学家高斯首先提出了横圆柱正形投影理论，后来由德国大地测量学家克吕格补充研究完成。人们把这种投影称为高斯—克吕格投影。为了使这种投影变形误差不影响图纸的使用，通常采用高斯投影分带法，现仅从几何关系上作简要说明。

为了研究方便，把地球作为一个圆球看待，如图 1-4a 所示，设想将一个平面卷成圆柱形，把它套在地球外面，使圆柱面恰好与地面上的某一子午线相切（图中与 PP_1 相切），这条子午线称中央子午线或轴子午线。如果在球面上以不同的子午线分别与圆柱面相切，并以地心为投影中心，把地球表面分别投影到圆柱面上，则可以把地球表面分成若干瓜瓣形地带。例如每隔经差 6°为一带（图 1-5），然后，将圆柱的母线剪开展成平面，即为高斯投影平面，此时也可得到平面上的经纬线网格，如图 1-4b 所示。

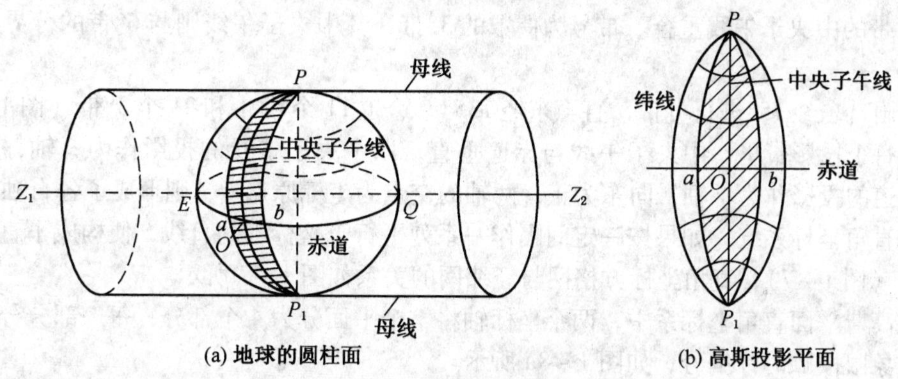

(a) 地球的圆柱面　(b) 高斯投影平面

图 1-4　高斯投影

分带投影是从首子午线（格林尼治子午线）开始，依次自西向东每隔经差 6°划分为一带，全球共分为 60 个带，每一个 6°带的中央子午线的经度依次为 3°、9°、15°…带号依次编为 1、2、3…60 带，如图 1-5 和图 1-6 所示。设 L_0 为 6°分带的中央子午线经度，n_0 为投影带的编号数，两者之间的关系为

$$L_0 = 6n_0 - 3 \quad (1-2)$$

由于高斯分带投影会产生一定的长度变形，根据投影长度变形分析，6°分带能满足 1∶25000 及更小比例尺测图的精度要求。但是在 1∶10000 及更大比例尺测图中，6°分带法就不能满足测图的精度要求，故采用 3°或 1.5°分带法。3°带是从东经 1°30′起，每隔经差 3°划分一带，如图 1-6 所示。整个地球共分为 120 个 3°带，每带中央子午线的经度依次为 3°、6°、9°…带号依次编号为

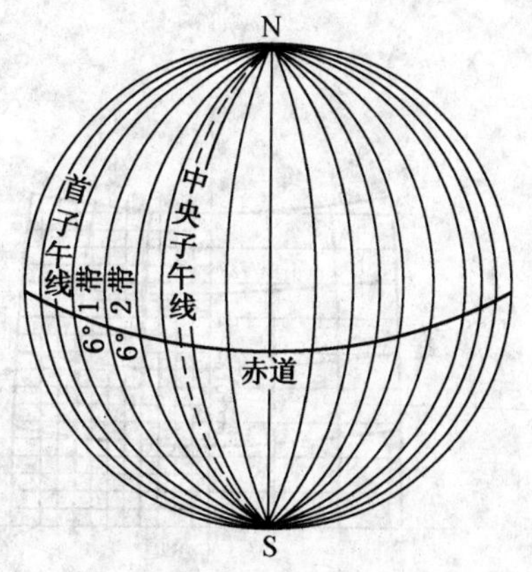

图 1-5　高斯投影分带

1、2、3…120。设 L 为3°带的中央子午线经度，n_3 为投影带号数，两者之间的关系为

$$L=3n_3 \tag{1-3}$$

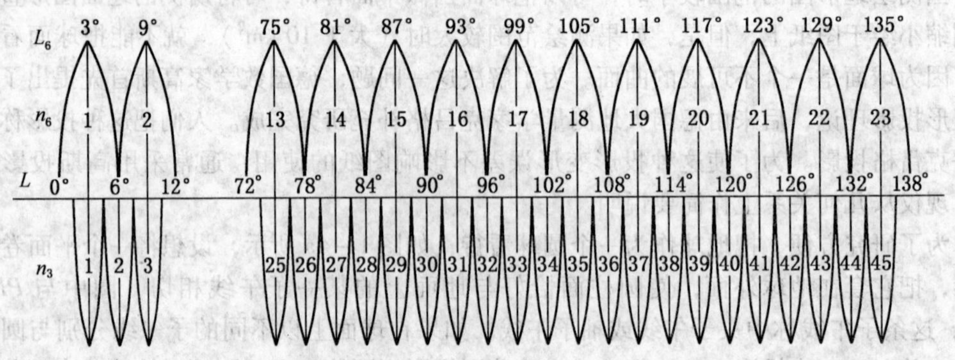

图1-6　分带投影

由图1-6可知，3°带是在6°带的基础上划分的。带号 n_3 为奇数的3°带，其中央子午线与6°带的中央子午线重合。带号为偶数的3°带，其中央子午线则与6°带的分界子午线重合。

我国自东经75°进行分带，直至东经135°，跨越11个6°带和21个3°带（图1-6）。

在每个投影带里，中央子午线与赤道垂直，以中央子午线的投影作为 x 轴，向北为正，赤道的投影作为 y 轴，向东为正，两轴的交点为坐标原点 O，则形成了各自独立的高斯平面直角坐标系统。如果按一定间隔作一系列平行于坐标轴的直线，便构成了直角坐标方格网（图1-7），直角坐标方格网与经纬网的关系如图1-7所示。

在高斯平面直角坐标系中，两个坐标轴将整个平面分为4个部分，每一部分分别称为象限，象限按顺时针编号，如图1-8a所示。

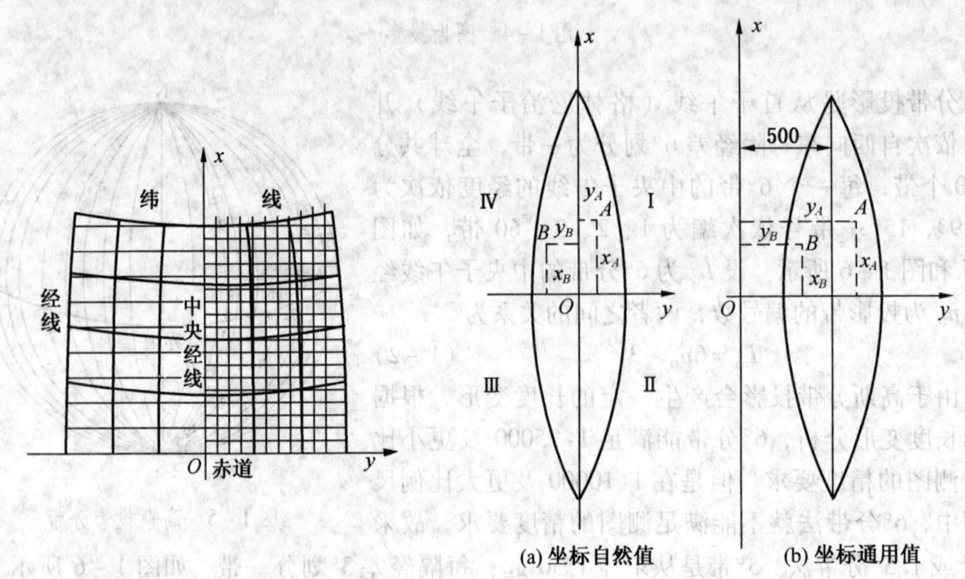

图1-7　坐标格网　　　　图1-8　平面直角坐标

我国位于北半球，x 坐标值均为正号，y 坐标值却有正有负，如图 1－8a 所示，$y_A = +37680$ m，$y_B = -74240$ m。为了避免横坐标出现负值，无论是6°或3°带，把每带的坐标原点向西平移500 km（图1－8b），即把每带中央子午线（x 轴）向西移500 km。因为赤道上经差3°的弧长在平面上的投影长度约为334 km，所以加了500 km之后，就不会出现负的横坐标值。在图 1－8b 中，$y_A = 500000$ m + 37680 m = 537680 m，$y_B = 500000$ m － 74240 m = 425760 m。这样，凡位于中央子午线以西的点，横坐标值都小于500 km。

为了确定地面点位于哪一带内，还应在横坐标前标明带号，例如，图1－8中，若A点位于第20带内，则横坐标 $y_A = 20537680$ m。上述所说的 x、y 坐标称为全国统一的高斯平面直角坐标，简称国家坐标。把未加500 km和未写上带号的横坐标值（如 $y_A = -74240$ m）称为自然值，而把加上500 km和写上带号的横坐标值称为通用值或统一值。各投影带内的横坐标用带号加以区别，自然值加500 km后的横坐标值总是保留6位整数，这样就不会和带号混淆。例如某点的国家坐标为 $x = 6073584.52$ m，$y = 20425760.00$ m，说明该点位于6°带的第20带内，它在赤道以北、中央子午线以西，横坐标的自然值为 $y = 425760$ m － 500000 m = －74240 m。

第二节 直线定向

在测量工作中，要确定地面点之间的相对位置关系，不仅要确定两点间的距离，还要确定两点连线的方向。确定一条直线与标准方向之间的夹角，称为直线定向。

一、标准方向

1. 真子午线

通过地面上一点，指向地球北极的方向称为该点的真子午线方向，或称真北方向，它是用天文测量方法确定的。

2. 磁子午线

通过地面上一点指向地球北磁极的方向称为该点的磁子午线方向，或称磁北方向，它可以用罗盘来确定。

3. 坐标纵线

在高斯平面直角坐标系中，把坐标方格网的纵线北方向称为坐标纵线方向，或称 x 轴方向。

在工程测量工作中，通常采用平面直角坐标纵线作为标准方向线。

上述3个北方向通常称为“3北方向”。在一般情况下它们是不一致的。磁子午线与坐标纵线在北端的夹角，称为坐标磁偏角（简称磁偏角），磁子午线位于坐标纵线以东为东偏，以西为西偏，东偏为正，西偏为负，如图1－9所示。我国各地的磁偏角的变化范围为－10°～6°。

二、直线方向的表示

1. 真方位角

从真子午线的北端起，顺时针量至某一直线的夹角，称为该直线的真方位角，角值为

0°~360°。

2. 磁方位角

从磁子午线的北端起，顺时针量至某一直线的夹角，称为该直线的磁方位角，角值为0°~360°。在采矿技术中，常用$\alpha_{磁}$表示。

3. 坐标方位角

从坐标纵线的北端起，顺时针量至某一直线的夹角，称为该直线的坐标方位角（简称方位角），角值为0°~360°，常用α表示（图1-10）。

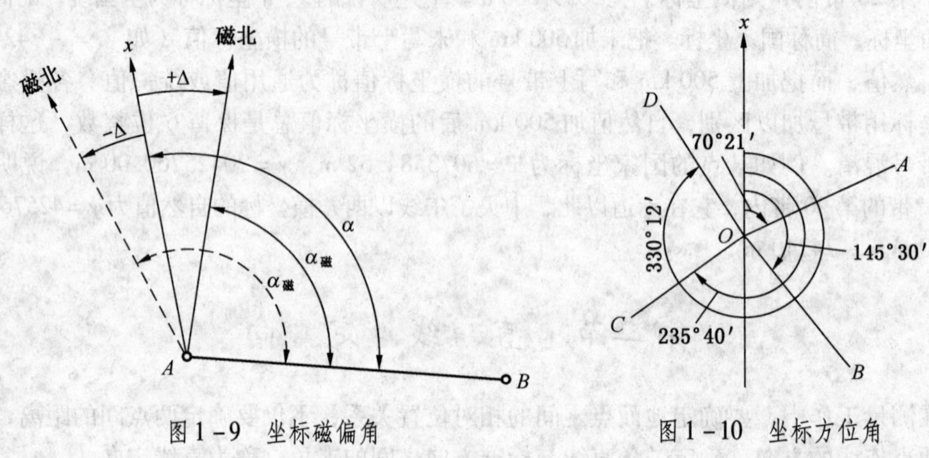

图1-9 坐标磁偏角　　图1-10 坐标方位角

由于平面直角坐标系内直线上各点的起始方向（坐标纵轴）彼此平行，故一直线上各点的坐标方位角都相等，例如图1-11中$\alpha_{AB}=\alpha_{BC}=\alpha_{AC}$。

测量工作中的直线都是有方向的，它有起点和终点，直线前进方向的坐标方位角称为正坐标方位角或正方位角；其相反方向的坐标方位角称反坐标方位角或反方位角。在直角坐标系内，同一条直线上的正反方位角相差180°，即

$$\alpha_{正}=\alpha_{反}\pm180° \tag{1-4}$$

$$\alpha_{AB}=\alpha_{BA}-180°$$

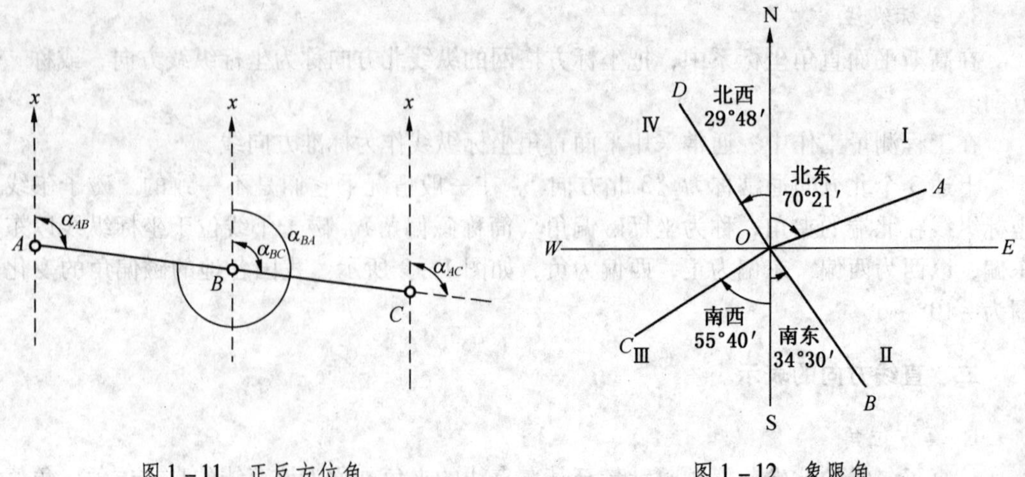

图1-11 正反方位角　　图1-12 象限角

4. 象限角

从坐标纵线的北端或南端起，顺时针或逆时针量至某一直线的锐角，称为该直线的象限角，角值在0°~90°之间，用 R 表示，如图 1－12 所示。当用象限角表达直线的方向时，不仅要知道它的角值大小，还应知道该直线所在象限的名称。例如，在图 1－12 中，直线 OA 的象限角表示为北东 70°21′或 NE70°21′，也可以表示为 N70°21′E。象限角与坐标方位角的换算关系见表 1－1。

表 1－1 象限角与坐标方位角的换算关系

象限名称	角度区间/(°)	由方位角求象限角	由象限角求方位角
象限Ⅰ（北东 NE）	0~90	$R=\alpha$	$\alpha=R$
象限Ⅱ（南东 SE）	90~180	$R=180°-\alpha$	$\alpha=180°-R$
象限Ⅲ（南西 SW）	180~270	$R=\alpha-180°$	$\alpha=180°+R$
象限Ⅳ（北西 NW）	270~360	$R=360°-\alpha$	$\alpha=360°-R$

第三节 比 例 尺

一、比例尺的种类

实际工作中，不可能按实际物体的尺寸将物体绘制于图纸上，必须经过缩小（或扩大），才能在图纸上表示出来。图上某直线的长度与该直线实际水平长度之比，称为比例尺。例如某水平巷道长度为 500 m，图纸上的绘制长度为 0.5 m。则图纸的比例尺为 0.5/500＝1∶1000，或写为 1/1000、$\frac{1}{1000}$。在采矿技术中，图纸的比例尺通常用分子 1、分母为 10 的整倍数（M）的分数形式表示，即$\frac{1}{M}$。

设图纸上某线段长度为 d，实际水平长度为 D，比例尺分母为 M，则比例尺为

$$\frac{1}{M}=\frac{d}{D} \tag{1-5}$$

比例尺一般分为数字比例尺和图示比例尺。在工程技术中常用数字比例尺。

比例尺的分母越小，比例尺越大；反之，分母越大，比例尺越小。

在采矿技术中，常用的图纸比例尺有 1∶200、1∶500、1∶1000、1∶2000 和 1∶5000，这些属于大比例尺；不太常用的 1∶10000~100000 的比例尺为中比例尺；小于 1∶100000 的为小比例尺。

二、比例尺的应用

只要知道了图纸的比例尺，就可以根据图纸上的长度换算为实际相应的水平长度；也可以将实际的水平长度换算成图纸上相应的长度。

【例 1】在 1∶2000 的图纸上，某直线的长度为 15.6 mm，则该直线实际水平长度为

$$D = 2000 \times 15.6\ \text{mm} = 31.2\ \text{m}$$

【例 2】测得某段水平巷道的实际长度为 65.23 m，在 1∶1000 的图纸上，该段巷道应绘制的长度为

$$d = 65.23\ \text{m}/1000 = 0.06523\ \text{m} = 65.23\text{mm} \approx 65.2\ \text{mm}$$

三、比例尺的精度

人们用肉眼能分辨出的最小长度，一般认为是 0.1 mm，也就是说，小于 0.1 mm 的线段不能绘在图纸上。因此，图上 0.1 mm 所代表的实际长度，称为比例尺的精度。常用图纸比例尺的精度见表 1-2。

表 1-2 比 例 尺 精 度

比 例 尺	1∶500	1∶1000	1∶2000	1∶5000	1∶10000
比例尺精度/m	0.05	0.1	0.2	0.5	1.0

从表 1-2 中可知：当比例尺确定后，就可推算出测定实际距离时应准确到什么程度；或者为使某种尺寸的物体在图上能表示出来，可按要求确定图纸选用多大的比例尺。例如测绘 1∶1000 比例尺矿图时，实际测量的精度只达到 0.1 m 即可，因为测量再准确，在图上也体现不出来；又如，若要求在图纸上能表示出 0.2 m 的实际长度的精确程度，其选用的比例尺不应小于 1∶2000。

第四节 测量工作概述

测量工作应用的领域虽然十分广泛，内容也很繁杂，但其内涵仅包括两大类：即地形图测绘和工程施工放样。其基本工作内容就是测量角度、测量距离和测量高差。

复杂多样的地球表面形态可分为地物和地貌两大类。地面上的固定性物体，如房屋、道路、桥梁、河流、湖泊等，称为地物（人工建筑物和自然物体）；地球表面各种高低起伏的形态，如高山、深谷、陡坡、悬崖和冲沟等，称为地貌。地物和地貌总称为地形。下面以测绘地形图为例，介绍测量工作的原则和程序。

图 1-13a 所示为一幢房屋的示意图，其平面位置图由一些折线组成，如能确定 1~4 各点的平面位置，则这幢房屋的位置就确定了。图 1-13b 所示是一个池塘的示意图，只要能确定 5~16 各点的平面位置，则这个池塘的位置也就确定了。一般将表示地物形态变化的 1~16 点称为地物特征点，也叫碎部点。至于地貌，虽然其地势起伏变化较大，但仍然可以根据其方向和坡度的变化，确定其特征点，并据此来把握地貌的形状和大小。依此，不论地物还是地貌，其形状和大小都是由一系列特征点（或碎部点）的位置决定的。测图工作主要就是测定这些碎部点的平面坐标和高程。

如图 1-13 所示，如果事先已用较精确的方法测定了 A、B、C、D、E 点的坐标，测图时，在 A 点架设仪器，测出 1 点与 AB 边的夹角 β_1 和 1 点到 A 的距离，则根据 A、B 两点的坐标，就可以求出 1 点的坐标。同理，可求出 2、3…16 等各点的坐标，有了这些坐

标，就可以在图纸上绘制地形图了。在测量工作中，把具有控制意义的地面点 A、B…诸点称为控制点，由控制测量（测定控制点的空间位置）方法得到，而测定碎部点 1、2…的工作，称为碎部测量。因此，测定碎部点的位置通常分两步进行：先进行控制测量，再进行碎部测量。这种“先控制后碎部、从整体到局部”的方法是测量工作应遵循的原则。只有这样，才能保证全国统一的坐标系统和高程系统，使地形图可以分幅测绘，加快测绘速度；才能减少误差的累积，保证测量成果的精度。

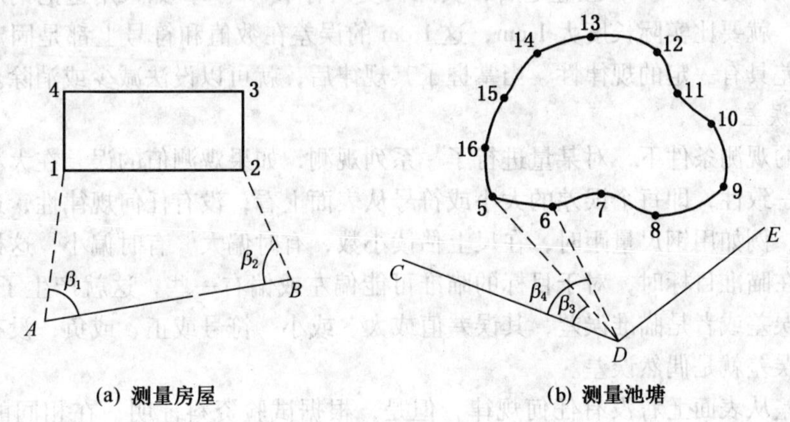

图 1－13　碎部点测量方法

测量工作应遵循的另一个原则就是“步步有检核”。这一原则的含义是，测量工作的每项成果必须要有检核。检查无误后方能进行下一步的工作，中间环节只要有一步出错，以后的工作就会徒劳无益。如从上述测图过程可知，当测定控制点的相对位置有错误时，以其为基础所测定的碎部点位也就有错误。因此，只有坚持“步步有检核”的原则，才能保证测量成果合乎技术规范的要求。

工程施工放样就是按照工程设计图纸将工程施工点标在实地，以便施工。其工作同样要依据控制点，按其几何关系通过测量有关数据来完成。

综上所述，无论是控制测量、碎部测量还是施工放样，其实质都是确定地面点的位置，高差测量、距离测量和水平角测量是测量的基本工作，观测、计算和绘图是测量工作的基本技能。

第五节　测　量　误　差

一、误差及种类

测量工作是观测者使用仪器工具、按照一定的操作方法，在一定的外界条件下进行的。由于观测者的感觉器官鉴别能力有限，仪器工具又不可能完美无缺，以及外界条件的不断变化，都会使测量成果不可避免地产生误差。例如对地面上某一段距离反复进行丈量，其结果会产生差异；观测平面三角形的 3 个内角，其之和常常不等于 180°等。因此，观测值与其观测量的真值总存在着差异，这种差异就称为误差。

应注意，由于观测者粗心大意，造成测错、记错、算错所产生的差异（又叫粗差）均不是误差，而是错误。这种错误的成果是不能使用的，应重新观测（又称重测）。

测量误差按其性质分为系统误差和偶然误差。

1. 系统误差

在相同的观测条件下，对某量进行了一系列观测，如果观测值的误差在大小、符号上表现出一致性，或按一定的规律变化，或者保持常数，那么这类误差称为系统误差。例如某钢尺的名义长度为50 m，经鉴定后，实际长度只有49.99 m，如果用这把钢尺丈量了一整尺的距离，就要比实际长度大1 cm，这1 cm的误差在数值和符号上都是固定的。这说明，系统误差具有一定的规律性，当掌握了其规律后，就可以设法减少或消除。

2. 偶然误差

在相同的观测条件下，对某量进行了一系列观测，如果观测值的误差在大小、符号上都不表现出一致性，即每个误差的大小或符号从表面上看，没有任何规律性，这种误差称为偶然误差。例如用钢尺量距时，在尺上估读小数，有时偏大，有时偏小，这样就产生了读数误差。在瞄准目标时，对于目标的瞄准可能偏左或偏右一些，这就产生了瞄准误差，无论是读数误差或者是瞄准误差，其误差值或大、或小，符号或正、或负，没有明显的规律，这样的误差就是偶然误差。

偶然误差从表面上看没有任何规律，但是，根据试验资料证明，在相同的观测条件下，大量的偶然误差具有统计学的规律。例如，对162个平面三角形的各个内角进行了观测，由于观测存在误差，每个三角形的内角之和不等于180°，将每个三角形的内角和减去180°，就得到了162个三角形内角和的误差Δ（也称三角形闭合差），按其大小和一定的区间（本例为0.2″），将其列于表1－3中。

表1－3 偶然误差统计表

误差区间/(″)	Δ为正的个数	Δ为负的个数	总　数
0.0～0.2	21	21	42
0.2～0.4	19	19	38
0.4～0.6	15	12	27
0.6～0.8	9	11	20
0.8～1.0	9	8	17
1.0～1.2	5	6	11
1.2～1.4	1	3	4
1.4～1.6	1	2	3
1.6以上	0	0	0
累　计	80	82	162

由表1－3中可以看出，偶然误差具有以下4个特性：

（1）在一定的观测条件下，偶然误差的绝对值不会超过一定的界限。

（2）绝对值小的误差比绝对值大的误差出现的机会多。

（3）绝对值相等的正误差和负误差出现的机会相等。

（4）随着观测次数的无限增多，偶然误差的算术平均值趋近于零，即

$$\lim_{n\to\infty}\frac{[\Delta]}{n}=0 \tag{1-6}$$

其中，$[\Delta]=\Delta_1+\Delta_2+\cdots+\Delta_n$。

第一个特性说明偶然误差的“有界性”，它说明偶然误差的绝对值有个限值，若超过了这个限值，说明观测条件不正常或有粗差存在；第二个特性反映了偶然误差的“密集性”，即越是靠近0″，误差分布越密集；第三个特性反映了偶然误差的对称性，即在各个区间内，正负误差个数相等或极为接近；第四个特性反映了偶然误差的“抵偿性”，它可由第三个特性导出，即在大量的偶然误差中，正、负误差有相互抵消的特征。因此，当n无限增大时，偶然误差的算术平均值应趋于零。

二、评定精度的标准

所谓精度，就是指误差分布的密集或离散程度。误差分布密集，误差就小，精度就高；反之，误差分布离散，误差就大，精度就低。测量上常采用中误差、允许误差和相对误差作为评定观测结果精度的标准。

1. 中误差

在相同观测条件下，对同一未知量进行了n次观测，观测结果为：l_1、$l_2\cdots l_n$，设每个观测结果的真误差（观测值与真值之差）为Δ_1、$\Delta_2\cdots\Delta_n$。各个真误差平方和的平均值的平方根称为中误差（又称均方误差），用m表示，即

$$m=\pm\sqrt{\frac{\Delta_1^2+\Delta_2^2+\cdots+\Delta_n^2}{n}}=\pm\sqrt{\frac{[\Delta\Delta]}{n}} \tag{1-7}$$

中误差并不等于每个观测值的真误差，它仅是这一组观测值真误差的代表。一组观测值的真误差越大，中误差也越大，它反映了观测结果的精度。

【例3】有两个测量小组，对某一三角形分别进行了10次等精度观测，观测值和真误差分别列于表1-4中。试计算这两组观测值的中误差，并比较其精度高低。

表1-4　三角形内角和及其真误差

第一组观测			第二组观测		
次数	观测值	真误差Δ(″)	次数	观测值	真误差Δ(″)
1	180°00′02″	-2	1	180°00′01″	-1
2	180°00′03″	-3	2	179°59′58″	+2
3	179°59′59″	+1	3	180°00′08″	-8
4	179°59′57″	+3	4	180°00′02″	-2
5	180°00′01″	-1	5	180°00′01″	-1
6	180°00′00″	0	6	179°59′58″	+2
7	180°00′03″	-3	7	179°59′53″	+7
8	179°59′57″	+3	8	180°00′00″	0
9	179°59′58″	+2	9	180°00′02″	-2
10	180°00′01″	-1	10	179°59′59″	+1

由式（1－7）计算各组观测值中误差为

$$m_1 = \pm\sqrt{\frac{[\Delta\Delta]}{n}} = \pm\sqrt{4.7} = \pm 2.17''$$

$$m_2 = \pm\sqrt{\frac{[\Delta\Delta]}{n}} = \pm\sqrt{13.2} = \pm 3.63''$$

上例表明，第一组的观测值精度比第二组高，测量成果的质量比第二组好。

式（1－7）是用真误差计算中误差的公式。但很多场合很难获得观测值的真值，从而无法求得观测值的真误差。在此情况下，通常是用观测值的算术平均值代替观测值的真值。算术平均值与每一观测值的差值称为改正数，用改正数计算观测值中误差的公式（称为白塞尔公式）为

$$m = \pm\sqrt{\frac{[vv]}{n-1}} \tag{1-8}$$

式中 v——改正数；

n——观测次数。

$$[vv] = v_1^2 + v_2^2 + \cdots + v_n^2$$

平均值的中误差 M 为

$$M = \pm\frac{m}{\sqrt{n}}$$

【例 4】对某段距离进行了 4 次等精度丈量，其观测值为 $l_1 = 7.15$ m，$l_2 = 7.00$ m，$l_3 = 7.20$ m，$l_4 = 7.13$ m，试求其观测值的中误差（计算结果见表 1－5）。

表 1－5 观测值及中误差的计算

观测值 l/m	改正数/m ($v_i = X - l_i$)	v^2	中误差
7.15	−0.03	0.0009	$m = \pm\sqrt{\frac{[vv]}{n-1}} = \pm\sqrt{\frac{0.0218}{4-1}} = \pm 0.085$ m
7.00	+0.12	0.0144	
7.20	−0.08	0.0064	
7.13	−0.01	0.0001	
$X = 7.12$	$[v] = 0$	$[vv] = 0.0218$	

2. 允许误差

在一定的观测条件下，偶然误差的绝对值不会超过一定的限值。如果测量结果中某一观测值的误差超过了该限值，则认为本次观测质量不符合要求，该结果应该舍去，观测误差的限值称为允许误差（或叫极限误差、容许误差）。

根据误差理论和大量实验数据表明，观测值中大于 2 倍中误差的偶然误差出现的机会约为 5%，大于 3 倍中误差者只有 0.3%，因此，《煤矿测量规范》中，一般采用 2 倍中误差作为允许误差，即

$$\Delta_{限}=2m \qquad (1-9)$$

3. 相对中误差

中误差和真误差都是绝对误差，误差的大小与观测量的大小无关。然而，有些观测量如距离，绝对误差就不能全面地反映观测结果的精度，因为丈量距离的精度与距离本身的长短有关。例如，丈量了两段距离，一段长为 100 m，另一段长为 200 m，其中误差都为 ±2 cm，能不能说两段观测值的精度相同呢？显然不能。为此，需要引入“相对中误差”的概念，以便能比较客观地反映实际测量精度。

中误差的绝对值与相应观测值之比称为相对中误差，用 K 表示。相对误差通常以分子为 1 的分数形式表示，分母越大，表示相对误差越小，精度也就越高。

$$K=\frac{|m|}{l}=\frac{1}{\frac{l}{|m|}} \qquad (1-10)$$

式中 m——距离 l 的中误差。

在上例中，两段距离的相对中误差分别为

$$K_1=\frac{|m|}{l_1}=\frac{0.02\ \text{m}}{100\ \text{m}}=\frac{1}{5000}$$

$$K_2=\frac{|m|}{l}=\frac{0.02\ \text{m}}{200\ \text{m}}=\frac{1}{10000}$$

计算结果表明，第二段距离比第一段距离丈量的精度高。当然，在误差大小和观测量大小无关时，如角度测量，就不能采用相对中误差来衡量精度，而仍用中误差来衡量测角精度。

实际测量工作中，测量距离的角度常用相对误差来评定。两点连线的距离需进行往返测量，其往测距离和返测距离之差与往返测距离的平均值之比称为相对误差。

实训 手工制作

一、实训目的

理解分带投影知识，掌握高斯平面直角坐标系的建立。

二、制作项目

（1）绘制直角坐标系，图解任意点的坐标及坐标增量。
（2）制作简易地球仪。

三、简易地球仪制作方法

事先准备好一个大小适宜的小球，测定其周长和直径；再准备一张薄纸片，其长为球的周长，宽为球周长的一半。沿纸片长边画一中线作为赤道的投影，然后进行分带（6～12 个带），在每一带内，垂直于赤道画出中央子午线（X 轴），此时可在纸片上的某一带内，图解任意点的坐标及两点间的坐标增量。之后，将纸片上的每一带，加工成枣核状，如图 1－14 所示，注意整个纸片不要断开，然后将整个纸片用胶水粘贴（包裹）于小球上，即完成制作。

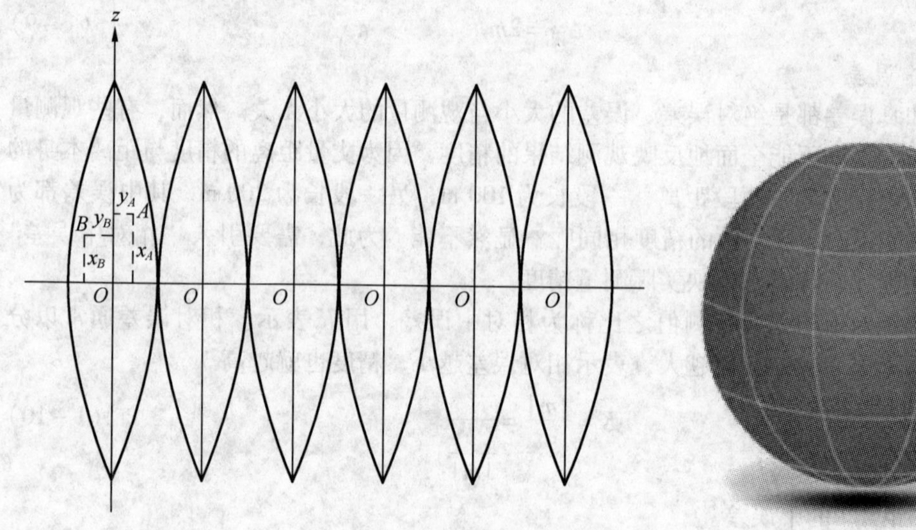

图1-14 制作简易地球仪

四、总结

(1) 坐标系的建立。

(2) 坐标的含义。

(3) 坐标增量的含义。

复习思考题

一、填空题

1. 测量学研究的实质内容是________________。
2. 测量学的任务是________和________。
3. 地面点的高低位置用________表示。
4. AB 两点高差为 -20 m，说明____________________。
5. 坐标增量是指________________________。
6. 地震中心位置用______________________表示。
7. 三北标准方向是指______________________________。
8. 比例是指______________________________________。
9. 误差是指________________与________________之差。
10. 测量基本工作有____________、____________和____________。

二、问答题

1. 何谓大地水准面？何谓绝对高程、相对高程？
2. 测量工作遵循的原则是什么？
3. 某点的通用坐标为 $X=5670$ km，$Y=20310$ km，试说明其坐标值的含义。
4. 什么叫坐标方位角和象限角？

5. 某直线的坐标方位角为108°，用罗盘测得其磁方位角为112°30′，试求磁偏角为多少，并绘图表示其相互关系。

6. 将下列方位角换算为象限角：125°42′18″、310°00′25″、145°43′10″、266°14′56″、350°05′09″。

7. 将下列象限角换算为方位角：NW20°15′05″、NE25°05′16″、SW65°10′26″、SE65°56′06″。

8. 试标出图1－15中各线段的北方向。

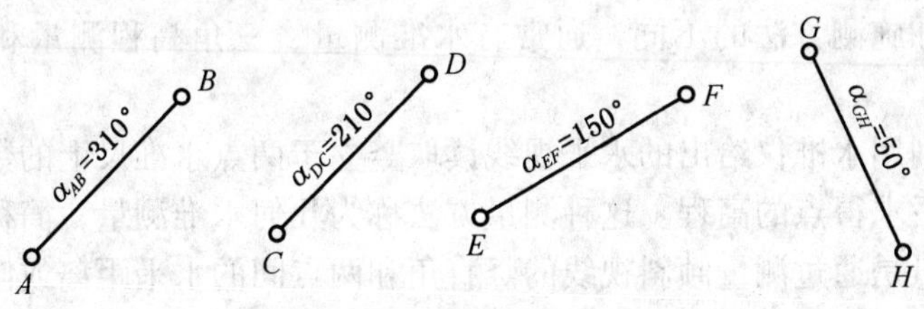

图1－15　直线的投影

9. 试求下图中两直线的夹角：

（1）图1－16中，$\alpha_{OA}=345°07'25''$、$\alpha_{OB}=45°05'18''$，求两直线的夹角β。

（2）图1－17中，$\alpha_{AB}=45°53'25''$、$\alpha_{CD}=113°27'09''$，求β_1与β_2。

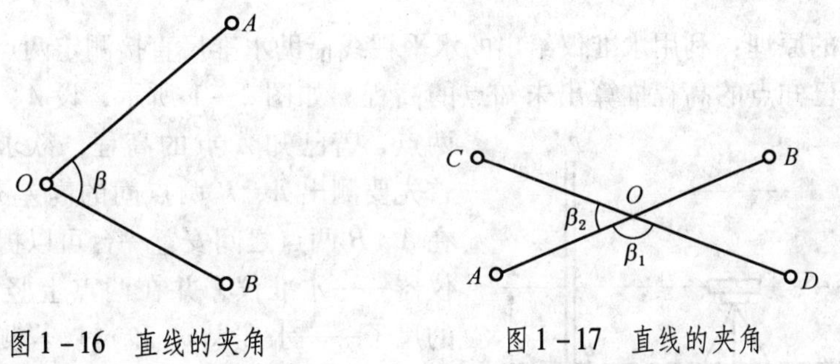

图1－16　直线的夹角　　图1－17　直线的夹角

10. 在三角形ABC中，已知$\alpha_{AB}=210°$、$\alpha_{BC}=100°$和$\alpha_{CA}=330°$，求各边的反方位角及三角形各内角。

11. 设比例尺分别为1/500、1/1000、1/2000、1/5000，现测得实地水平长度为120 m，图上的长度分别是多少？若图上距离为21.7 mm，实地水平长度分别是多少？

12. 何谓偶然误差和系统误差？

13. 在相同观测条件下对某角观测了4次，其观测值分别为60°00′20″、60°00′12″、59°59′24″、60°00′41″。试计算观测值的中误差。

第二章 水准测量

地面点的空间位置是用平面坐标和高程来确定的。测定地面点高程的测量工作，称为高程测量。

按使用仪器和施测方法的不同，通常有水准测量、三角高程测量和 GPS 高程测量 3 种高程测量方法。

水准测量是利用水准仪给出的水平视线读取竖立于两点水准尺上的数值，从而求得两点间的高差，最后求得点的高程。这种测量方法称为几何水准测量，简称水准测量。

三角高程测量是通过测量倾斜视线的竖直角和两点间的水平距离或倾斜距离，根据三角函数计算两点间的高差，然后计算点的高程。这种测量方法称为三角高程测量或间接高程测量。

GPS 高程测量是利用 GPS 定位仪，通过接收卫星信号，从而确定出地面点的高程。

上述 3 种方法中，水准测量的精度最高，它是建立国家高程控制（点）网的基本方法。

第一节 水准测量原理

水准测量的原理：利用水准仪给出的水平视线借助水准尺直接测定两点间的高差，然后就可以根据已知点的高程推算出未知点的高程。如图 2－1 所示，设 A、B 为地面上的两点，若已知 A 点的高程，欲求 B 点的高程。首先要测出 A、B 两点间的高差 h_{AB}。为此，可在 A、B 两点之间安置一台可以提供水平视线的仪器——水准仪，并在两点上竖立带有刻划线的尺子——水准尺 p_A 和 p_B。若测量是沿 A 至 B 点的方向进行，则水准尺 p_A 称为后视尺，p_B 称为前视尺。当水准仪的望远镜视线位于水平位置时，将望远镜依次瞄准这一对水准尺，视线交后视尺 p_A 于 M，读出尺上分划值 $M=a$，视线交前视尺 p_B 于 N，读出分划值 $N=b$。过 A 点及 B 点分别作平行于水平视线 MN 的直线，则由图中可以看出，所求的高差为

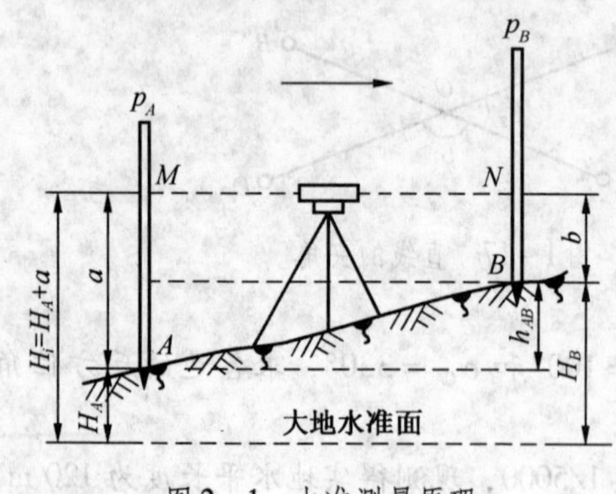

图 2－1 水准测量原理

$$h_{AB}=a-b \qquad (2-1)$$

读数 a 和 b 通常称为后视读数和前视读数，所以前视点对后视点的高差，等于后视读数减去前视读数。若 $a>b$，则高差为正，即 B 点高于 A 点，反之，则高差为负，即 B 点低于 A 点。

根据 A 点的已知高程 H_A 和测定的高差 h_{AB} 就可以计算 B 点的高程 H_B，即

$$H_B=H_A+h_{AB}=H_A+(a-b) \qquad (2-2)$$

这是一种常用的高程计算方法（高差法）。另外还有一种计算 B 点高程的方法（视线高法），即

$$H_B=H_A+(a-b)=(H_A+a)-b=H_i-b \tag{2-3}$$

式中 $H_i=H_A+a$ 称为仪器视线高程。当根据一个已知高程的后视点，同时去测定多个未知点高程时，应用式（2-3）计算就很方便，此公式在工程测量中经常使用。

第二节 水准测量的仪器和工具

一、水准仪

水准仪的型号按其精度可划分为：DS_{05}、DS_1、DS_3 和 DS_{10}，其中字母 D 和 S 分别为“大地测量”和“水准仪”汉语拼音的第一个字母，其下标代表仪器的测量精度。工程测量中广泛使用的是 DS_3 级水准仪。

水准仪按其结构可分为水准管式微倾水准仪、具有补偿器的自动安平水准仪和数字（电子）式水准仪 3 种。

图 2-2 所示为水准管式 DS_3 型微倾水准仪，其构件名称如图所示。

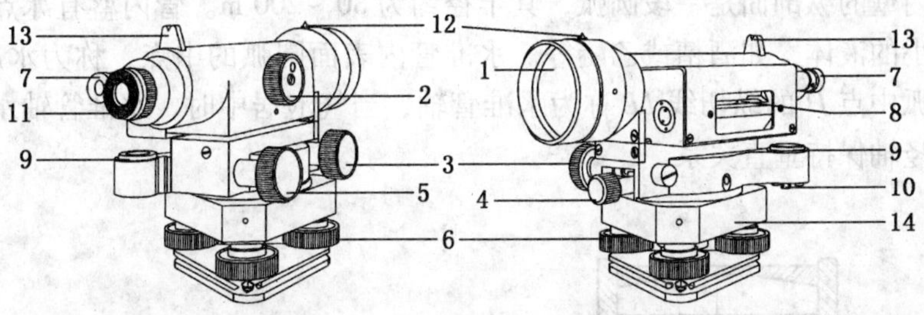

1—物镜；2—物镜对光螺旋；3—微动螺旋；4—制动螺旋；5—微倾螺旋；6—脚螺旋；7—水准管气泡观察目镜；8—水准管；9—圆水准器；10—校正螺旋；11—目镜；12—准星；13—缺口；14—基座

图 2-2 DS_3 水准仪

微倾水准仪主要由望远镜、水准器和基座 3 部分组成。

（一）望远镜

望远镜的主要用途是瞄准目标并在水准尺上读数。它包括物镜、十字丝、对光透镜和目镜 4 部分，如图 2-3 所示。

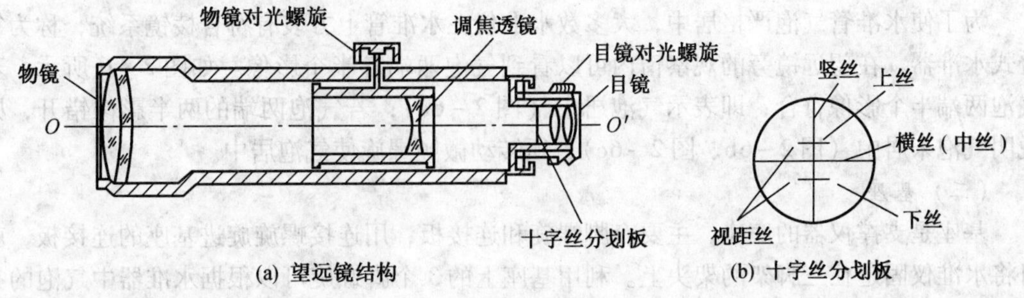

图 2-3 望远镜

物镜和对光透镜的作用是使物体在十字丝平面上形成一个缩小的倒立的实像。目镜的作用是将倒立的实像放大为倒立的虚像，即起放大镜的作用。十字丝是用来照准尺子和读数的，它是刻在玻璃板上的两条相互垂直的细丝，竖向的一条丝称为竖丝，横向的一条长丝称为横丝（又称中丝），横丝上下还有两条对称的短丝是用来测量距离的，称为视距丝。十字丝中心（或称十字丝交点）与物镜光心的连线，称为视准轴，即图 2－3a 所示的 OO'线。

（二）水准器

水准器是用来指示视准轴是否水平或仪器竖轴是否竖直的装置。水准器有管水准器和圆水准器两种。

圆水准器用以粗略整平仪器，由于它的灵敏度较低，整平比较迅速。圆水准器是一个圆柱形的玻璃盒子，装嵌在金属框内。如图 2－4 所示，盒顶面的内壁磨成球面，其半径为 0.5～2 m。玻璃盖的中央刻有一个小圆圈，其圆心即为水准器的零点。零点和球心的连线，称为圆水准器轴。当气泡位于小圆圈中央时，圆水准器轴就处于铅垂位置，切于圆水准器零点的平面就居于水平位置。圆水准器的格值，是指气泡由圆水准器中心向任意方向移动 2 mm 时，圆水准器轴所倾斜的角度。其格值有 8′、15′、30′等几种。

管水准器又称水准管（图 2－5），是用质量很好，内表面经过精细研磨的玻璃管制成，水准管内壁的纵剖面是一段圆弧，其半径约为 80～200 m。管内盛有冰点低、流动性强、附着力小的液体，如酒精或乙醚等。水准管内表面圆弧的中点，称为水准管的零点。过水准管圆弧中点 O 的纵切线 LL 称为水准管轴，当气泡居中时，水准管轴水平。而水准管轴与仪器竖轴保持垂直关系。

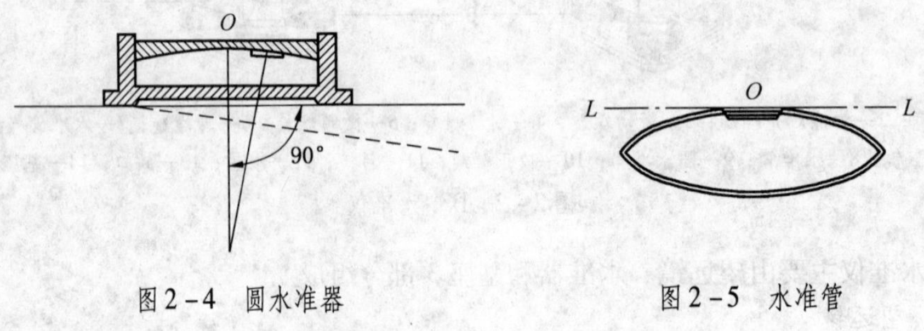

图 2－4 圆水准器　　图 2－5 水准管

水准管上 2 mm 一段圆弧所对的圆心角称为水准管分划值。水准管分划值的大小直接反映了水准管的灵敏度。

为了使水准管气泡严格居中，大多数水准仪在水准管上方装有符合棱镜系统，称为符合式水准器。在望远镜旁的观察窗内可以看到气泡两端各半个影像。如图 2－6 所示，若气泡两端半个影像符合，即表示气泡居中（图 2－6a）；若气泡两端的两半影像错开，则说明气泡未居中（图 2－6b、图 2－6c），须转动微倾螺旋使气泡居中。

（三）基座

基座是支撑仪器的底座，主要有脚螺旋和连接板，用连接螺旋旋进基座的连接板，就可将水准仪固定在三脚架的架头上。利用基座上的 3 个脚螺旋可以根据水准器中气泡的指示来整平仪器。

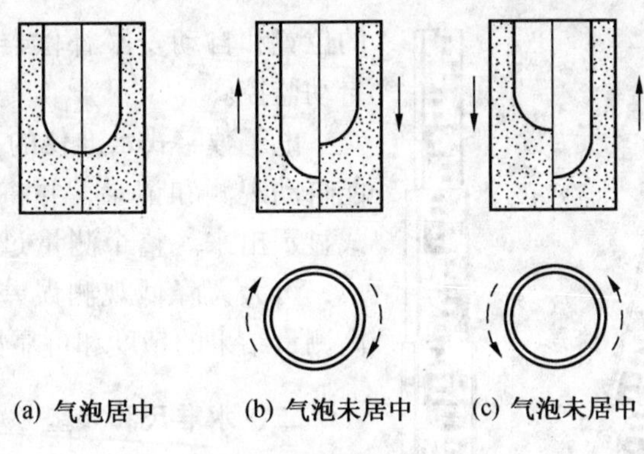

图2-6 符合式水准器

1. 自动安平水准仪

目前，各种型号的自动安平水准仪的使用也较普遍。此类仪器可以在仪器粗略整平后，即视准轴在没有处于精确水平位置的情况下，通过补偿器的作用，得到相当于视线水平时的标尺读数。图2-7所示为北京博飞测绘仪器厂出产的AL322-A型自动安平水准仪外貌。

自动安平水准仪不需要设置水准管和微倾螺旋，操作简便，能大大提高工效，已被广泛应用于水准测量中。

2. 数字式水准仪

图2-8所示为德国蔡可公司生产的DiNi22型电子数字式水准仪的外貌。

图2-7 自动安平水准仪

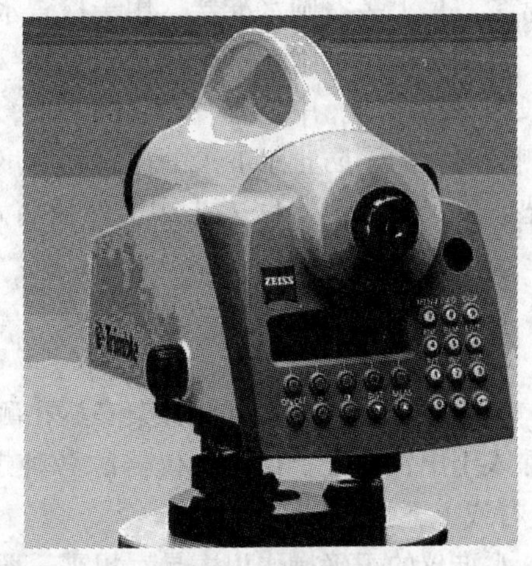

图2-8 数字式水准仪

数字式水准仪的构造包括传统水准仪的光学传统和机械传统，因此它同样可以作为光学水准仪使用。此外，这种水准仪还包括信息处理系统，这是与普通光学水准仪不同的地方。与数字式水准仪配套使用的水准尺，一面印有条形码图案，另一面和普通水准尺的刻划相同。水准尺的影像通过一个光束分离器而分解成红外光部分和可见光部分。调焦透镜

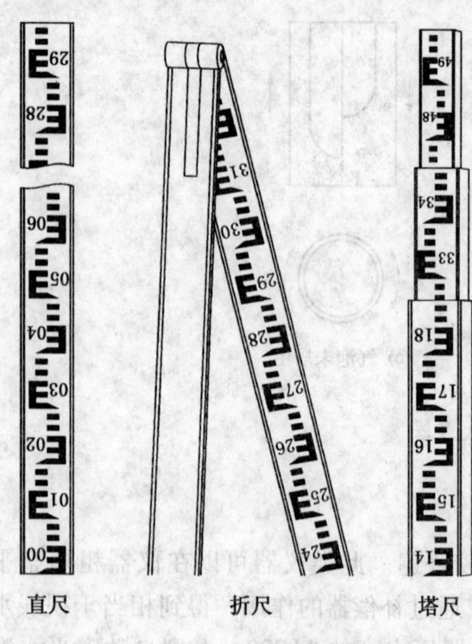

图2-9　水准尺

的位置和自动安平补偿器的功能均由电子装置自动监控。

电子数字式水准仪的主要优点是操作简便，能自动观测和记录，并将测量结果以数字的形式显示出来。整个测量过程在几秒钟内即可完成，可大大降低观测误差和减少观测错误，提高测量结果的精度和可靠性。

二、水准尺和尺垫

水准尺是水准测量工作中的重要工具，其质量的好坏直接影响测量的精度。因此，水准尺通常用干燥不易变形的木料、玻璃钢及铝合金制成。常用的水准尺有直尺、折尺和塔尺3种，如图2-9所示。水准尺长3~5 m，尺面分划值一般为1 cm或0.5 cm，每分米处有数字注记。折尺和塔尺可以折叠或缩短，携带方便，但接头处容易损坏，影响尺子的精度。所以，精度要求较高的水准测量，规定要用直尺。

水准尺按尺面刻划分为单面尺和双面尺。塔尺和折尺为单面尺，直尺为双面水准尺。直尺的尺面分划一面为黑白相间，叫黑面；另一面为红白相间，叫红面。双面水准尺必须成对使用，以便检核和提高读数精度。两根水准尺黑面底端注记均从零开始，而红面底端的起始注记分别为4687 mm和4787 mm。每一根水准尺红、黑面读数均相差一个常数，即尺常数。尺上装有圆水准器，用于检查水准尺的竖直程度。

每根水准尺都附有一个尺垫，如图2-10所示。尺垫为三角形，一般用生铁铸成，中央有一突起的圆顶，下有3个尖足。在土质松软处测量时，为了防止水准尺的位置和高度发生变化，应在立尺处放置尺垫，将尺垫的三足踩入土中，然后将水准尺轻轻地放在中央突起处。

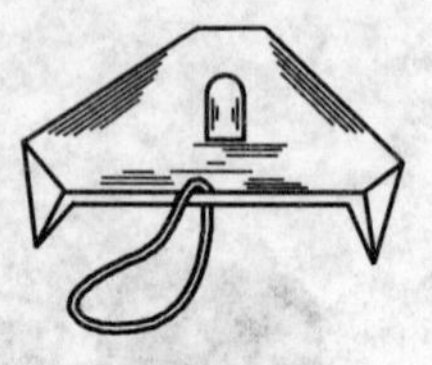
图2-10　尺垫

三、S_3 水准仪的使用

使用水准仪时，先打开脚架安放在测站上，使高度适中，架头大致水平，然后将三脚架踩入土中，再安上仪器，仪器的各种螺旋都调整到中间位置，以便螺旋能向两个方向（左右或上下）移动。

水准仪的正确操作程序是：粗平—照准—精平—读数。

1. 粗平

粗平是通过转动脚螺旋使圆水准器的气泡居中。如图2-11a所示，先将望远镜视准轴置于与脚螺旋1、2的连线相平行的方向，然后两手以相反方向旋转脚螺旋1和2，则气泡就向左手大拇指旋转的方向移动，待气泡移到中间位置时，如图2-11b所示，再转动脚螺旋3，使气泡移至正中央。在操作熟练以后，不需将气泡的移动分解为两步，而是直接转动脚螺旋使气泡居中。操作中视气泡的具体位置适当控制两手的动作。

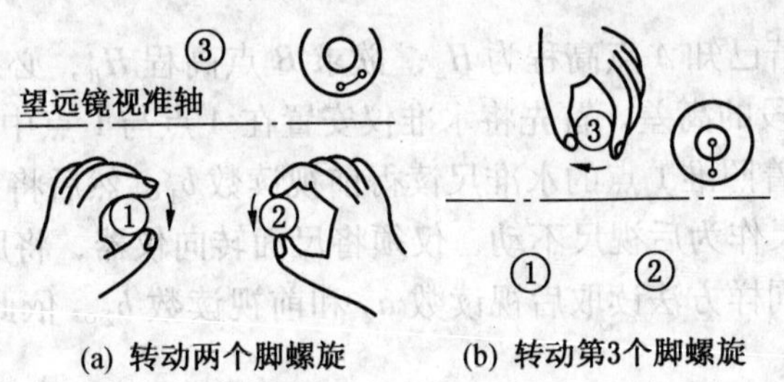

图 2－11 粗平

2. 照准

(1) 目镜对光。使望远镜对准明亮的背景（白墙或天空），转动目镜对光螺旋，使十字丝成像清晰。

(2) 转动望远镜，利用镜筒上的准星和缺口大致照准水准尺，然后拧紧制动螺旋。

(3) 物镜对光。转动物镜对光螺旋，使尺子的影像非常清晰，并转动微动螺旋，使尺子的影像靠近十字丝的一侧，以便于读数（图 2－12）。

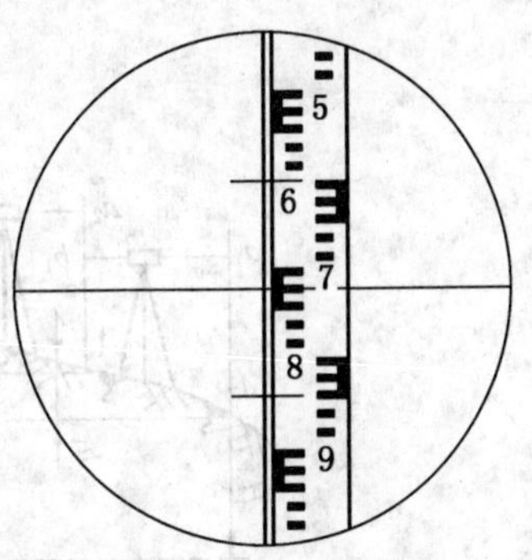

图 2－12 瞄准与读数

(4) 消除视差。为了检查对光质量，使眼睛在目镜后上下微微晃动，如发现十字丝与尺子的影像有相对移动，则说明成像平面与十字丝平面不重合，这种现象称为视差。视差对观测成果的精度影响很大，必须加以消除。消除的方法是重新对光，使十字丝与水准尺的成像都非常清晰。

3. 精平

照准水准尺后，不要立即读数，先从观察窗观看符合水准器的气泡是否居中。若不居中，应转动微倾螺旋使气泡符合，只有在气泡符合时，水准器的视准轴才精确水平。由于气泡比较灵敏，移动时有一个惯性，所以，转动微倾螺旋的速度不能过快，特别是在符合水准器的两端气泡将要对齐时应特别注意。

4. 读数

在符合气泡完全符合的瞬间，应立即在水准尺上读数。用望远镜在尺上读数，是读取十字丝横丝与尺子相截处的分划值，由于尺子在望远镜中的成像通常是倒像，所以应从上往下读数，依次读出米、分米、厘米，估读至毫米。如图 2－12 中的读数为 0. 720 m。在尺子上的读数一般习惯以毫米为单位报 4 个数字，例如 1. 425 m 只需读 1425 这 4 个字，0. 048 m 只读 0048，这对于观测、记录及计算工作都有一定好处，可以防止不必要的错误。读数速度越快越好，否则气泡又可能偏离中心，影响观测精度。

第三节 水准测量外业

一、水准测量的基本方法

当两点间距离较远或高差较大时，安置一次仪器不可能测得其高差时，可以在两点间加设若干个立尺点（称为转点），然后分段设站进行观测。

如图 2－13 中，若已知 A 点高程为 H_A，欲求 B 点高程 H_B，必须把 AB 路线分成若干段，由 A 向 B 测定各段的高差。首先将水准仪安置在 A 点与 1 点中间，照准 A 点水准尺，读得后视读数 a_1，接着照准 1 点的水准尺读得前视读数 b_1。然后将水准仪迁至 1 点与 2 点之间，此时 1 点水准尺作为后视尺不动，仅须将尺面转向仪器，将原立于 A 点的水准尺移至 2 点作为前视，以同样方法读取后视读数 a_2 和前视读数 b_2。依此类推，直到测完最末一站为止。

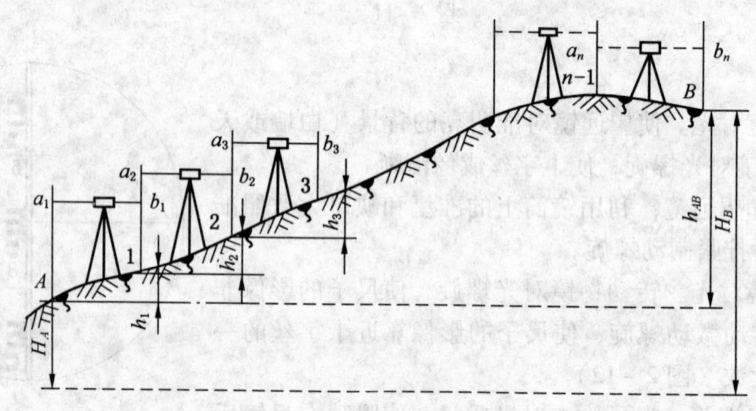

图 2－13 分站测量高差

假设在 AB 路线内依次安置 n 次水准仪，根据式（2－1），则有

$$h_1 = a_1 - b_1$$
$$h_2 = a_2 - b_2$$
$$\cdots$$
$$h_n = a_n - b_n$$

上列各式相加，得 A 至 B 点的高差 h_{AB} 为

$$h_{AB} = \sum_1^n h = \sum_1^n a - \sum_1^n b \tag{2-4}$$

则 B 点的高程为

$$H_B = H_A + h_{AB}$$

由式（2－4）可看出，A 至 B 点的高差等于各段高差的代数和，也等于后视读数总和减去前视读数总和。

图 2－12 中的 1、2…点称为转点，它们起着传递高程的作用。转点必须选在稳定的石头尖上，如遇土质松软或没有稳定石头的地方，应放置尺垫。在仪器由一测站迁至下一测站时，前视点的尺垫位置不能移动，否则水准测量成果将产生错误。

为了防止读数错误，每站应进行测站检核。测站检核可采用下述两种方法之一：

（1）双仪高法。双仪高法是在一个测站上用不同的仪器高度观测高差两次。测得第一次高差后，改变仪器的高度（不小于 10 cm），重新安置仪器进行第二次观测。两次测得的高差之差如在规定的限差之内，则认为观测值符合要求，取其平均值作为最后结果，否则需要重新观测。用单面水准尺进行测量时多采用此法。

（2）双面尺法。双面尺法是在仪器高度不变的前提下，用水准尺的红、黑面分别进行两次测量高差，进行检核。检核符合要求后，则取红、黑面所测高差的平均值作为最后结果，否则应重新观测。

二、等外（普通）及四等水准测量

（一）水准路线的形式

水准测量工作所经过的路线，就是水准路线。根据不同条件和要求，可以选择不同的水准路线，单一的水准路线有下列3种形式：

（1）闭合水准路线。从一已知高程的水准点出发，经过若干高程待定点，最后又回到起始点，如图2－14a所示。

（2）附合水准路线。从一已知高程的水准点出发，经过若干高程待定点，最后测到另一已知高程的水准点，如图2－14b所示。

（3）水准支线。从一个已知高程的水准点出发，沿一定的水准路线测定一个或几个未知点的高程，如图2－14c所示。为了校核观测成果并提高精度，水准支线一般要往返观测。

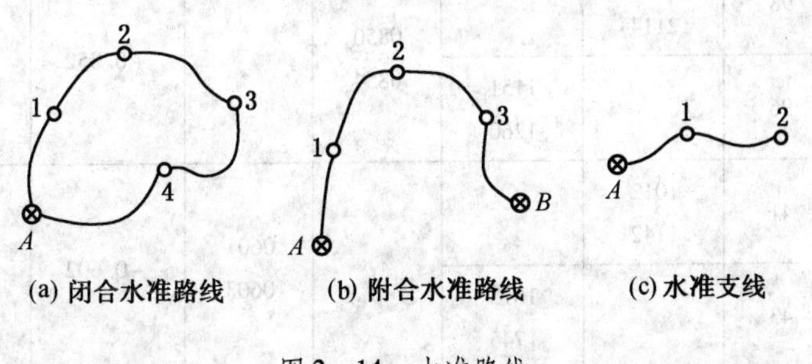

图2－14 水准路线

（二）每测站观测步骤

四等及等外水准测量对仪器类型、作业方法、视线长度以及读数误差等技术指标，《工程测量规范》都有相应的要求，其规定见表2－1。

表2－1 四等及等外水准测量精度要求

等级	仪器类型	视线长/m	前后视距之差/m	前后视距累计差/m	黑红面读数差/mm	黑红面所测高差之差/mm	双仪高所测高差之差/mm
四等	S_3	100	5	10	3	5	5
等外	S_3 或 S_{10}	100	10	50	4	6	6

等外水准一般采用双仪器高法进行观测。其观测程序是：

（1）照准后视尺，读取下、中、上丝读数。

（2）照准前视尺，读取下、中、上丝读数。

（3）变更仪器高至少10 cm，重新安置仪器。

（4）照准前视尺，读取中丝读数。

(5) 照准后视尺，读取中丝读数。

双仪高法观测高差的记录格式见表 2-2，现将计算作简要说明。

表 2-2　等外水准测量（双仪高法）记录手簿

测站	点号	视距/m	后视读数/mm	前视读数/mm	高差/mm		高差中数/m	高程/m	备　注
					+	−			
Ⅰ	A	56	1890 1992		0745 0741		+0.743	54.815	
	1	54		1145 1251					
Ⅱ	1	72	2515 2401		1102 1100		+1.101		
	2	75		1413 1301					
Ⅲ	2	98	2001 2114		0850 0854		+0.852		
	3	96		1151 1260					
Ⅳ	3	41	1012 1142			0601 0603	-0.602		
	4	43		1613 1745					
Ⅴ	4	79	1318 1421			0906 0904	-0.905	56.004	
	B	77		2224 2325					
合计/m		691	18.806	16.428			+1.189		
计算检核		$h=\frac{1}{2}(18.806-16.428)$ $=+1.189$						1.189	

表 2-3 中每一站均有两个后视读数和两个前视读数，各算得两个高差值。因其差数均在等外水准测量规定的限差 6 mm 之内，所以取平均值作为各站前后两点间的高差。为了校核这一测段全部计算有无错误，先以后视读数的总和减去前视读数的总和除以 2，得总高差 $\sum h=+1.189$ m，然后再求所有高差中数的代数和 $\sum h=+1.189$ m，用两种方法计算的总高差结果应相同，这些计算填在表 2-3 最下面一行。

四等水准测量，一般用双面尺法进行施测。其外业观测记录、计算及检查等见表 2-3。在表 2-3 中，括号内的数字表示记录和计算的顺序。

表2-3 双面尺法（四等水准）记录手簿

测站编号	后尺 下丝 / 上丝 / 后距 / 视距差 d/m	前尺 下丝 / 上丝 / 前距 / ∑d/m	方向及尺号	水准尺读数 黑面/m	水准尺读数 红面/m	K+黑减红/mm	高差中数/m	备注
	(1)	(4)	后	(3)	(8)	(9)		A尺
	(2)	(5)	前	(6)	(7)	(10)		K=4787
	(15)	(16)	后—前	(11)	(12)	(13)	(14)	B尺
	(17)	(18)						K=4687
1	159.3	073.9	后A	1.384	6.171	0		
	109.7	025.8	前B	0.551	5.239	-1		
	49.4	48.1	后—前	+0.833	+0.932	+1	+0.832	
	+1.3	+1.3						
2	246.1	219.6	后B	1.934	6.623	-2		
	164.6	135.9	前A	2.008	6.793	+2		
	82.6	83.7	后—前	-0.074	-0.170	-4	-0.072	
	-1.1	+0.2						
3	191.4	205.6	后A	1.726	6.511	+2		
	107.3	123.1	前B	1.866	6.533	0		
	84.3	82.5	后—前	-0.140	-0.042	+2	-0.141	
	+1.6	+1.8						

1. 观测程序与记录

表中（1）~（8）代表观测数据。用双面尺法每个测站的观测顺序如下：

（1）照准后视尺黑面，读取下丝、上丝和中丝读数，分别记入（1）、（2）、（3）各栏内。

（2）照准前视尺黑面，读取下丝、上丝和中丝读数，分别记入（4）、（5）、（6）各栏内。

（3）照准前视尺红面，读取中丝读数，记入（7）中。

（4）照准后视尺红面，读取中丝读数，记入（8）中。

这样的观测顺序简称为"后—前—前—后"。对于四等水准也可以按"后—后—前—前"（即黑—红—黑—红）的顺序观测。

2. 高差的计算及检核

高差的计算及检核，按下列各式进行：

$$(9)=(3)+K-(8)$$

$$(10)=(6)+K-(7)$$

$$(11)=(3)-(6)$$

$$(12)=(8)-(7)$$

$$(13)=(11)-\{(12)\pm100\}=(9)-(10)$$

$$(14)=\frac{1}{2}\{(11)+(12)\pm100\}$$

计算中用到的 K 是尺常数，即同一根尺红黑两面零点的差数，两根尺的 K 不一样，分别为 4687 和 4787，相差 100 mm，因此，所用的两根尺的 K 值，应列在表 2－3 中备注栏内，以便计算。

（9）和（10）都应等于零，但因观测有误差，四等和等外水准分别允许差 3 mm 和 4 mm。

（11）为黑面高差，（12）为红面高差，由于两尺的 K 相差 100 mm，所以（11）与（12）也应相差 100 mm。但因观测有误差，对于四等和等外水准来说，考虑了 100 mm 以后，还可分别允许相差 5 mm 和 6 mm。

（13）表示黑、红面求得的高差之差。（11）、（12）之差应与（9）、（10）之差相等，即为（13）。如果两者不一致，说明计算有错。计算（14）时，要以黑面高差（11）为依据来决定红面差数 100 mm 的加或减。

3. 视距的计算及检核

表中（15）、（16）是后、前视距，以米为单位。（17）和（18）分别是前后视距差及前后视距累计差，按下列公式计算

$$(17)=(15)-(16)$$

$$(18)=\text{本站的}(17)+\text{前站的}(18)$$

（17）和（18）从理论上说最好为零，但实际上很难做到，也没有必要。对于四等及等外水准，（17）分别要求不超过 3 m 和 10 m，（18）分别要求不超过 10 m 和 50 m。

三、水准测量注意事项

水准测量并不复杂，但稍有疏忽就容易出错，造成返工。因此，在水准测量作业过程中应注意：

（1）水准仪应安置在坚实的地面上，三脚架要踩实。走动时不要碰动三脚架，观测时不要用手扶三脚架。

（2）仪器距前、后视尺的距离应大致相等，以消除视准轴不平行水准管轴的误差以及地球曲率与大气折光等影响。

（3）水准尺必须竖直，扶尺时严禁碰动尺垫。

（4）每次读数，必须使水准管气泡居中。

（5）记录员必须每站当场计算，各项限差符合要求后，方可迁站。

（6）在烈日下作业，要打伞遮护仪器，以免影响观测精度。

（7）在水准测量过程中，如遇工作间歇，应尽量在固定点上结束观测。如不可能，也可沿路线打下 3 个木桩作为间歇转点，观测其高差。间歇后，检测最后两个间歇点间的高差，与间歇前的高差比较，如较差在容许范围内（对四等与等外分别为 5 mm、6 mm），则可采用前后两高差的中数并由最后的间歇转点继续向前施测。若超过限值，则须退后检查前两个间歇点间的高差，当确定转点位置无变化后，再由此转点继续向前施测。

第四节　水准测量内业

水准测量外业结束后，首先要检查外业观测手簿，确认无误后，即可进行内业计算。内业计算的主要内容包括水准路线高差闭合差的计算与分配及水准点的高程计算。

一、高差闭合差的计算

由于各种因素的影响，水准测量成果不可避免地包含一定的误差。由于误差的存在，水准测量的实测高差与其理论值往往不相符合，其差值称为水准路线高差闭合差。

1. 闭合水准路线高差闭合差的计算

如图 2－15 所示，A 点是一个已知高程的水准点，现欲求 1、2、3 的高程。这时，除了要测出高差 h_1、h_2 和 h_3 外，为了检核，还应测出 h_4，形成一个闭合水准路线。由于从 A 点出发，最后仍回到 A 点，所以闭合水准路线各段高差的代数和，理论上应等于零，即

$$\sum h = 0$$

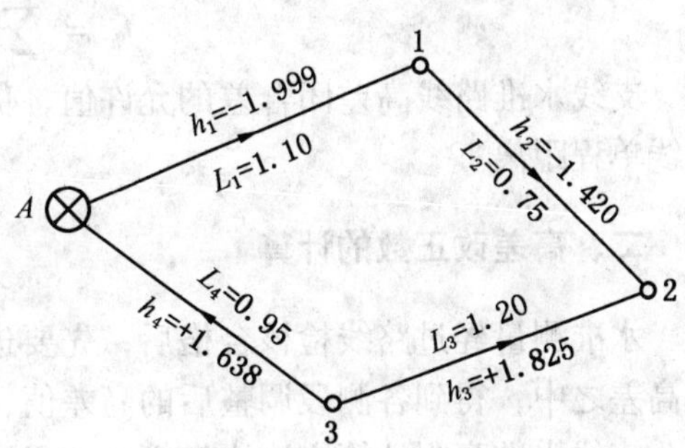

图 2－15　闭合水准路线

如不为零，则不为零的数值称为高差闭合差 f_h，即

$$f_h = \sum h \tag{2-5}$$

由于测量误差的存在，闭合差是难以避免的，但不能超过一定的限值。此限值即为允许闭合差，以 $f_{h允}$ 表示，对于四等和等外水准，现行《煤矿测量规范》规定的高差闭合差不得超过表 2－4 中的数值。

表 2－4　高差闭合差限值

等级	往返较差，附合或环线闭合差/mm		备　注
	一般地区	山　区	
四等	$\pm 20\sqrt{L}$	$\pm 6\sqrt{n}$	L 表示测段、附合路线或环线的长度，以 km 为单位；n 表示测段或路线的测站数
等外	$\pm 40\sqrt{L}$	$\pm 12\sqrt{n}$	

若 $f_h \leqslant f_{h允}$，则成果符合要求，若 f_h 超限，则应检查原因，如不是计算错误，就应重测。

2. 附合水准路线高差闭合差的计算

如图 2－16 所示，A 和 B 是两个已知高程的水准点，现求 1、2、3 点的高程。从 A 点开始测至 B 点，得各段高差 h_1、h_2、h_3 和 h_4，这样就组成了一条附合水准路线。把各段高差相加，应等于 A、B 两点间的已知高程之差，如不相等，则其差数称为高差闭合差 f_h，即

A　n_1 h_1　1　n_2 h_2　2　n_3 h_3　3　n_4 h_4　B

图 2－16　附合水准路线

$$f_h = h_1 + h_2 + h_3 + h_4 - (H_B - H_A) = \sum h - (H_B - H_A) \tag{2-6}$$

高差闭合差的允许值$f_{h允}$，按表2-4中的规定计算。

3. 支线水准路线高差闭合差的计算

如图2-17所示，A点为已知高程的水准点，要测定1、2和3点的高程，只需测出高差h_1、h_2、h_3就可求得各点的高程。因为这种路线缺少校核条件，故从A点测至3点后，还应从3点再测回到A点，这样一往一返的观测称为往返测。往测的高差和返测的高差其绝对值应相等，而符号相反。实际上，往返测高差之和不一定等于零，其不为零的数值就是高差闭合差f_h，即

图2-17　支线水准路线

$$f_h = \sum h_{往} + \sum h_{返} \tag{2-7}$$

支线水准路线高差闭合差的允许值，仍按表2-5中的规定计算，但式中的L是水准路线单程距离。

二、高差改正数的计算

水准测量经过路线检核合格后，先要进行闭合差的调整，即把闭合差合理地分配于各段高差之中，得到各测段调整后的高差值，最后计算各点的高程。

支线水准高程计算方法比较简单，只要取各测段往返高差的绝对值的平均值，作为调整后的高差，高差的正负号与往测方向相同，然后推算各点高程即可。

闭合水准路线和附合水准路线计算闭合差的方法虽然不同，但闭合差的调整方法是相同的。调整闭合差的原则是：按与测站数或距离成正比将闭合差以相反的符号分配于各测段高差之中。其计算方法如下：

（1）按测站数进行分配（适用于地形起伏较大的地区）：

$$\delta_i = -\frac{f_h}{\sum n} n_i \tag{2-8}$$

式中　$\sum n$——水准路线的总站数；

n_i——第i测段的测站数；

δ_i——第i测段的高差改正数。

（2）按距离进行分配（适用于地面较平坦的地区）：

$$\delta_i = -\frac{f_h}{\sum L} L_i \tag{2-9}$$

式中　$\sum L$——水准路线总长度；

L_i——第i测段水准路线的长度；

δ_i——第i测段的高差改正数。

求出各测段高差改正数后，应按$\sum \delta_i = -f_h$进行检核。

三、高程计算

消除闭合差后，即可根据已知点高程和改正后的高差，依次推算水准路线上各点的高

程。

【例 1】如图 2－15 所示，A—1—2—3—A 为一闭合水准路线，全长 4 km，已知点 A 的高程 $H_A=257.141$ m。有关观测数据分别注在图上（本例闭合差按水准路线长度分配）。

解 计算结果见表 2－5。

表 2－5 闭合水准路线计算

点号	距离/km	测站数/个	实测高差/m	改正数/mm	改正后高差/m	高程/m
A						157.141
	1.10	7	－1.999	－12	－2.011	
1						155.130
	0.75	5	－1.420	－8	－1.428	
2						153.702
	1.20	8	＋1.825	－13	＋1.822	
3						155.514
	0.95	6	＋1.638	－11	＋1.627	
						157.141
Σ	$\sum L=4.0$ $f_{h允}=\pm 70$ mm	$f_h=+44$ mm $f_h<f_{h允}$	－44 mm	$\sum h=0$		

实训一 水准仪的认识与使用

一、实训目的

（1）了解水准仪的构造，熟悉各部件的名称、功能及作用。

（2）初步掌握其使用方法，学会在水准尺上读数。

二、实训仪器

每组借领水准仪 1 套、水准尺 1 对、记录夹 1 个。

三、实训内容

（1）熟悉 DS_3 型微倾式水准仪各部件的名称及作用。

（2）学会用脚螺旋使圆水准器气泡居中。

（3）学会瞄准目标、消除视差、精平及利用中丝在水准尺上读数。

（4）学会测定地面两点间的高差。

四、实训步骤

1. 安置仪器

打开三脚架，使架头大致水平，高度适中，将脚架稳定（踩紧）。然后用连接螺旋将水准仪固定在三脚架上。

2. 了解水准仪各部件的功能及使用方法

（1）调节目镜螺旋，使十字丝清晰；旋转物镜调焦螺旋，使物像清晰。

（2）转动脚螺旋使圆水准器气泡居中（粗平）；转动微倾螺旋使水准管气泡居中或气泡两端影像完全吻合（精平）。

（3）用准星和照门粗略瞄准目标，旋紧水平制动螺旋，转动水平微动螺旋精确瞄准目标。

3. 粗略整平练习

先转动两个脚螺旋，使气泡移动到某处（关键位置），再转动第三个螺旋，使气泡移动到圆水准器的中心位置。一般需反复操作 2～3 次即可整平仪器。操作熟练后，3 个脚螺旋可一起转动，使气泡更快地进入圆圈中心。

4. 读数练习

粗略整平仪器后，用准星和照门瞄准水准尺，旋紧水平制动螺旋。分别调节目镜和物镜调焦螺旋，使十字丝和物像都清晰，消除视差。转动微动螺旋，使十字丝竖丝位于尺面一侧，转动微倾螺旋精平，用十字丝的中丝读出米、分米和厘米的数值，并估读到毫米，记下 4 位读数。

5. 高差测量练习

（1）在仪器前后距离大致相等处各立一根水准尺，分别读出中丝所截取的尺面读数，记录并计算两点间的高差。

（2）不移动水准尺，改变水准仪的高度，再测两点间的高差，两次测得的高差之差不应大于 6 mm。

五、注意事项

（1）读取中丝读数前应消除视差，水准气泡必须严格符合。

（2）微动螺旋和微倾螺旋应保持在中间运行，不要旋转到极限位置。

（3）观测者的身体各部位不得接触三脚架。

（4）严禁学生在仪器周围打闹，以保证仪器安全。

六、观测记录表

水准仪认识观测记录见表 2－6。

表 2－6 水准仪认识观测记录

仪器型号： 观测者：

日期： 记录者：

安置仪器次数	测 点	后视读数/mm	前视读数/mm	高差/m	高差中数/m
第一次					
第二次					
第 n 次					

实训二 普通（等外）水准测量

一、实训目的

（1）掌握普通水准测量的观测、记录、计算和检核方法。

（2）熟悉水准路线的布设形式。

二、实训仪器

DS_3 型微倾式水准仪 1 台，水准尺 1 对，记录夹 1 个。

三、实训内容

（1）闭合水准路线测量（设 4 个测站）；每站采用变更仪器高法进行检核，两次仪器高所测高差之差不得大于 6 mm。

（2）观测精度满足要求后，根据观测结果进行水准路线高差闭合差的调整和高程计算。

四、实训步骤

从指定水准点出发按普通水准测量的要求施测一条闭合水准路线，每人轮流观测，然后计算高差闭合差和高差闭合差的允许值。若高差闭合差在允许范围之内，则对闭合差进行调整，最后算出各测站改正后的高差。若闭合差超限，则应返工重测。

五、技术规定

（1）视线长度不超过 100 m，前、后视距应大致相等。

（2）路线高差闭合差不得大于：

$$f_h = 40\sqrt{L}\ \text{mm}$$

或

$$f_h = 12\sqrt{n}\ \text{mm}$$

式中 L——水准路线长度，km；

n——测站数。

六、注意事项

（1）每次读数前水准管气泡要严格居中。

（2）注意用中丝读数，不要读成上丝或下丝的读数。

（3）水准尺必须扶直，不得前后、左右倾斜。

七、观测记录表

普通水准测量观测记录见表 2－7。

表2-7　普通水准测量观测记录表

仪器型号：　　　　观测者：　　　　记录者：　　　　日期：

测站	测点	后视读数/mm	前视读数/mm	高差/m		平均高差/m	备　注
				+	-		
校核计算			$\sum a-\sum b=$		$\sum h=$		

复习思考题

一、填空题

1. 水准仪的种类有________、________和________。
2. 水准仪由________、________和________组成。
3. 望远镜由________、________、________和________组成。
4. 操作望远镜时先转________后转________。
5. 水准尺分为单面尺和________。
6. 等外水准测量又称为________。
7. 测站检核方法有________和________。
8. 水准路线有________、________和________。

二、问答题

1. 什么是高程测量？水准测量的实质是什么？
2. 水准测量的原理是什么？待求点的高程如何计算？
3. 水准仪的作用是什么？
4. 如何消除视差？
5. 水准测量有哪两种检核？如何进行检核？

三、计算题

一条附合水准路线的测量成果（等外）如图2-18所示，试列表计算 A、B、C 3点的高程。

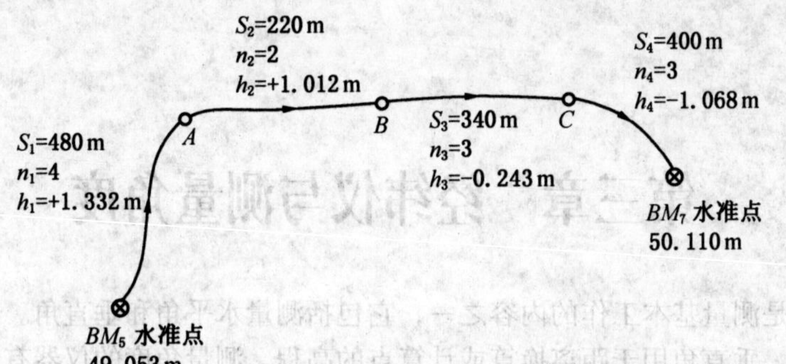

S₂=220 m
n₂=2
h₂=+1.012 m
S₄=400 m
n₄=3
h₄=-1.068 m
A
B
C
S₁=480 m
n₁=4
h₁=+1.332 m
S₃=340 m
n₃=3
h₃=-0.243 m
BM₇ 水准点
50.110 m
BM₆ 水准点
49.053 m

图 2-18 附合水准路线

第三章 经纬仪与测量角度

测量角度是测量基本工作的内容之一，它包括测量水平角和垂直角。水平角用于计算点的平面坐标，垂直角用于距离换算或计算点的高程。测量角度的仪器有光学经纬仪、电子经纬仪、全站仪等。

第一节 角度测量原理

一、水平角

空间两条相交直线在水平面上投影所夹之角称为水平角，通常用β、γ、θ、λ等表示。

如图3-1所示，A、O、B是地面上任意3点，OA、OB是地面上两相交的直线，若过直线OA、OB分别作两个竖直面，两相交竖直面在水平面上的投影为O_1A_1、O_1B_1，则$\angle A_1O_1B_1$就是水平角。由于图中A、O、B 3点的高度不同，所以，$\angle AOB$是斜面上的角度，测量中所要观测的是$\angle AOB$在水平面上的投影即$\angle A_1O_1B_1$。

由图可以看出，地面上A、O、B 3点在水平面上的投影A_1、O_1、B_1是通过它们的铅垂线得到的。为了测定水平角值，可在铅垂线OO_1的任意位置水平地安放一个带有刻度的圆盘（例如按顺时针注记的全圆量角器），只要圆盘的中心位于OO_1垂线上，就可以从OA竖直面与圆盘的交线得一读数a，再从OB竖直面与圆盘的交线得另一读数b，则读数b减a就是圆心角β，即

$$\beta = b - a$$

角β值就是要测量的水平角$\angle A_1O_1B_1$。

二、竖直角

在同一竖直面内，倾斜视线和水平线之间的夹角称为竖直角（也称垂直角），通常用

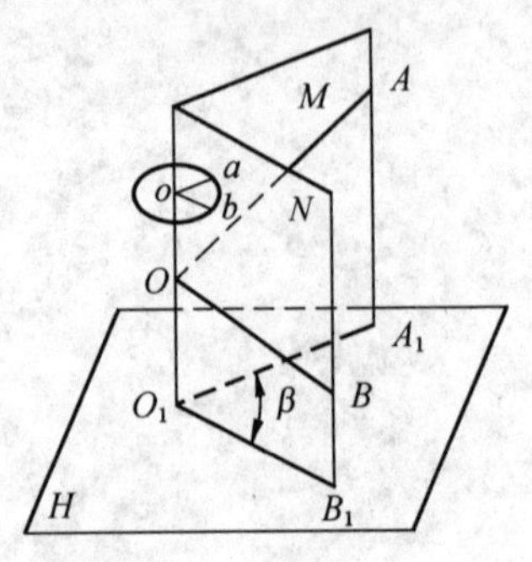

图3-1 水平角及观测原理

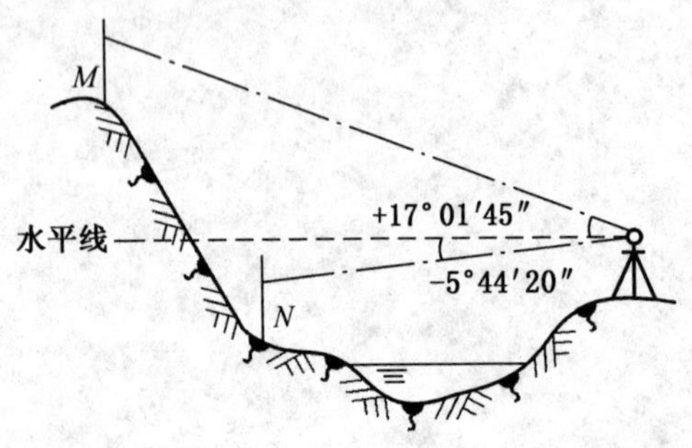

图3-2 竖直角及观测示意图

δ表示。倾斜视线在水平线之上时称为仰角，角值为正；倾斜视线在水平线之下时称为俯角，角值为负。

如图3-2所示，要测量竖直角δ，在倾斜线与水平线交点O竖直放置一个带有刻度的圆盘，倾斜线与圆盘交于刻划a，水平线与圆盘交于刻划b，a、b即为读数，其差值即为竖直角δ。

第二节 光学经纬仪

光学经纬仪的型号有：DJ_{07}、DJ_1、DJ_2、DJ_6，其中D和J分别表示“大地测量”和“经纬仪”汉语拼音的第一个字母，下标表示仪器的精度。

一、J_6光学经纬仪的构造

图3-3所示为北京博飞公司生产的DJ_6-1型光学经纬仪。它主要由照准部、度盘和基座3部分组成。

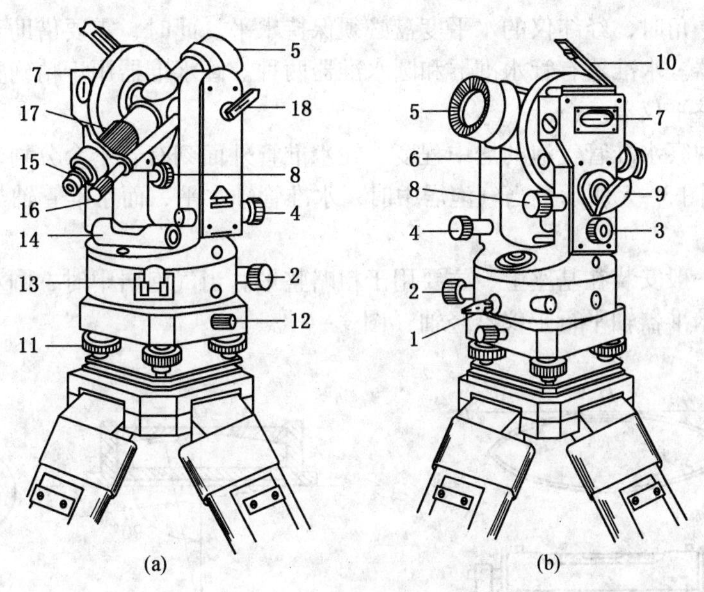

1—水平制动扳手；2—水平微动螺旋；3—测微轮；4—望远镜微动螺旋；5—物镜；6—竖直度盘；7—竖盘水准管；8—竖盘水准管微动螺旋；9、10—反光镜；11—脚螺旋；12—固定螺旋；13—复测扳钮；14—水平度盘水准管；15—目镜；16—读数显微镜；17—对光螺旋；18—望远镜制动螺旋

图3-3 DJ_6-1型光学经纬仪

（一）照准部

照准部主要由望远镜、水准器、测微装置和竖盘等组成（图3-4）。

1. 望远镜

经纬仪的望远镜与水准仪的望远镜结构一样，是用来精确瞄准目标的。它和水平轴连在一起，而水平轴安放在两个支架上，所以经纬仪上的望远镜可以绕水平轴在竖直面内上下任意转动。为了控制望远镜上下移动，设置了望远镜的制动和微动螺旋。

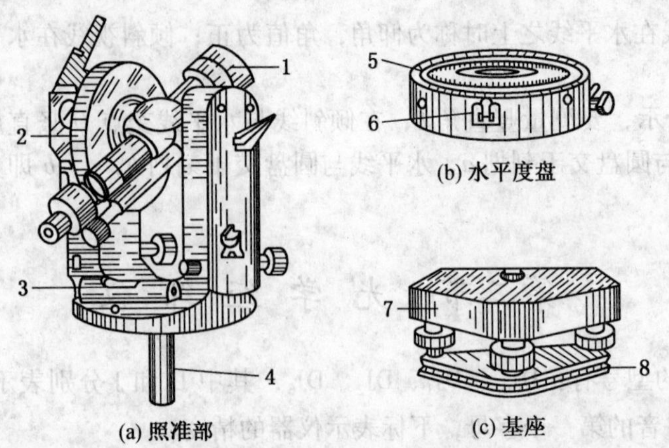

1—望远镜；2—竖盘；3—水准管；4—竖轴；5—水平度盘；6—复测扳钮；7—基座；8—连接板

图 3-4 经纬仪的结构

2. 水准器

在观测水平角时，经纬仪的水平度盘必须保持水平。此时，需要借助于安装在仪器照准部上的水准器。水准器有管水准器和圆水准器两种。管水准器用于精确整平仪器，圆水准器用于粗略整平仪器。

为了便于观察水准管气泡的居中程度，在水准管外面刻有若干个分划，每个分划的间隔为 2 mm。如图 3-5 所示，当气泡居中时，水准管轴水平，而水准管轴与仪器竖轴保持垂直关系。

圆水准器一般安装在基座上，主要用于粗略整平。当气泡居中时，圆水准器轴就处于铅垂位置，圆水准器轴平行于仪器竖轴（图 3-6）。

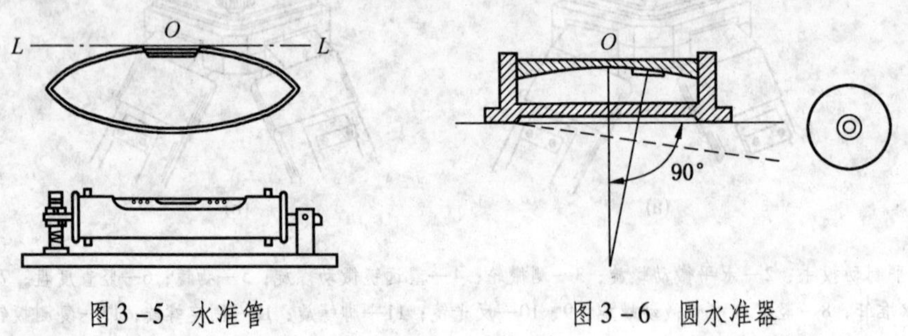

图 3-5 水准管　　图 3-6 圆水准器

3. 测微装置

测微装置是用来精确读取度盘读数的设备。J_6 级光学经纬仪的度盘格值为 1°或 30′，还要用测微装置量测不足一格的小数部分，从而获得较高的读数精度。主要有分划尺测微器（简称测微尺）和单平行玻璃板光学测微器（简称测微轮）两种。

4. 竖轴

照准部下面的竖轴是仪器的中枢，它插在筒状的轴座内（图 3-4），能使照准部绕竖轴作水平方向转动。J_6 级经纬仪一般采用圆柱形轴。为了控制水平方向转动，设有水平制动螺旋和水平微动螺旋。当制动螺旋拧紧时，微动螺旋可使仪器照准部在水平面内做微小的转动。

5. 竖盘

竖盘是由光学玻璃制成的，用于测量竖直角。它和望远镜连成一体，并随望远镜一起转动。

除上述部件外，照准部上还有光学对中器、反光镜、竖盘指标水准管等。

（二）水平度盘

光学经纬仪的水平度盘是用玻璃制成的。水平度盘沿圆周从0°～360°顺时针刻有等角度的分划线，相邻分划线间弧长所对的圆心角值称为度盘分划值（格值）。

水平度盘独立装于竖轴上，如图3－4所示，水平度盘与照准部是脱离的，照准部水平转动时，度盘不动。有些公司生产的仪器上还装有变换度盘位置的手轮（螺旋），当需要变动水平度盘位置时，只要转动该手轮即可。

（三）基座

基座是支撑仪器的底座（图3－4）。主要有脚螺旋和连接板，用三脚架上的连接螺旋旋进基座的连接板，就可将经纬仪固定在三脚架的架头上。连接螺旋的下面有一挂钩，用于悬挂垂球，当垂球尖端对准所测角度顶点的地面标志时，水平度盘的中心即位于角顶点的铅垂线上。

利用基座上的3个脚螺旋，根据水准器中气泡的指示来整平仪器。

基座上还有一个轴套固定螺旋（图3－3a），使仪器固定在基座上，松开此螺旋，仪器可以从基座中取出，使用时切勿松动它，以免仪器与基座分离而摔坏仪器。

二、DJ_6级光学经纬仪的读数方法

目前DJ_6级光学经纬仪大多采用分微尺读数设备，它把度盘和分微尺的影像，通过棱镜的折射和一系列透镜的放大，反映到读数显微镜内进行读数。在读数显微镜内就可以看到水平度盘和分微尺影像（图3－7）。

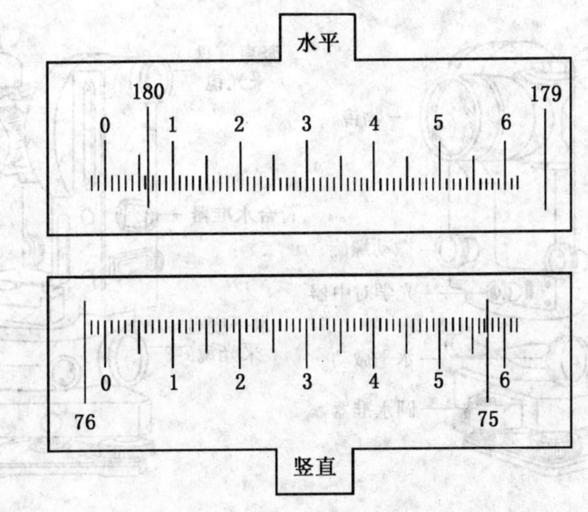

图3－7 测微尺读数视场

在读数窗视场，注有“水平”或“H”的窗口为水平度盘读数窗，注有“竖直”或“V”的窗口为竖直度盘读数窗。

在读数显微镜内所见到的长刻划线和大号数字是度盘分划线及其注记，短刻划线和小号数字是分微尺的分划线及其注记。分微尺的长度略大于度盘1°的分划长度，分微尺分成6个大格，每个大格又分成10个小格，每小格格值为1′，可估读到0.1格（即6″）。

读数时，先调节读数显微镜目镜对光螺旋，使读数窗内分微尺的影像清晰，然后，读取位于分微尺上的度盘分划线上的注记度数，最后，以度盘分划线为指标，在分微尺上不足1°的分数，并估读到0.1′，即得整个读数。如图3－7所示，水平度盘读数为180°06.4′，即180°06′24″，竖直度盘读数为75°57.2′，即75°57′12″。

三、J_2 光学经纬仪的读数方法

1. 主要特点

（1）采用度盘对径重合读数法，以消除度盘偏心误差影响。

（2）通过转动测微手轮，使度盘分划线的正像与倒像一一对应重合，而分划线相对移动量，可在分微尺上读取。

（3）水平度盘读数和竖直度盘读数由换向手轮控制，分别单独显示（图3－8）。

2. 读数方法

（1）转动测微轮使度盘正、倒像分划线精密对齐（图3－9a）。

（2）读取靠近视场中央（或偏左）正像分划线注记的度数（图3－9a中42°）。

（3）读取整10分。数出正像分划线与相应对径倒像分划线（相差180°）之间的格数n，得整10′的读数值（$n\times10'$），图中为$5\times10'$，即50′。

（4）读取测微窗中分、秒的数值（左侧注记为分数，右侧注记为秒的十位数），图中为2′02.3″。

（5）将以上读数相加得整个读数。图3－9a中读数为42°52′02.3″，图3－9b中为174°04′02.0″。

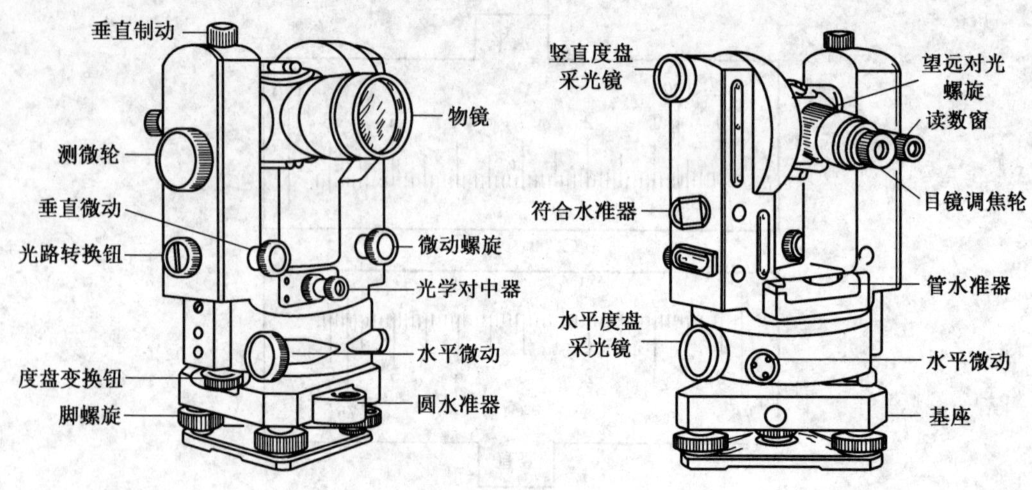

图3－8　J_2 光学经纬仪

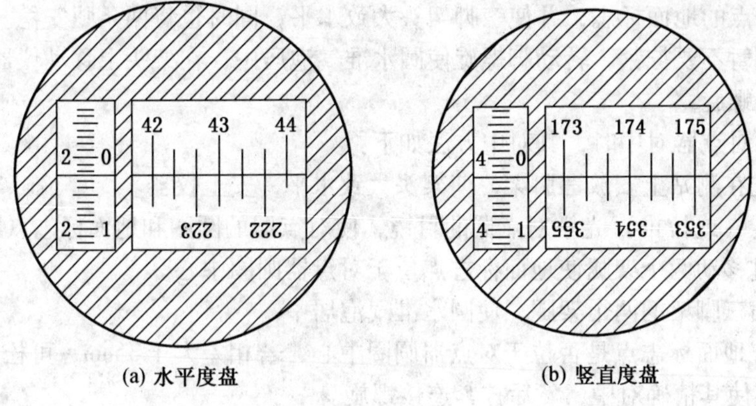

(a) 水平度盘　　(b) 竖直度盘

图 3-9　读数方法

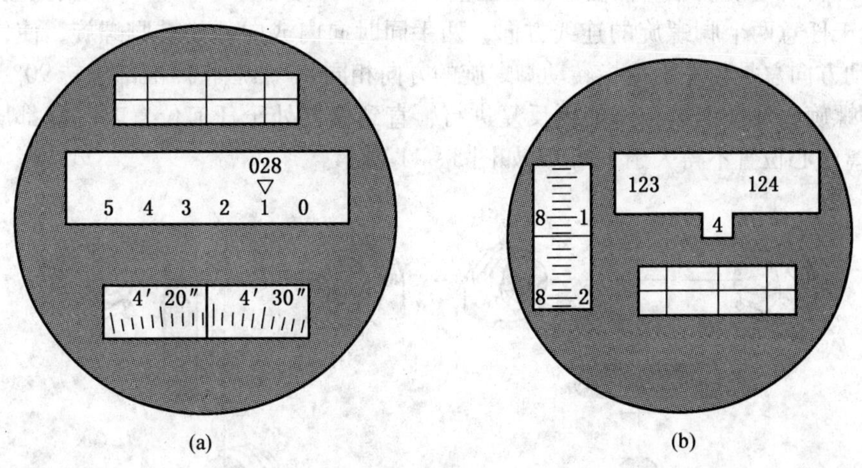

(a)　　(b)

图 3-10　两种类型 J_2 经纬仪的读数视场

目前有些经纬仪采用了半数字化的读数方法，使得读数更为方便，不易出现错误。如图 3-10a 中读数为 28°14′24.2″，图 3-10b 中读数为 123°48′12.3″。

第三节　测量水平角的方法

用经纬仪观测水平角之前，必须把仪器安置在测站点上，然后才能进行观测。

一、安置经纬仪

安置经纬仪包括对中和整平两项工作。

1. 对中

对中就是将经纬仪中心（水平度盘圆心）安置在测站点的铅垂线上。

操作对中时，先打开三脚架，在挂钩上挂上垂球（垂球线打活结），将三脚架的一条腿安稳于测站点附近的适当位置，再用两手握住另外两条腿作左右、前后移动，使垂球尖大致对准测站点的地面标志，并使三脚架头大致水平，同时也将两条腿安稳。然后安上仪器，连接螺旋暂不要拧紧，转动脚螺旋使圆水准气泡居中，在架头上移动仪器，精确对中后再拧紧连接螺旋。

使用光学对点器对中时，其对中方法如下：

（1）首先在测站上安放三脚架，使架头大致水平，安上仪器。

（2）旋转（或拉推）光学对点器的目镜，使对点器的圆圈和地面标志点影像清晰。

（3）通过移动两个架腿使地面标志点位于对点器圆圈中心。

（4）伸缩三脚架的两个架腿，使圆水准气泡居中。

（5）检查地面标志点是否位于对点器圆圈中心，若相差大于3 mm，可松开连接螺旋，通过移动基座使其精确对中，然后拧紧连接螺旋。

2. 整平

整平的目的是使仪器竖轴位于铅垂位置，即使水平度盘水平。整平的方法是先使水准管先平行于任意两个脚螺旋的连线方向，两手同时向内或向外旋转脚螺旋，使气泡居中（气泡移动方向总是与左手拇指转动脚螺旋的方向相同），然后将照准部旋转 90°，再旋转第三个脚螺旋，使气泡居中。如此反复进行，直到仪器处于任何位置时气泡都居中为止（气泡偏离中心位置不得大于1格），如图 3－11 所示。

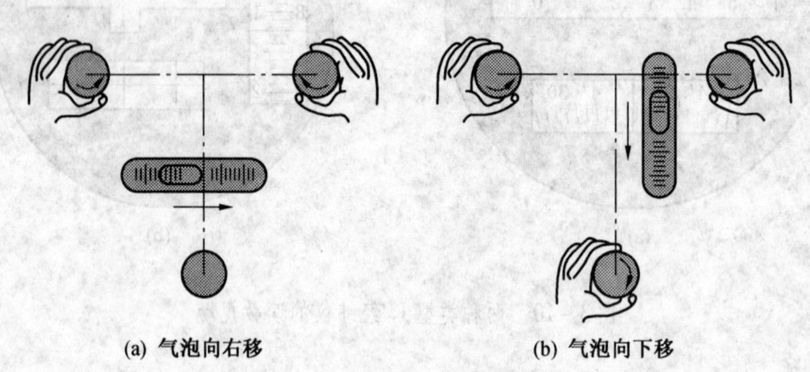

图 3－11 整平

二、观测水平角的方法

1. 测回法

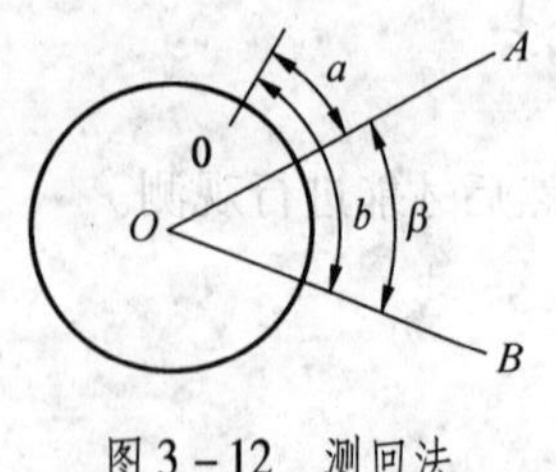

图 3－12 测回法

测回法适合于观测 2 个（或 3 个）方向之间的水平角。如图 3－12 所示，设要测的水平角为∠AOB，先在 A、B 两点竖立觇标（地面点上方的标志），在 O 点安置经纬仪，然后按以下步骤进行观测：

（1）盘左（即竖盘位于望远镜的左侧，又称正镜），转动照准部使望远镜大致瞄准 A 点，然后拧紧水平制动螺旋，用微动螺旋使望远镜中的竖丝精确瞄准 A 点，读取水平度盘读数 $a_1=1°03'48''$（略大于0°），记入手簿中（表 3－1）。

（2）松开水平制动螺旋，按顺时针方向转动照准部，使望远镜大致瞄准 B 点，拧紧水平制动螺旋，用微动螺旋使望远镜中的竖丝精确瞄准 B 点，读数 $b_1=113°25'30''$，并记入手簿中。两方向读数之差，就是所测的水平角，即

$$\beta_{左}=b_1-a_1=113°25'30''-1°03'48''=112°21'42''$$

上述以盘左测角一次，称为上半测回。为了校核，并消除仪器误差对测角的影响，还应用盘右位置（竖盘在望远镜的右测，又称倒镜），再测角一次，称为下半测回。

（3）松开制动螺旋，倒转望远镜，瞄准 B 点，读数 $b_2=293°25'42''$，记入手簿中。

（4）松开水平制动螺旋，按逆时针方向转动照准部，瞄准 A 点，读数 $a_2=181°04'08''$，记入手簿中。下半测回所测水平角为

$$\beta_{右}=b_2-a_2=293°25'42''-181°04'08''=112°21'34''$$

上述用盘左、盘右两个盘位观测水平角的程序，称为一个测回。两个半测回测角之差，不应超过一定的限值（在相应的规范中有规定，普通测量为 ±40″）。若差值在允许范围内，取平均值作为最后结果 β

$$\beta=\frac{1}{2}(\beta_{左}+\beta_{右})=112°21'38''$$

测回法观测水平角的记录格式和角值计算见表 3－1。

表 3－1　观测水平角记录表（测回法）

仪器型号：　　　　观测者：　　　　记录者：　　　　日期：

测站	目标	盘位	读　数	半测回角值	平均角值	备　注
O	A	左	1°03′48″	112°21′42″	112°21′38″	
	B		113°25′30″			
	A	右	181°04′08″	112°21′34″		
	B		293°25′42″			

2. 方向观测法

当测站上需要观测 3 个以上方向时，通常采用方向观测法。图 3－13 中，O 点为测站点，A、B、C、D 为 4 个观测目标。首先观测各个方向值，然后由相邻两个方向值相减计算水平角。观测步骤如下：

（1）在测站点 O 上安置仪器，选择距离适中、成像清晰的目标作为起始方向，例如 A（亦称零方向），用盘左位置，使度盘读数略大于零，瞄准 A，读取度盘读数，记入手簿（表 3－2）。

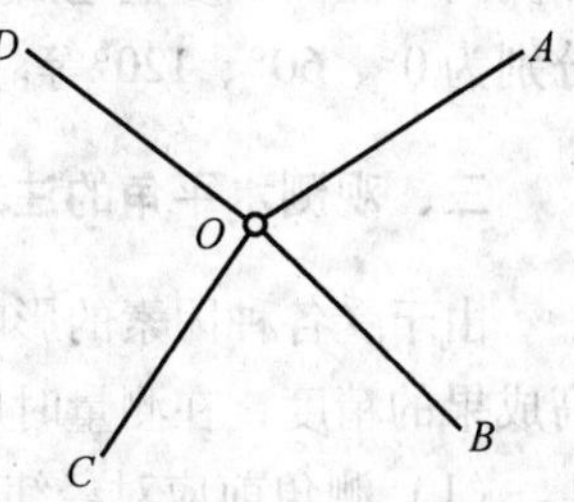

图 3－13　方向观测法

（2）松开制动螺旋，按顺时针方向依次瞄准 B、C、D 各点并读数、记录，最后再瞄准 A 点读数（称为归零）并记录。从而完成上半测回，其观测顺序为 A、B、C、D、A。

如果观测的方向只有 3 个，可不归零。归零的目的是为检查在观测过程中水平度盘是否产生带动。两次瞄准起始方向 A 的读数差，称为归零差。归零差的大小不得超过规范中规定的限值。

（3）倒转望远镜，以盘右位置按逆时针方向依次瞄准 A、D、C、B，最后仍瞄准 A 点。每瞄准一点均读记方向值，又得一归零差。此为下半测回。上下两个半测回合称一个测回。方向观测法观测手簿的记录格式见表 3－2。

表3－2 方向观测法观测手簿

测站	目标	水平度盘读数		左－右/(″) (2C)	$\frac{左+右}{2}$/(″)	归零方向值	各测回平均方向值	备注
		盘左	盘右					
1	2	3	4	5	6	7	8	9
O					(21)			
	A	0°00′18″	180°00′12″	+6	15	0°00′00″		
	B	30°41′12″	210°41′18″	－6	15	30°40′54″		
	C	74°15′42″	254°15′36″	+6	39	74°15′18″		
	D	106°50′06″	286°50′12″	－6	09	106°49′48″		
	A	0°00′30″	180°00′24″	+6	27			

表中第 5 栏 $2C$ 值称为两倍照准差。是由同一方向盘左读数减盘右读数求得的（相减时，盘右读数应先减或加 180°）。

第 6 栏括弧内的数字为起始方向 A 的两个平均值的中数。同一方向的盘左、盘右读数应相差 180°，故求平均值时，只需将小数（秒位）取平均值，度、分以盘左为准。

第 7 栏是归零方向值，即把第 6 栏中各方向的平均值分别减去起始方向 A 的中数而求得，也就是为了以后比较容易计算角度，而把起始方向化成 0°00′00″。表下方 $\Delta_{左}$、$\Delta_{右}$ 分别为上、下半测回的归零差。

$$\Delta_{左} = -12'' \qquad \Delta_{右} = -12''$$

为了提高测角精度，往往需观测多个测回。当观测 n 个测回时，为了减少度盘刻划不均匀的误差，各测回起始方向的读数应在度盘不同位置上，其度盘变换值按 180°/n 计算。如测两个测回，度盘起始方向读数分别应为 0°、90°，如测 3 个测回；度盘的起始读数则分别为 0°、60°、120°等。

三、观测水平角的注意事项

由于受各种因素的影响，而使水平角含有误差。为避免错误，减少观测值的误差，提高成果的精度，在测量时应注意：

（1）测角前应对经纬仪进行检验和校正（其方法见附录），使用中要十分重视仪器的维护，遵守操作步骤。搬运过程中要防止仪器剧烈震动。

（2）安置仪器要稳固，观测过程中手不得摸三脚架和基座，走动时要远离三脚架，防止碰动。

（3）为减小对中误差（测站偏心）对测角的影响，应仔细对中。

（4）强阳光下测角要打伞遮光，防止水准器因不均匀受热失灵，从而使水平度盘倾斜。

（5）瞄准目标时，必须消除视差，尽量瞄准目标的下部，观测前应先熟悉所有目标，防止看错目标，而且每次读数都要瞄准同一位置。

(6) 读数要准确。观测人员读数要清楚，并静听记录员的复诵。

(7) 记录员要复诵读数，要随记、随算、随校核。记录时应逐项填记，字体端正清楚，不允许涂改或用橡皮擦拭，遇有记错的数字，可规整地划去，将正确的数值写在其上方。

(8) 在测角过程中，要谨防风雨侵袭仪器；观测员和记录员不应同时离开仪器。

第四节　测量竖直角的方法

一、竖直度盘的结构

竖直角是通过经纬仪上的竖直度盘（简称竖盘）来测定的。竖直度盘被固定在望远镜水平轴（横轴）的一端，其中心位于水平轴上。当望远镜在竖直面内上下转动时，竖盘与望远镜一起转动。用于读数的指标安置在通过竖盘中心的铅垂（或水平）位置上，与竖盘指标水准管连在一起，不随望远镜转动而转动。在每次读数前，要转动指标水准管微动螺旋，使气泡居中，以使竖盘的指标处于正确位置。

竖直度盘的注记形式很多，一般为全圆式注记。注记方向又分为顺时针和逆时针两种，如图 3－14 所示。

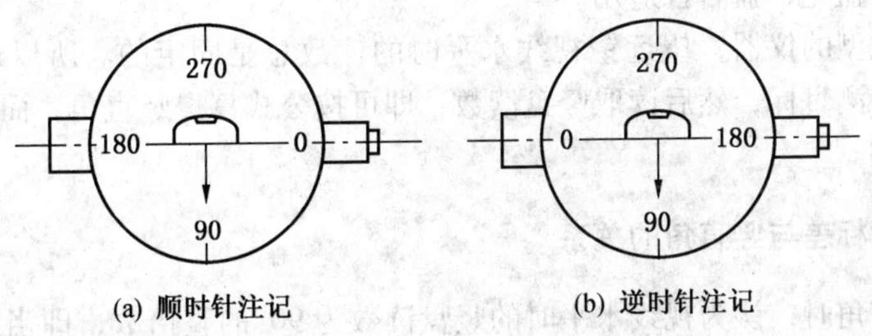

(a) 顺时针注记　　(b) 逆时针注记

图 3－14　竖直度盘注记形式

目前，许多型号的光学经纬仪上都设置了一个竖盘指标归零装置（或称自动补偿装置），取消了指标水准管和指标水准管微动螺旋。使用此种仪器时，在仪器整平后就可以读得相当于指标处于正确位置的竖盘读数，使用极为方便。

二、竖盘读数与竖直角的关系

由于竖盘刻划注记形式的不同，瞄准目标后读取的竖盘读数，需要经过计算，才能求得竖直角。现以顺时针注记的度盘（图 3－13a）为例，说明竖盘读数与竖直角的关系。

当用盘左瞄准某一目标时，读得竖盘读数为 L，由图 3－14 知，其角值为

$$\delta_{左} = 90° - L$$

当用盘右瞄准同一目标时，读得竖盘读数为 R，由图 3－15 知，其角值为

$$\delta_{右} = R - 270°$$

从图 3－15、图 3－16 可以看出，竖盘读数换算为竖直角的一般规则：

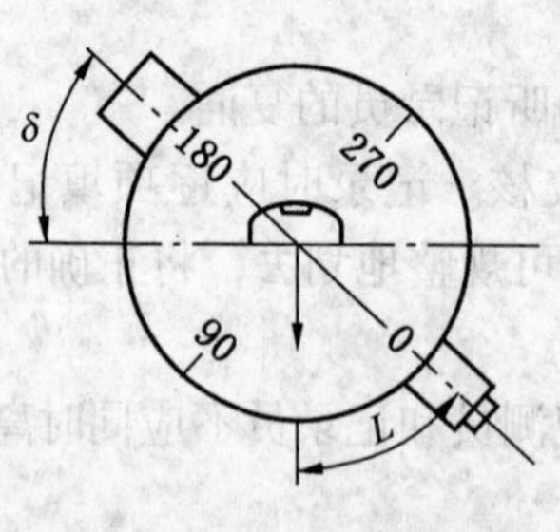

图3-15 盘左

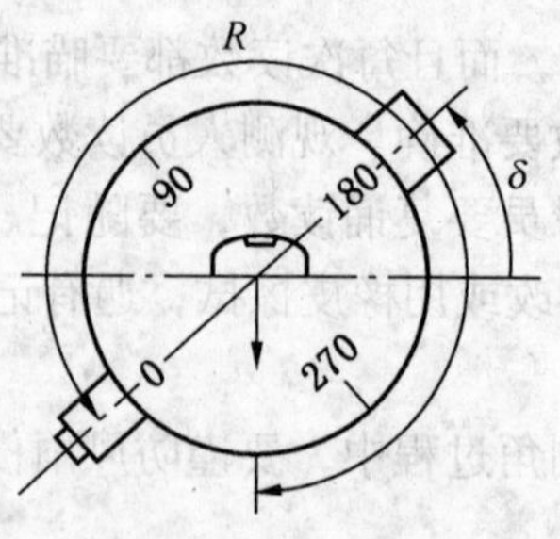

图3-16 盘右

当视线水平时，不同类型仪器的竖盘读数有的为90°或270°，有的为0°或180°。在测定竖直角时，瞄准目标并进行读数，此读数与视线水平时的读数之差，即为竖直角的观测值。至于哪一个读数减去哪一个读数？这要根据竖盘的注记形式而定。为此，在观测竖直角之前，需要把望远镜放在大致水平位置，看一下读数在哪一个整数附近，然后把望远镜慢慢向上转动，看读数增加还是减少，就可得出竖直角的计算公式：

（1）当望远镜视线向上转动时（仰角），若竖盘读数增加，则

竖直角＝瞄准目标时的读数－视线水平时的读数

（2）当望远镜视线向上转动时（仰角），若竖盘读数减少，则

竖直角＝视线水平时的读数－瞄准目标时的读数

上述规则对盘左、盘右皆适用。

对于一定类型的仪器，望远镜视线水平时的读数总是固定的。所以进行竖直角观测时，只需瞄准所测目标，然后读取竖盘读数，即可按公式算得竖直角，而无须读取视线水平时的竖盘读数。

三、竖盘指标差与竖直角的关系

在计算竖直角时，认为视线水平时的竖盘读数为90°的整倍数，即当望远镜视线水平且竖盘指标水准管气泡居中时，竖盘指标线也应竖直（或水平），正好读得90°与270°或0°与180°。但由于仪器构造上的原因及使用过程中的碰动，往往不能满足此条件，使指标发生偏移，并不指向90°的整倍数，而是比90°的整倍数稍大或略小一个角值，如图3-17所示，此角值称为竖盘指标差，用x表示。这样，在测量竖直角时，读数中就含有竖盘指标差，因此必须采用适当的方法，消除指标差的影响。

图3-17所示为用盘左和盘右观测同一目标时，指标差x对竖盘读数的影响。从图中可以看出。

盘左时：
$$\delta = 90° - L + x = \delta_{左} + x \qquad (3-1)$$

盘右时：
$$\delta = R - 270° - x = \delta_{右} - x \qquad (3-2)$$

式中 $\delta_{左}$——盘左位置未消除竖盘指标差时的竖直角；

$\delta_{右}$——盘右位置未消除竖盘指标差时的竖直角。

将式（3-1）和式（3-2）相加除以2，得正确的竖直角，即

$$\delta = 1/2(\delta_{左} + \delta_{右}) = 1/2(R - L - 180°) \qquad (3-3)$$

将式（3-1）和式（3-2）相减除以2，得竖盘指标差的计算公式，即

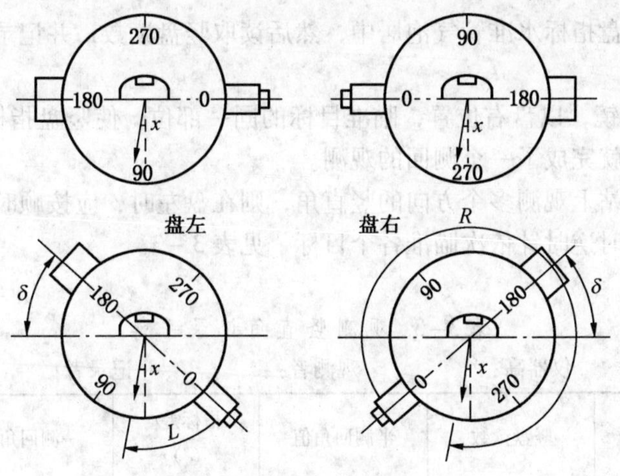

图 3-17 竖盘指标差

$$x = 1/2(\delta_{右} - \delta_{左}) = 1/2(R + L - 360°) \tag{3-4}$$

从式（3-3）和式（3-4）可以看出：

（1）由盘左、盘右观测竖直角，取其平均值作为最后结果，可以消除指标差的影响。

（2）由盘左和盘右测得的竖直角，如果角值相等，则表明没有指标差，如果角值不等，将其差值除以 2，便得到竖盘指标差。

（3）若竖盘指标差已经求得，可仅用盘左或盘右观测，将所求得的竖直角加上或减去竖盘指标差，即可求得正确的竖直角。

【例 1】观测某一目标时，盘左读数 $L = 97°07'20''$，盘右读数 $R = 262°54'00''$，试计算正确的竖直角及指标差。

解

$$\delta_{左} = 90° - L = -7°07'20''$$

$$\delta_{右} = R - 270° = -7°06'00''$$

按式（3-3）得

$$\delta = 1/2(\delta_{左} + \delta_{右}) = -7°06'40''$$

按式（3-4）得

$$x = 1/2(\delta_{右} - \delta_{左}) = +40''$$

竖盘指标差对于同一台仪器在同一段时间内应是一个固定值，观测中采用盘左、盘右的方法虽然消除了指标差的影响，但是由于观测误差的存在，使指标差发生变化，所以在计算时仍需要算出该数值，以检查观测成果的质量。如果指标差的变化超过规范规定，就要重测。根据测量规范规定，J_6 级光学经纬仪竖盘指标差变化值应小于 ±25″。

四、观测竖直角的方法

一般在观测竖直角时，至少要用盘左和盘右各观测一次，称为一个测回。以便减小误差、提高观测精度。竖直角的观测、记录和计算如下：

（1）将仪器安置在测站上，对中、整平，并量取仪器高和目标高。

（2）以盘左位置瞄准目标，使十字丝的中丝（横丝）切目标顶端，转动指标水准管的微动螺旋，使竖盘指标水准管气泡居中，然后读取竖盘读数，并记录在手簿（表3－3）中。

（3）倒转望远镜，以盘右位置，瞄准目标的同一部位，使竖盘指标水准管气泡居中，读数并记录。这样就完成了一个测回的观测。

如果在一个测站上观测多个方向的竖直角，则在盘左时，应按顺时针方向依次瞄准各个目标，而在盘右时逆时针依次瞄准各个目标，见表3－3。

表3－3 观测竖直角记录手簿

仪器型号：　　仪器高：　　观测者：　　记录者：　　日期：

测站	目标	盘位	竖盘读数	半测回角值	指标差/(″)	一测回角值	瞄准位置及高度/m
O	A	左	71°44′52″	+18°15′08″	+52	+18°16′00″	目标顶 4.12
		右	288°16′52″	+18°16′52″			
	B	左	97°07′20″	−7°07′20″	+40	−7°06′40″	目标顶 3.86
		右	262°54′00″	−7°06′00″			

第五节 电子经纬仪测角方法

电子经纬仪（亦称电子数字经纬仪）是近年来发展较快的新型经纬仪，其主要结构与普通经纬仪相同，不同点是采用了光电度盘，即将度盘的角值符号变成能被光电器件识别和接收的特定信号，然后再转换成常规的角值，从而实现了读数记录的数字化和自动化。

图3－18所示为南方测绘仪器公司生产的ET－02/05电子经纬仪，其性能特点：采用双面板液晶中文显示，方便、快捷、实用、准确；液体电子传感器，可随时补偿竖轴倾斜，保证读数准确无误；水平度盘、垂直度盘采用对径读数确保2秒级精度；长效电池可连续工作10 h。它能与多种测距仪联机，组成组合式全站仪。再与电子手簿联机，能完成野外数据的自动采集。

电子经纬仪的外形及结构与普通光学经纬仪相似，主要区别在读数系统。

图3－18 电子经纬仪

一、键盘功能与信息显示

键盘功能与信息显示如图 3－19 所示。

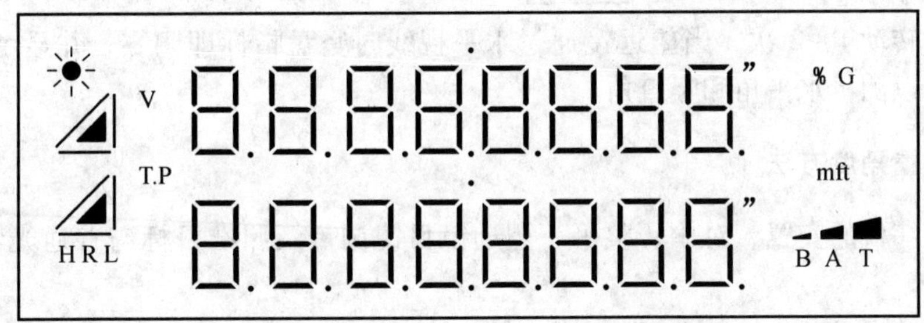

V　竖(直)角

H　水平角

HR　右旋(顺时针)水平角

HL　左旋(逆时针)水平角

⊿　斜距

⊿　平距

⊿　高差

%　斜率百分比

G　角度单位：冈(Gon)角度单位采用度及密位时该位置无符号显示

m　距离单位：米

ft　距离单位：英尺

▂▃▄▅　电池电量

图 3－19　显示屏

二、测量前的准备工作

1. 初始设置

电子经纬仪作业之前应根据需要进行初始设置。ET－02/05 电子经纬仪设置项目包括：

（1）角度测量单位：360°、400 Gon、6400 mil（出厂设为 360°）。

（2）竖直角 *O* 方向的位置：水平为 0°或天顶为 0°（仪器出厂设天顶为 0°）。

（3）自动断电关机时间为：30 min 或 10 min（出厂设为 30 min）。

（4）角度最小显示单位：1″或 5″出厂设为 1″。

（5）竖盘指标零点补偿选择：自动补偿或不补偿（出厂设为自动补偿）。

（6）水平角读数经过 0°、90°、180°、270°象限时蜂鸣或不蜂鸣（出厂设为蜂鸣）。

（7）选择与不同类型的测距仪连接（出厂设为与南方 ND3000 连接）。

设置方法：按住[CONS]键打开电源开关，至 3 声蜂鸣后松开[CONS]键，仪器进入初始设置模式状态。显示器下一行 8 个数位分别表示初始设置的代码。设置时按[MEAS]或[TRK]键使闪烁的光标向左或右移动到要改变的数字位；按[▲]或[▼]键改变数字，该数字所代表的设置内容在显示器上行以字符代码的形式予以提示。设置完成后按[CONS]键予以确认，仪器返回测量模式。具体操作详见操作手册。

2. 开关电源

按键盘右下角的红色键，电源打开，显示全部符号，2 s 后显示出水平角值，即可开始测量水平角。若按此红色键时间大于2 s，电源关闭。

3. 指示竖盘指标归零

打开电源后如果显示“b”，提示仪器的竖轴不垂直，将仪器精确置平后“b”消失。仪器精确置平后打开电源，显示[VOSET]，提示应指示竖盘指标归零，这时只需将望远镜在盘左上下转动1~2次，当望远镜通过水平视线时竖盘指标即归零，并显示出竖直角。此后仪器可以测量水平角和竖直角。

三、测量角度方法

电子经纬仪的安置、对中、整平、望远镜目镜调焦及照准目标与普通光学经纬仪相同。

1. 水平角置零

将望远镜十字丝竖丝照准目标后，按[OSET]键两次，即使水平度盘读数为0°00′00″。

2. 测量水平角与竖直角（HR、V或HL、V）

（1）当仪器水平角为右旋及竖直角天顶为0°的测量方式（HR、V）时，顺时针方向转动照准部（HR），以竖丝照准目标*A*，按两次[OSET]键，使目标*A*的水平角设置为0°00′00″。顺时针方向转动照准部（HR），照准目标*B*，即显示*A*目标的水平角和*B*目标的竖直角，如[V90°05′10″
HR50°10′20″]。

（2）按[R/L]键后，水平角设置成左旋测量方式（HL、V），逆时针方向转动照准部（HL），照准目标*A*，按两次[OSET]键，将目标*A*方向水平角置为0°00′00″。逆时针方向转动照准部（HL），照准目标*B*，即显示*A*目标的水平角和*B*目标的竖直角，如[V91°05′10″
HR309°49′40″]。

（3）盘左、盘右观测，可以有效地消除仪器相应的系统误差。因此在进行水平角和竖直角观测时，应在完成盘左观测后，纵转望远镜180°，进行盘右观测。

3. 水平角锁定与解除

在观测水平角过程中，若需保持所测（或对某方向需预置）水平角时，按[HOLD]键两次即可。水平角被锁定后，显示屏左下角“[HRL]”符号闪烁，再转动仪器水平角不发生变化。当照准至所需方向后，再按[HOLD]键一次，可解除锁定功能，此时仪器照准方向的水平角就是原锁定的水平角。

4. 水平角象限设置

照准定向的第一个目标，按[OSET]键两次，使水平角置“0”。将照准部顺时针转动约90°，至鸣响时停止。旋紧水平制动手轮，用微动手轮使水平读数显示为[HR90°00′00″]，然后用望远镜十字丝确定象限目标点方向。用同样的方法转动照准部，确定180°、270°的象限目标点方向。

5. 斜率百分比测定

望远镜照准目标后按 V% 键，显示器交替显示竖直角和斜率百分比。斜率百分比范围从水平方向至 ±45°，若超过此值则仪器不显示斜率值。

四、全站仪的测角方法

全站型电子速测仪简称全站仪，它可以同时进行角度（水平角、竖直角）测量、距离（斜距、平距、高差）测量和数据处理等（图 3 - 20），由于只需一次安置，仪器便可以完成测站上所有的测量工作，故被称为“全站仪”。

全站仪的测角方法与电子经纬仪基本相同。

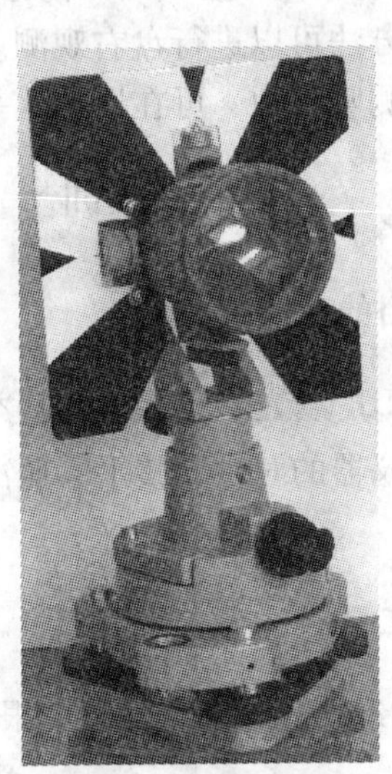

图 3 - 20　全站仪与反光镜外观

按 ANG 键，进入测角模式（开机后默认的模式），其水平角、竖直角的测量方法与经纬仪操作方法基本相同。照准目标后，记录下仪器显示的水平度盘读数 HR 和竖直度盘读数 V。

1. 测量前的准备工作

1）电池的安装（注意：测量前电池需充足电）

把电池盒底部的导块插入装电池的导孔。按电池盒的顶部直至听到“咔嚓”响声。向下按解锁钮，取出电池。

2）仪器的安置

在实验场地上选择一点，作为测站，另外两点作为观测点。将全站仪安置于点，对中、整平。在两点分别安置棱镜。

3）竖直度盘和水平度盘指标的设置

（1）竖直度盘指标设置。松开望远镜制动螺旋，将望远镜纵转一周（望远镜处于盘左，当物镜穿过水平面时），竖直度盘指标即已设置。随即听见一声鸣响，并显示出竖直角。

（2）水平度盘指标设置。松开水平制动螺旋，旋转照准部 360°，水平度盘指标即自动设置。随即一声鸣响，同时显示水平角。至此，竖直度盘和水平度盘指标已设置完毕。注意：每当打开仪器电源时，必须重新设置。

4）调焦与照准目标

操作步骤与一般经纬仪相同，注意消除视差。

2. 角度测量

（1）首先从显示屏上确定是否处于角度测量模式（按 ANG 键，进入测角模式，开机后默认的模式）。

（2）盘左瞄准左目标 A，按置零键，使水平度盘读数显示为 0°00′00″，顺时针旋转照准部，瞄准右目标 B，读取显示读数。

（3）同样方法可以进行盘右观测。

（4）如果测竖直角，可在读取水平度盘的同时读取竖盘的显示读数。

实训一　认识和使用经纬仪

一、实训目的和要求

（1）了解 DJ_6 型光学经纬仪的基本构造及各部件的功能。

（2）练习仪器的对中、整平、照准、读数（要求对中误差不超过 ±3 mm，整平误差不超过 1 小格）。

二、仪器工具

DJ_6 型光学经纬仪 1 台、测钎 2 根、记录板 1 块。

三、实训步骤

1. 安置经纬仪

将经纬仪从箱中取出，安置于三脚架上，拧紧中心连接螺旋。然后熟悉仪器构造和各部件的功能，正确使用制动螺旋、微动螺旋、调焦螺旋和脚螺旋，了解分微尺的读数方法及水平度盘变换手轮的使用。

练习用光学对中器对中。

练习整平操作。

2. 瞄准和读数方法练习

略。

四、注意事项

（1）仪器从箱中取出前，应看好它的放置位置，以免装箱时不能恢复到原位。

（2）仪器在三脚架上未固定连接好前，手必须握住仪器，不得松手，以防止仪器跌落。

（3）转动望远镜或照准之前，必须先松开制动螺旋，用力要轻；一旦发现转动不灵，要及时检查原因，不可强行转动。

（4）仪器装箱后要及时上锁，以防存在事故危险。

(5) 实训期间，严禁学生在仪器周围打闹，以保证仪器安全。

五、观测成果

水平度盘读数记录及计算见表3-4。

表3-4 水平度盘读数记录及计算

仪器型号： 观测者： 记录者： 日期：

目 标	水平度盘读数	水 平 角	备 注
左目标 A			
右目标 B			

实训二 观测水平角（测回法）

一、目的和要求

(1) 掌握测回法测量水平角的操作方法、记录和计算。

(2) 每位同学至少观测一个角度，上、下半测回角值之差不超过±40″，同一角度各测回之差不超过30″。

(3) 在地面上选择4点组成四边形，所测四边形的内角之和与360°之差（闭合差）不超过±60″。

二、仪器工具

每个实训小组借用DJ_6经纬仪1台，测钎2根和记录板1块。

三、方法与步骤

(1) 在测站点安置经纬仪，对中、整平。

(2) 盘左位置，瞄准角左侧方向的目标，读取水平度盘读数，记入观测手簿；然后松开照准部制动螺旋，顺时针转动照准部，瞄准所测角右侧目标，读取水平度盘读数，记入观测手簿。

(3) 盘右位置，松开照准部和望远镜制动螺旋，纵转望远镜成盘右位置，瞄准右侧方向的目标，读取水平度盘读数，记入观测手簿；然后松开照准部制动螺旋，逆时针转动照准部，瞄准原左侧方向的目标，读取水平度盘读数，记入观测手簿。

四、注意事项

(1) 目标不能瞄错，并尽量瞄准目标下端。

(2) 立即计算角值，如果超限，应重测。

(3) 爱护仪器，注意安全。

五、实训成果

测回法观测水平角记录表及四边形角度闭合差。

水平角观测手簿见表3-5。

表3-5 水平角观测手簿

组别： 仪器型号： 日期：

测站	盘位	目标	水平度盘读数	半测回角值	一测回角值	各测回平均角

实训三 竖直角观测

一、实训目的

（1）了解经纬仪竖盘注记形式，弄清竖盘与指标及指标与指标水准管之间的关系。

（2）掌握竖直角的观测、记录及指标差和竖直角的计算。

二、实训要求

（1）每人照准同一目标观测两个测回。

（2）两测回的竖直角及指标差之差均小于25″。

三、仪器工具

J_6经纬仪、三脚架、记录板。

四、方法与步骤

（1）在指定地点安置经纬仪，并进行对中、整平，转动望远镜，观察竖盘读数的变化规律。写出竖直角的计算公式。

（2）盘左：瞄准目标，用十字丝横线切于目标某一部位（事先确定好）；转动竖盘指标水准管微动螺旋，使指标水准管气泡居中；读取竖盘读数，记录、计算竖直角。

（3）盘右：同法观测、记录、计算。

（4）计算指标差及上、下半测回竖直角的平均值。检查各测回竖直角互差是否超限。计算同一目标各测回竖直角的平均值。

五、注意事项

（1）观测过程中，对同一目标应用十字丝横丝切准同一部位。每次读数前应使竖盘指标水准管气泡居中。

(2) 计算竖直角时应注意正、负号。同一目标各测回竖直角互差小于或等于25″。

六、实训成果

观测竖直角记录见表3－6。

表3－6 观测竖直角记录表

仪器型号：　　　　　观测者：　　　　　记录者：　　　　　日期：

测站	目标	竖盘位置	半测回角值	指标差	一测回平均角值	备　注

复习思考题

一、填空题

1. 经纬仪可以测量______和距离。
2. 水平面上任意两直线的夹角是______。
3. 望远镜由______、______、______和______组成。
4. 测量水平角用______瞄准。
5. 测量竖直角用______瞄准。
6. 竖直度盘位于望远镜的左侧称为______。
7. 将经纬仪安置在测站点的正上方称为______。
8. 转动对光透镜可以看清远近不同的______。
9. 转动目镜可以看清目标的______。
10. 指标差可以采用______消除。

二、问答题

1. 什么叫水平角？用经纬仪照准同一竖直面内不同高度的目标，在水平度盘上的读数是否一样？在一个测站上观测不同高度的两个点，两视线间的夹角是不是水平角？

2. 什么叫竖直角？用经纬仪照准同一竖直面内不同面度的目标，在竖盘上的读数是否一样？

3. 经纬仪主要由哪几部分组成？各起什么作用？

4. 经纬仪上有几对制动、微动螺旋？它们各起什么作用？如何正确使用它们？

5. 怎样正确地操作望远镜？

6. 什么叫度盘分划值？

7. 测量水平角时为什么要进行对中与整平？怎样进行对中和整平？
8. 经纬仪竖盘水准管起什么作用？
9. 什么叫竖盘指标差？如何计算？
10. 经纬仪有哪些轴线？其相互关系如何？

三、计算题

1. 试述测回法观测水平角一个测回的操作步骤，并整理记录表3－7。
2. 试述方向观测法观测水平角一个测回的操作步骤，并整理表3－8的观测记录。
3. 整理表3－9中的观测竖直角记录（竖盘顺时针注记）。

表3－7 观测水平角记录

测站	目标	盘位	读数	半测回角值	平均角值	备注
O	A	左	48°25′15″			
	B		158°48′30″			
	A	右	228°25′00″			
	B		338°48′45″			

表3－8 方向观测法观测手簿

测站	目标	水平度盘读数		左－右 (2C)/(″)	$\frac{左+右}{2}$/(″)	归零方向值	各测回平均方向值	备注
		盘左	盘右					
O	A	0°00′18″	180°00′12″					
	B	91°41′12″	270°41′18″					
	C	154°15′42″	334°15′36″					
	D	226°50′06″	46°50′12″					
	A	0°00′30″	180°00′24″					

表3－9 观测竖直角记录手簿

测站	目标	盘位	竖盘读数	半测回角值	指标差	一测回角值	瞄准位置及高度/m
O	A	左	55°59′30″				目标顶 3.68
		右	304°01′50″				
	B	左	100°16′10″				目标顶 3.95
		右	259°45′50″				

第四章 测 量 距 离

测量距离是测量基本工作之一，测量距离的方法有钢尺量距、视距测量、光电测距等。

第一节 钢 尺 量 距

一、量距的工具

1. 钢尺

钢尺是用薄钢片制成的带状尺，可卷入金属架内，故又称钢卷尺。尺宽约 10 ~ 15 mm，长度有 20 m、30 m 和 50 m 等几种，如图 4 – 1 所示。

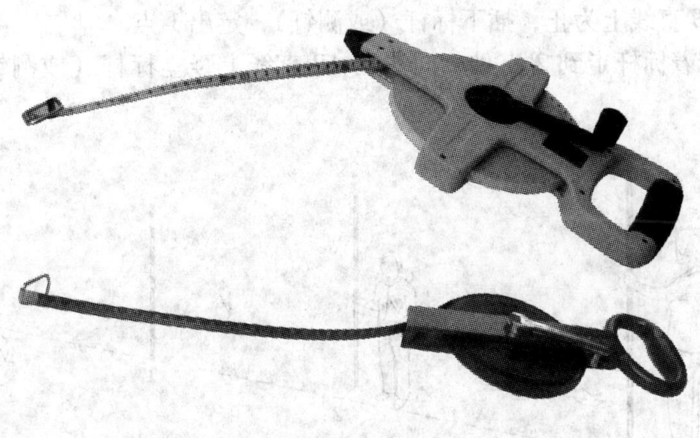

图 4 – 1 钢尺

钢尺抗拉强度高，不易拉伸，但钢尺性脆，易折断，易生锈，使用时要避免扭折，防止受潮。

2. 标杆（花杆）

标杆多用木料或铝合金制成，直径约 3 cm、全长有 2 m、2.5 m 及 3 m 等几种规格。杆上用油漆涂成红、白相间的 20 cm 色段，非常醒目，标杆下端装有尖头铁脚，便于对准地面点，作为瞄准的地上标志，如图 4 – 2b 所示。

3. 测钎

测钎一般用粗铁丝制成，上部弯成小圆环，下部磨尖，直径 3 ~ 6 mm，长度 30 ~ 40 cm，其上可用油漆涂成红、白相间的色段。将测钎插入地面，用以标定钢尺端点的位置，亦可

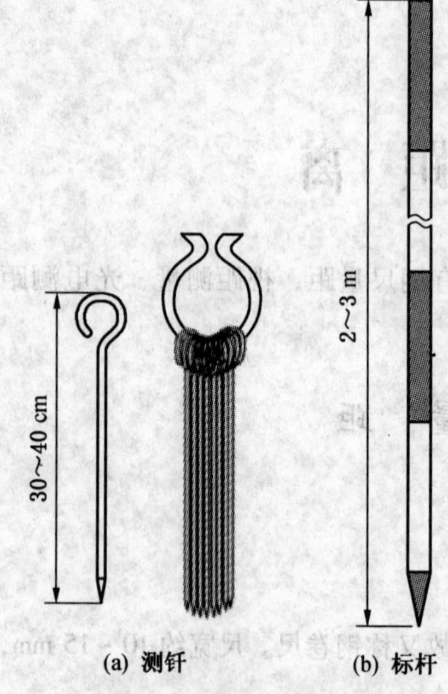

图4-2 量距辅助工具

作为近距离瞄准的地上标志，如图4-2a所示。

二、直线定线

测量水平距离时，当地面上两点间的距离超过一整尺长时，或地势起伏较大，一尺段无法完成丈量工作时，需要在两点的连线上标定出若干点，使之成为一条直线，这项工作称为直线定线。按精度要求的不同，直线定线的方法有目估定线和经纬仪定线两种。

1. 目估定线

如图4-3所示，A、B两点为地面上互相通视的两点，欲在A、B两点间的直线上定出1、2分点。定线工作可由甲、乙两人进行。

（1）定线时，先在A、B两点上竖立标杆，甲立于A点标杆后面约1~2 m处，用眼睛自A点标杆后面瞄准B点标杆。

（2）乙持另一标杆沿BA方向走到离B点大约一尺段长的1点附近，按照甲指挥手势左右移动标杆，直到标杆位于AB直线上为止，插下标杆（或测钎），定出1点。

（3）乙又带着标杆走到2点处，同法在AB直线上竖立标杆（或测钎），定出2点，依此类推。

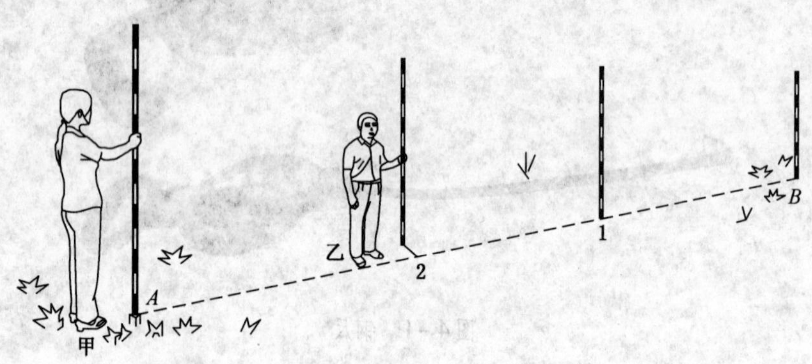

图4-3 目估定线

2. 经纬仪定线

经纬仪定线如图4-4所示。

三、丈量距离的一般方法

1. 地面平坦

要丈量平坦地面上A、B两点间的距离，其做法是：先进行直线定线，然后再进行丈量。丈量时后尺手拿尺的零端，前尺手拿尺的末端，两人蹲下，后尺手把零点对准A点，喊“预备”，前尺手把尺边靠近定线测钎，两人同时拉紧尺子，当尺拉稳后，后尺手喊

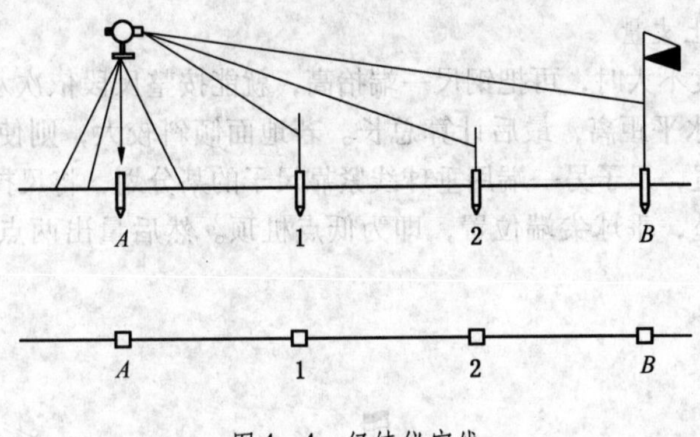

图4-4　经纬仪定线

“好”，前尺手对准尺的终点刻划将一测钎竖直插在地面上。这样就量完了第一尺段。

用同样的方法，继续向前量第二、第三…第 N 尺段。量完每一尺段时，后尺手必须将插在地面上的测钎拔出收好，用来计算量过的整尺段数。最后量不足一整尺段的距离，如图4-5所示。当丈量到 B 点时，由前尺手用尺上某整刻划线对准终点 B，后尺手在尺的零端读数至毫米，量出零尺段长度 Δd。

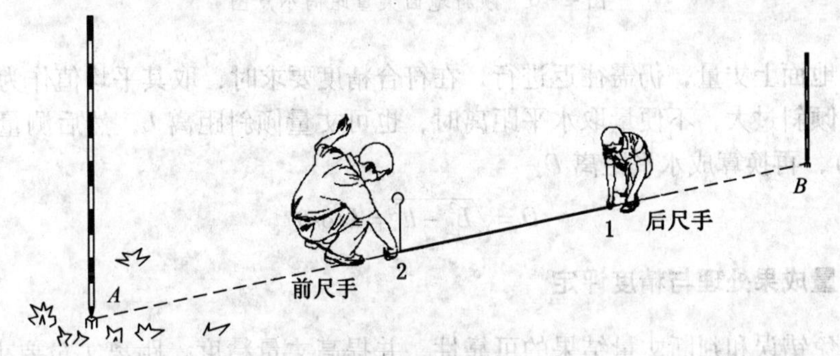

图4-5　丈量距离示意图

上述过程称为往测，往测的距离用下式表示：

$$D = nd + \Delta d \tag{4-1}$$

式中　d——整尺段的长度；

n——丈量的整尺段数；

Δd——零尺段长度。

接着再调转尺头用以上方法，从 B 至 A 进行返测，直至 A 点为止。然后再依据式（4-1）计算出返测的距离。一般往返各丈量一次称为一测回，在符合精度要求时，取往返距离的平均值作为丈量结果（表4-1）。

表4-1　钢尺量距记录表

测线		整尺段数	零尺段/m	总长度/m	平均长度/m	精度
AB	往测	2×50	41.526	141.546	141.526	1/3400
	返测	2×50	41.605	141.505		

2. 在倾斜地面上丈量

当地面倾斜程度不大时，可把钢尺一端抬高，就能按整尺段依次水平丈量，如图 4-6a 所示，分段量取水平距离，最后计算总长。若地面倾斜较大，则使尺子一端靠高地点桩顶，对准端点位置，尺子另一端用垂球线紧靠尺子的某分划，将尺拉紧且水平。放开垂球线，使它自由下坠，垂球尖端位置，即为低点桩顶。然后量出两点的水平距离，如图 4-6a 所示。

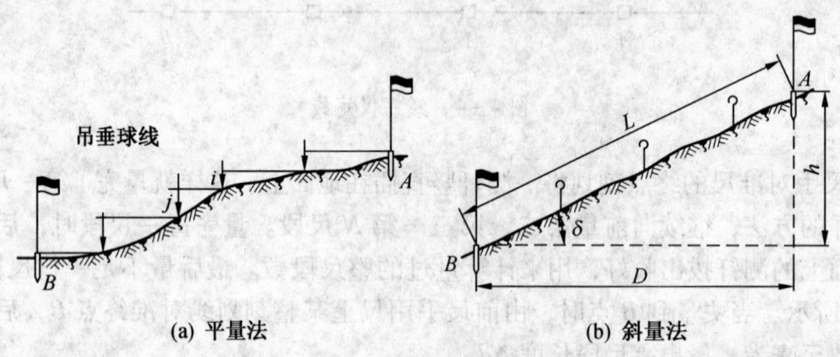

图4-6 倾斜地面丈量距离示意图

在倾斜地面上丈量，仍需往返进行，在符合精度要求时，取其平均值作为丈量结果。

若地面倾斜过大，不便量取水平距离时，也可丈量倾斜距离 L，然后测量高差 h（或测量倾角 δ），再换算成水平距离 D。

$$D=\sqrt{L^2-h^2}=L\cos\delta \tag{4-2}$$

四、丈量成果处理与精度评定

为了避免错误和判断丈量结果的可靠性，并提高丈量精度，距离丈量要求往返进行。用往返丈量距离的较差 ΔD 与平均距离 $D_{平}$ 之比来衡量它的精度，此比值用分子为 1 的分数形式表示，称为相对误差 K，即

$$\text{相对误差 } K=(D_{往}-D_{返})/D_{平}=1/M \tag{4-3}$$

如果相对误差在规定的允许限度内，即 $K\leqslant K_{允}$，可取往返丈量的平均值作为丈量成果。如果超限，则应重新丈量直到符合要求为止。普通测量工作中，在平坦地区，钢尺量距的相对误差一般不应大于 1/3000；在量距较困难的地区，其相对误差也不应大于 1/1000。

【例 1】用钢尺丈量两点间的直线距离，往测距离为 217.30 m，返测距离为 217.38 m，试计算量距精度？若量距精度为 1/2000，丈量 100 m 的距离时，往返丈量距离的较差最大可允许相差多少毫米？

解 $$D_{平}=\frac{1}{2}(D_{往}+D_{返})=(217.30+217.38)\ \text{m}/2=217.34\ \text{m}$$

$$\Delta D=D_{往}-D_{返}=217.30-217.38\ \text{m}=-0.08\ \text{m}$$

$$K=\frac{1}{D_{平}/|\Delta D|}=\frac{1}{217.34/|-0.08|}=\frac{1}{2700}$$

因为 $K<K_{允}=\frac{1}{2000}$，所以丈量成果满足精度要求。

又由 $$K=\frac{\Delta D}{D_{平}}$$

得 $$|\Delta D|=KD_{平}=\frac{1}{2000}\times 100\ \text{m}=0.05\ \text{m}$$

$$\Delta D\leqslant \pm 50\ \text{mm}$$

即往返丈量的较差最大可相差 ±50 mm。

前面介绍的钢尺量距的一般方法，精度不高，相对误差一般只能达到 1/2000 ~ 1/5000。但在实际测量工作中，有时量距精度要求很高，如有时量距精度要求在 1/10000 以上。这时可采用光电测距方法（全站仪、测距仪）。

五、距离丈量注意事项

1. 影响量距成果的主要因素

（1）尺身不水平。

（2）定线不直。定线不直使丈量沿折线进行，如图 4 - 7 中所示的虚线位置，其影响和尺身不水平的误差一样，在起伏较大的山区或直线较长或精度要求较高时应使用有关仪器定线。

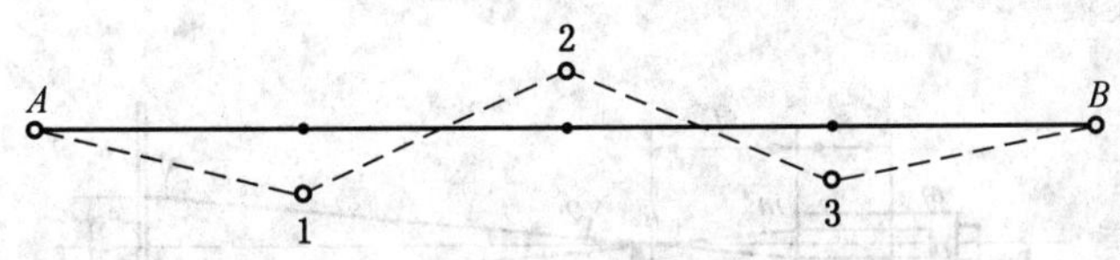

图 4 - 7　定线误差示意图

（3）拉力不均。钢尺的标准拉力多为 100 N，故一般丈量中只要保持拉力均匀即可。

（4）对点和投点不准。丈量时用测钎在地面上标志尺端点位置，若前、后尺手配合不好，插钎不直，很容易造成 3 ~ 5mm 误差。如在倾斜地区丈量，用垂球投点，误差可能更大。在丈量中应尽力做到对点准确，配合协调，尺要拉平，测钎应直立，投点要准。

（5）丈量中常出现的错误。丈量中常出现的错误主要有认错尺的零点和注字，例如 6 误认为 9；记错整尺段数；读数时，由于精力集中于小数而对分米、米有所疏忽，把数字读错或读颠倒；记录员听错、记错等。为防止错误就要认真校核，提高操作水平，加强工作责任心。

2. 注意事项

（1）丈量距离会遇到地面平坦、起伏或倾斜等各种不同的地形情况，但不论何种情况，丈量距离有 3 个基本要求，即“直、平、准”。直，就是要量两点间的直线长度，不是折线或曲线长度，为此定线要直，尺要拉直；平，就是要量两点间的水平距离，要求尺身水平，如果量取斜距也要改算成水平距离；准，就是对点、投点、计算要准，丈量结果不能有错误，并符合精度要求。

（2）丈量时，前后尺手要配合好，尺身要置水平，尺要拉紧，用力要均匀，投点要稳，对点要准，尺稳定后再读数。

（3）钢尺在拉出和收卷时，要避免钢尺打卷。在丈量时，不要在地上拖拉钢尺，更不要扭折，防止行人踩和车压，以免折断。

（4）尺子用过后，要先用软布擦干净，涂以防锈油后，再收卷起来。

第二节　视　距　测　量

视距测量是用望远镜内的视距丝配合视距尺，根据光学原理同时测定水平距离和高差的一种方法。这种方法具有操作方便、速度快、不受地形限制等优点。缺点是精度较低（一般仅能达到1/300），但能满足测定碎部点位置的精度要求，所以视距测量被广泛地应用于地形测图中。

一、视线水平时的视距测量

如图4-8所示，在A点安置经纬仪，在B点竖立视距尺，用望远镜照准尺子，当望远镜视线水平时，视线与尺子垂直。调节对光螺旋，使视距尺成像在十字丝平面上，尺上M、N点的实像与视距丝m、n点重合，则被两视距丝所截取的尺间隔为l（MN）。用p代表两视距丝间的距离mn（$p=mn=m'n'$），f代表物镜的焦距，由相似三角形$m'Fn'$和MFN可得以下关系：

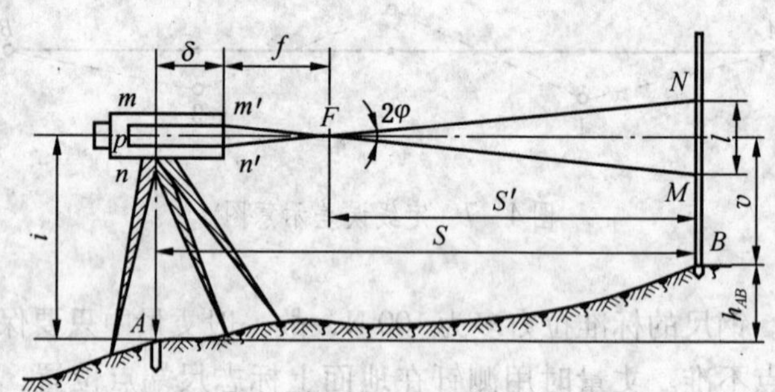

图4-8　视线水平时的视距测量

由仪器中心到视距尺的水平距离应为

$$S=S'+(f+\delta)=(f/p)l+(f+\delta)$$

上式中设$f/p=K$，$(f+\delta)=C$，则

$$S=Kl+C \qquad (4-4)$$

式中　K——视距乘常数，通常$K=100$；

C——视距加常数；

l——视距丝在尺上读得的尺间隔。

式（4-4）是用外对光望远镜进行视距测量时计算水平距离的公式。对于内对光望远镜，其视距加常数C值接近零，可以忽略不计，故

$$S=Kl=100l \qquad (4-5)$$

至于A、B点间的高差，当望远镜视线水平（相当于水准仪）时，只要量出仪器高i，读出中丝读数v，即可利用水准测量的原理求得高差为

$$h_{AB} = i - v \tag{4-6}$$

二、视线倾斜时的视距测量

在地面起伏较大的地区进行视距测量时，必须使望远镜视线处于倾斜位置才能瞄准视距尺。此时，视线便不垂直于竖立的视距尺尺面，因而就不能应用式（4-5）计算水平距离。

如图4-9所示，如果把竖立在 B 点上尺子的尺间隔 MN，化算为尺子与视线相垂直的尺间隔 $M'N$，就可应用式（4-5）计算出倾斜距离 L，然后再根据 L 和竖直角 δ 求出水平距离 S 和高差 h。

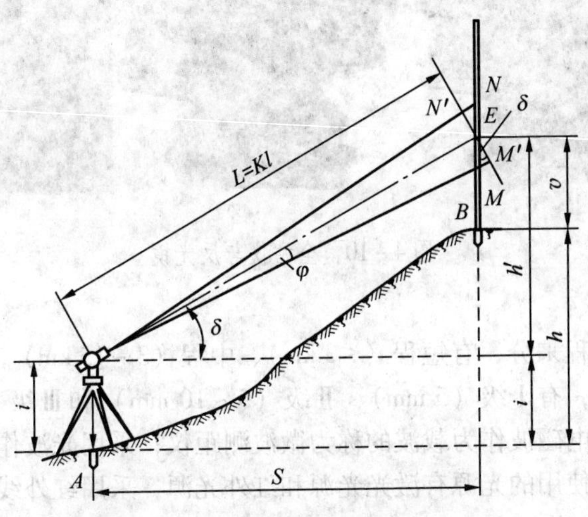

图4-9 视准轴倾斜时视距测量

视线倾斜时计算水平距离的公式为

$$S = l\cos\delta = Kl\cos\delta \tag{4-7}$$

视线倾斜时计算高差的公式为

$$h = \frac{1}{2}Kl\sin2\delta + i - v \tag{4-8}$$

在实际工作中，应尽量使 $i = v$，以简化高差的计算。

三、视距测量计算

视线水平时，距离与高差计算十分简单。视线倾斜时，常用计算器来计算水平距离和高差。

第三节 光 电 测 距

全站型电子速测仪简称全站仪，它是一种可以同时进行角度（水平角、竖直角）测量、距离（斜距、平距、高差）测量和数据处理，由机械、光学、电子元件组合而成的测量仪器。由于只需一次安置，仪器便可以完成测站上所有的测量工作，故被称为“全站仪”（图4－10）。

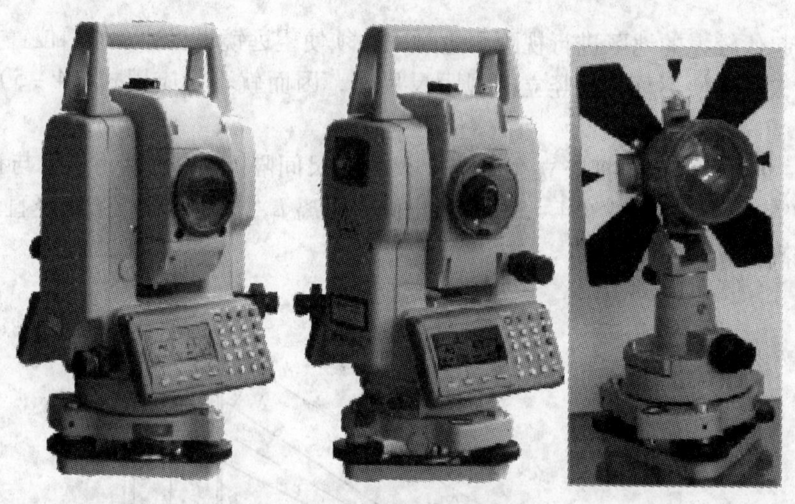

图4－10 全站仪与反光镜

电磁波测距按测程来分，有短程（<3 km）、中程（3～15 km）和远程（>15 km）之分。按测距精度来分，有Ⅰ级（5 mm）、Ⅱ级（5～10 mm）和Ⅲ级（>10 mm）。按载波来分，采用微波段的电磁波作为载波的称为微波测距仪；采用光波作为载波的称为光电测距仪。光电测距仪所使用的光源有激光光源和红外光源，采用红外线波段作为载波的称为红外测距仪。

一、光电测距原理

如图4－11所示，欲测定A、B两点间的距离D，安置仪器于A点，安置反光镜于B点。仪器发射的光束由A至B，经反光镜反射后又返回到仪器。设光速c为已知，如果光束在待测距离D上往返传播的时间t已知，则距离D可由下式求出

$$D=\frac{1}{2}ct$$

图4－11 光电测距原理

其中，$c=c_0/n$，c_0为真空中的光速值，其值为299792458 m/s，n为大气折射率，它与测距仪所用光源的波长、测线上的气温t、气压P和湿度e有关。

全站仪（测距仪）的标称精度：

$$m_D = (a + bD) \tag{4-9}$$

式中 m_D——测距中误差，mm；

a——标称精度中的固定误差，mm；

b——标称精度中的比例误差系数，10^{-6}；

D——测距长度，km。

如某仪器的标称精度为 $m_D = \pm(3+2\times10^{-6}D)$ mm，则 1 km 的测距精度为 $m_D = \pm(3+2\times1) = \pm5$ mm。

（1）测距常数。由于每台仪器的电器元件性能差异，使得测量值与实际距离有误差，此误差称为测距常数。这种误差在出厂前都进行了检测，给出常数值或调整为零。在使用中若发现测量距离总存在相同误差应对仪器进行检查。

（2）反光镜常数。反光镜（又称棱镜）是测量距离时瞄准的目标。主要作用是将仪器发射的测距光波经棱镜返回到主机接收。测距光波经棱镜折射速度会减慢，因此显示的距离比实际的距离长，应加以改正，此改正称为棱镜折射率改正值，如果反射棱镜顶点位于测点的铅垂线上，那么，棱镜折射率改正值即为棱镜常数，但实际顶点的位置不位于测点的铅垂线上,因此应作加减改正。以上两项改正值称为棱镜常数。棱镜常数一般为 -30 mm、-40 mm、0，使用仪器时必须确认棱镜常数。

（3）气温、气压改正。测距光波通过大气层时，由于大气的状态不同，速度也不同，因此使实测距离产生误差，这是因为仪器生产是在某一特定气温下调整的，只有在这一温度下，所测距离才是正确的，因此实际测距时应输入当前温度与气压，使仪器自动进行改正。

现在多数仪器带有传感器，可自动感知测站上的气象参数，自动对所测距离加改正数。

二、全站仪测距

全站仪基本上采用望远镜光轴（视准轴）和测距光轴完全同轴的光学系统，一次照准就能同时测出距离和角度。

（1）设置棱镜常数。测距前须将棱镜常数输入仪器中，仪器会自动对所测距离进行改正。

（2）设置大气改正值或气温、气压值。光在大气中的传播速度会随大气的温度和气压而变化，15 ℃和 760 mmHg 是仪器设置的一个标准值，此时的大气改正值为 0。实测时，可输入温度和气压值，全站仪会自动计算大气改正值（也可直接输入大气改正值），并对测距结果进行改正。

（3）量仪器高、棱镜高并输入全站仪。

（4）距离测量。照准目标棱镜中心，按测距键，距离测量开始，测距完成时显示斜距、平距、高差。全站仪的测距模式有精测模式、跟踪模式、粗测模式 3 种。精测模式是最常用的测距模式，测量时间约 2.5 s，最小显示单位 1 mm；跟踪模式，常用于跟踪移动目标或放样时连续测距，最小显示一般为 1 cm，每次测距时间约 0.3 s；粗测模式，测量时间约 0.7 s，最小显示单位 1 cm 或 1 mm。在距离测量或坐标测量时，可按测距模式

（MODE）键选择不同的测距模式。

应注意，有些型号的全站仪在距离测量时不能设定仪器高和棱镜高，显示的高差值是全站仪横轴中心与棱镜中心的高差。

三、TOPOCON GTS－212 全站仪介绍

TOPOCON 全站仪是由电子经纬仪和测距仪两部分组成，如图 4－12 所示。红外测距仪采用砷化镓（GaAs）红外发光管。望远镜为正像，放大倍数为 26，最短视距为 0.9 m。

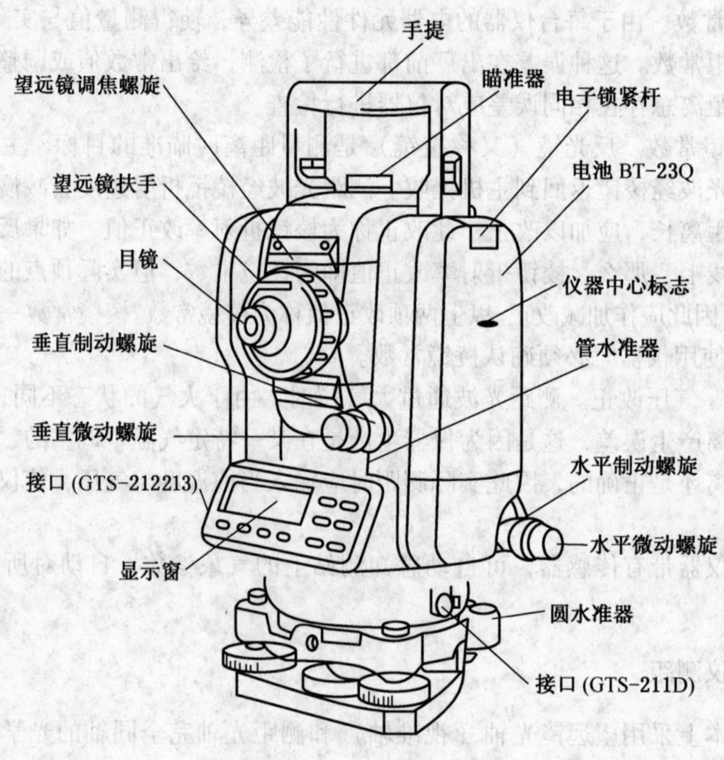

图 4－12　TOPOCON 全站仪

1. 仪器的主要性能指标

（1）精度：测角精度 ±6″；测距精度 ±（3 mm＋2×10^{-6}D）。

（2）测程：900 m/单棱镜；1200 m/3 棱镜。

（3）最小读数及测距时间：

精测模式：1 mm，2.5 s（首次 4.5 s）；

粗测模式：10 mm，0.5 s（首次 3.0 s）；

跟踪模式：5 mm，0.3 s（首次 2.5 s）；

测角时间：0.3 s；

（4）工作环境温度：－20～＋50 ℃。

为了便于观测，仪器双面都有显示屏，如图 4－13 所示。显示屏是采用点阵式液晶显

示（LCD），可显示4行，每行20个字符，通常前三行显示测量数据，最后一行是测量模式功能键，其他键见图示说明。

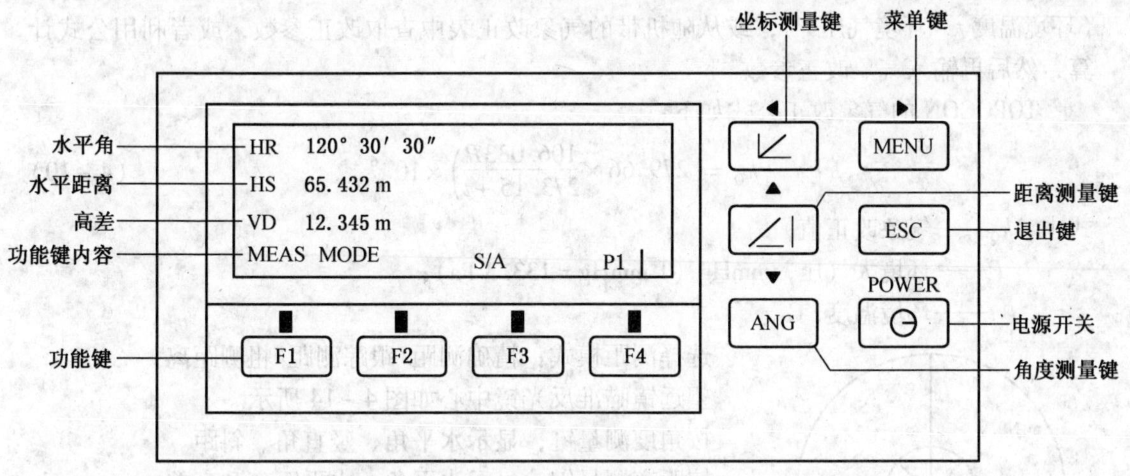

图4-13 全站仪显示屏

2. 全站仪测量模式

（1）角度测量模式。在此模式下可进行零方向安置，设置和测定水平角。同时进行水平角和竖直角测量。

（2）距离测量模式。在此模式下可进行仪器常数设置、气象改正设置；可进行高精度测距，跟踪测量和快速的距离测量；可同时完成水平角、平距、高差测量；可显示测量距离与设计放样距离之差，进行施工放样；可进行偏心测量。

（3）坐标测量模式。在此模式下，通过输入测站点的坐标及已知方位角，可直接测定未知点坐标。

（4）特殊模式（菜单模式）。在此模式下，可进行悬高测量，还可进行两目标之间水平距离、斜距、高差和水平角测量等。

3. 全站仪的操作

（1）全站仪安置在待测距离起点，反光镜安置在待测距离终点，对中和整平同普通光学经纬仪。

（2）开机，打开电源开关（按下POWER键）。

显示器显示当前的棱镜常数和气象改正数及电池电压。

检查电池剩余电压。若电量不足要及时更换电池。

（3）纵转望远镜，使仪器垂直角读数为0°。

（4）选择角度测量模式：

瞄准第一个目标，设置起始方向水平角为0°00′00″。

瞄准第二个目标，显示器直接显示水平角和竖直角。

其他操作同光学经纬仪。

（5）选择距离测量：

棱镜常数检查与设置：棱镜常数是仪器出厂时规定的常数，或经过检定后的仪器常数。若检查仪器设置不对应进行改正。

气象改正参数设置：在高精度测量时应测量气温和气压。可采用直接输入气象参数（环境温度 t，环境气压 P），或从随机带的气象改正表中查取改正参数，或者利用公式计算，然后再输入气象改正参数。

TOPOCON 的气象改正公式如下：

$$k_Q = \left(279.66 \times \frac{106.033P}{273.15 + t}\right) \times 10^{-6} \tag{4-10}$$

式中 k_Q——气象改正值；

P——环境大气压，mmHg（1 mmHg = 133.3 Pa）；

t——环境温度，℃。

图 4－14 全站仪瞄准反光镜中心

选择测距模式：精确测距/跟踪测距/粗测距离。

望远镜瞄准反光镜中心如图 4－14 所示。

按角度测量键，显示水平角、竖直角、斜距。

按距离测量键，显示水平角、水平距离和高差。

（6）测量完毕关机。

四、全站仪使用注意事项

（1）在阳光下使用（或雨天作业）一定要撑伞遮阳、遮雨，防止阳光或其他强光直接射入接收物镜，以免烧坏光敏二极管。不要让雨水浇淋测距仪，以免发生短路。

（2）测线两侧或站镜反面应避开反射物体，以免障碍物反射信号进入接收系统产生干扰信号，主机也应尽可能避开高压线、高压变压器等强电场干扰源。

（3）测距结束要注意关机。

（4）测距仪在运输及存储过程中应注意防潮、防震和防高温。

（5）电池要注意及时充电。仪器不用时，电池要充电后存放。

实训 钢尺丈量距离与全站仪测量距离

一、目的和要求

（1）掌握钢尺量距的一般方法、记录和计算，要求相对误差不大于 1/2000。

（2）使用全站仪测量距离、记录和计算，计算相对误差。

二、仪器工具

借用全站仪 2 套、钢尺 2 把、测钎 4 根和记录板 4 块。

三、实训方法

学生共分 4 个小组，在实训场地，每 2 个小组分别练习钢尺量距和全站仪测距的方法。首先在地面选定两点，用钢尺进行往返丈量其距离，并计算其相对误差；然后在其中

1 点安置全站仪，在另 1 点安置反光镜，重新测量其往返距离（或单程，2 个测回），计算相对误差。最后进行精度比较。

四、注意事项

（1）钢尺应拉紧、拉稳，两端同时读数，不能读错。
（2）观测结束后立即计算相当误差，如果超限，应重测。
（3）爱护仪器，注意安全。

五、实训成果

书写测距步骤，上交实训记录、计算表。

复习思考题

1. 在距离丈量之前，为什么要进行直线定线？如何进行定线？
2. 钢尺量距的基本要求是什么？
3. 用钢尺丈量 AB 两点间的距离，往测为 232. 35 m，返测为 233. 43 m，试计算量距的相对误差。
4. 用标杆目测定线，若一尺段长度 30 m 处标杆中心偏离直线方向的误差 10 cm，则由此产生的量距误差为多少？
5. 全站仪按精度分哪几种？
6. 操作全站仪时，如何进入测距模式？

第五章　测图控制测量

第一节　控制测量方法

测定控制点平面坐标和高程的测量工作称为控制测量，它分为平面控制测量和高程控制测量。平面控制测量是为了测定平面控制点的平面位置，建立平面控制（点）网；高程控制测量是为了测定高程控制点的高程，建立高程控制（点）网。平面控制点和高程控制点可以合二为一。控制点是测绘地形图及各项工程建设施工测量的依据。

一、平面控制测量方法

建立平面控制网的方法有三角测量、导线测量和 GPS 定位测量等。由于全站仪、CPS 的快速发展，导线测量和 GPS 定位测量是目前平面控制测量的主要方法。

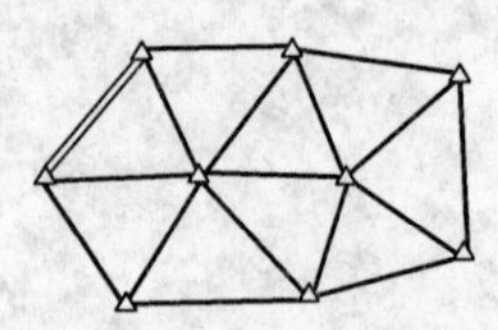

图 5-1　平面三角控制网

三角测量是将相邻控制点连接成三角形，组成网状图形，称为三角控制网，三角形的顶点称为三角点（图 5-1）。在三角控制网中，通过测量各三角形的内角，然后根据已知边的边长用正弦定理推算出各三角形的边长，再根据起始点的坐标和起始边方位角以及各边的边长，推算出各控制点的平面坐标，这种测量方法就称为三角测量。

导线测量是将一系列相邻控制点连成折线，通过测量水平角和水平距离，然后根据已知点的坐标和已知边的方位角计算出各未知点的坐标，这种测量方法称为导线测量（图 5-2）。

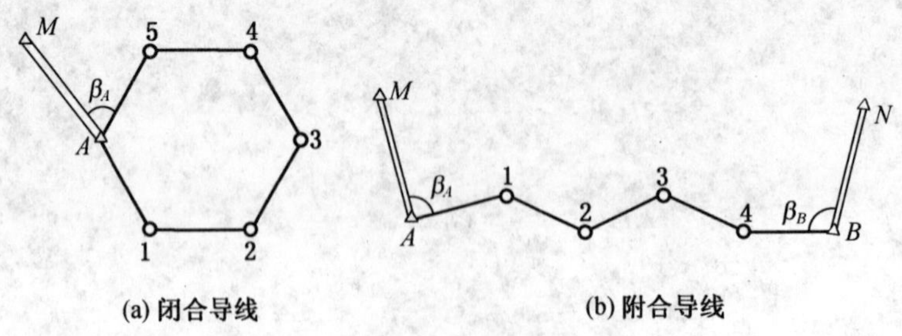

图 5-2　导线测量

GPS 定位测量是在地面一组控制点上安置 GPS 卫星地面接收机接收卫星信号，从而解算出控制点到相应卫星的距离，再通过数据处理求得控制点的坐标。

1. 国家平面控制测量

根据“从高级到低级，从整体到局部”的测量工作原则，国家测绘部门在全国范围内建立了全国统一的平面控制网。

国家控制网按其精度不同，分为一、二、三、四等。一等三角网为条带形的锁状，称一等三角锁，沿着经纬线方向纵横交叉地布满全国，形成统一的骨干控制网。在一等锁环内逐级布设二、三、四等三角网（图5-3）。一等三角网的精度最高，除作低等级的平面控制外，还为研究地球形状和大小以及空间技术等科研问题提供资料；二等三角网作为三、四等三角测量的基础；三、四等三角网是测图时加密控制点和其他工程测量的基础。各等级点均埋设标石，竖立觇标（图5-4）。

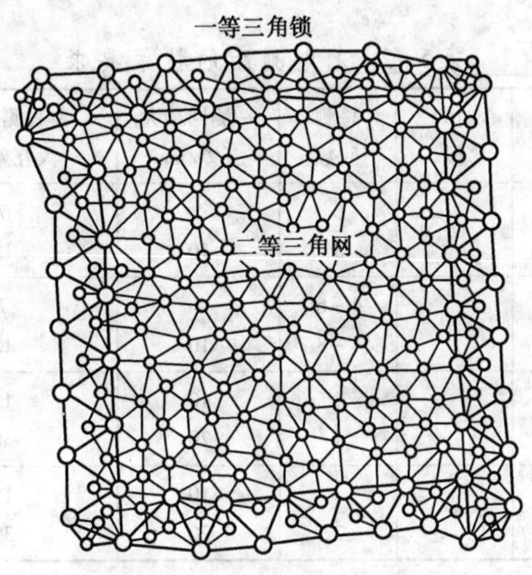

图5-3　一、二等三角控制网

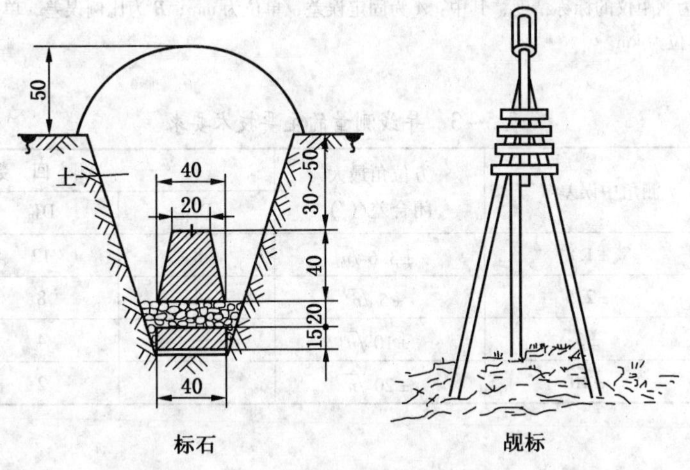

图5-4　平面控制点标志

平面控制测量工作，应按照国家有关测量规范执行，例如《煤矿测量规范》、《工程测量规范》、《城市测量规范》等。《煤矿测量规范》规定：光电测距导线的布设规定见表5-1，光电测距的技术要求见表5-2，导线测量的主要技术要求见表5-3。

表5-1 光电测距导线的布设规定

等 级	附（闭）合导线长度/km	一般边长/km	测距相对中误差	测角中误差/(″)	导线全长相对中误差
三等导线	15	2～5	1/100000	±1.8	1/60000
四等导线	10	1～2	1/100000	±2.5	1/40000
一级导线	5	0.5	1/30000	±5	1/20000
二级导线	3	0.25	1/20000	±10	1/10000

表5-2 光电测距的技术要求

等级	仪器等级	往返次数	时间段	总测回数	一测回最大互差/mm	单程测回间最大互差/mm	往返测或不同时间段互差/mm
三等	Ⅰ Ⅱ	1	2	6 8	5 10	7 15	$\pm\sqrt{2}\times(A+BD)$
四等	Ⅰ Ⅱ	1	2	4～6 4～8	5 10	7 15	
一级	Ⅱ Ⅲ		1	2 4	10 20	15 30	
二级	Ⅱ Ⅲ		1	2 2	10 20	15 30	

注：1. 测回的含义是照准目标一次，读数4次。

2. 时间段是指不同的观测时间，如上午、下午或不同日期测同一条边。

3. 往返测量时，必须将斜距化算到同一水平上方可进行比较。

4. $\pm(A+BD)$ 为测距仪的标称精度，其中：A 为固定误差，单位为mm；B 为比例误差，单位为mm/km；D 为测距边长度，单位为km。

表5-3 导线测量的主要技术要求

等 级	测角中误差/(″)	方位角最大闭合差/(″)	测回数		
			DJ_1	DJ_2	DJ_6
三等导线	±1.8	$\pm3.6\sqrt{n}$	8	12	—
四等导线	±2.5	$\pm5\sqrt{n}$	6	8	—
一级导线	±5	$\pm10\sqrt{n}$	—	4	6
二级导线	±10	$\pm20\sqrt{n}$	—	2	4

注：n 为角的个数。

2. 测图平面控制测量

为了测绘地形图，通常是先在等级控制点的基础上建立测图控制网（点）。用于测绘地形图的控制点称为图根控制点，简称图根点。测量图根点的平面位置称为测图平面控制测量，其任务是通过测量和计算，得到各点的平面坐标，作为测绘地形图的依据。

测图平面控制网（或称图根网）是在三、四等控制点基础上测定的，其方法有小三角测量、导线测量、交会测量等，目前采用的方法主要是导线测量（是本章重点讲解内容）或GPS定位测量。根据不同测图比例尺，要求加密图根点的数量也不一样。《工程测量规范》规定的各种大比例尺测图图根点的数量见表5-4。

表5-4 一般地区解析图根点的个数

测图比例尺	图幅尺寸/（cm×cm）	解析图根点（个数）		
		全站仪测图	GPS（RTK）测图	平板测图
1:500	50×50	2	1	8
1:1000	50×50	3	1~2	12
1:2000	50×50	4	2	15
1:5000	40×40	6	3	30

注：表中所列点数指施测该幅图时，可利用的全部解析控制点。

二、高程控制测量

高程控制测量的主要方法有：水准测量、三角高程测量和GPS拟合高程测量等。

水准测量是利用水准仪给出的水平视线读取竖立于两点水准尺上的数值，从而求得两点间的高差，最后求得点的高程（见第二章）。

三角高程测量是通过测量倾斜视线的竖直角和两点间的水平距离或倾斜距离，根据三角函数算出两点间的高差，然后算出点的高程。

GPS高程测量是利用GPS定位仪，通过接收卫星信号，从而确定出地面点的高程。

1. 国家高程控制测量

国家高程控制网是用水准测量方法按一定的技术要求建立的，称为国家水准网，它是全国高程控制的基础。国家水准网按施测精度的不同，分为一、二、三、四等及等外（五等）。如图5-5所示，每一等级的水准测量路线，是由一系列相同精度的高程控制点组成，这些高程控制点称为水准点。

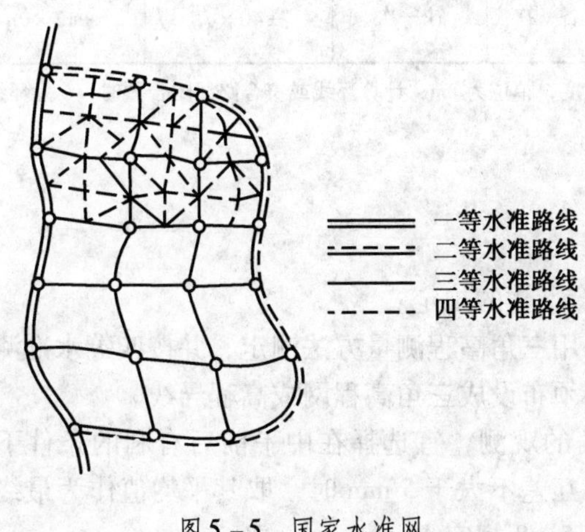

图5-5 国家水准网

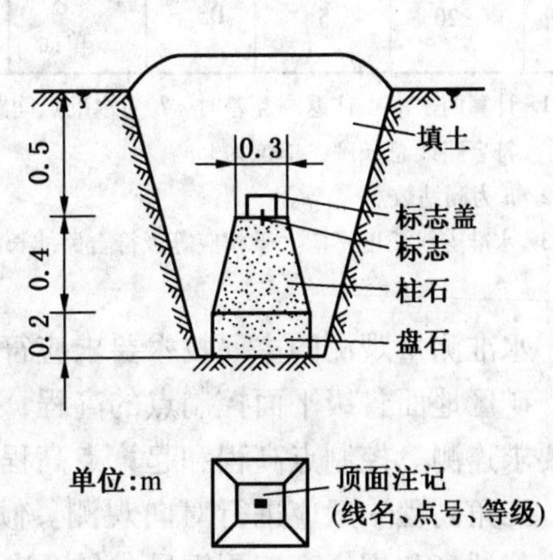

图5-6 水准点标石的埋设

一等水准测量是国家高程控制网的骨干，同时也是研究地壳和地面垂直运动等有关技术问题的主要依据；二等水准测量是国家高程控制的全面基础，一般构成环形，闭合于一等水准路线上；三、四等水准点是地形测图和各种工程建设所必需的高程控制起算点。

2. 矿区高程控制测量

矿区地面高程首级控制网，一般应采用水准测量方法建立，其布设范围和等级选择，应符合《煤矿测量规范》的规定，见表5-5。

表5-5 水 准 测 量 等 级 选 择

矿区长度/km	首级控制	加密控制
>25	三等水准	四等水准、等外水准
5~25	四等水准	等外水准
<5	等外水准	—

三、四等水准点以及有关等外水准点，都需埋石固定，永久保存。埋设方法可因地制宜，图5-6所示为其中一种型式。在山区还可在稳固的岩石上凿洞，然后再用水泥灌筑标志。

水准测量的主要技术要求应符合表5-6的规定。

表5-6 水准测量的主要技术要求

等级	每千米高差中数中误差/mm	环线或附合路线长度/km	仪器级别	水准标尺	观测次数		往返互差、环线或附合路线/mm	
					与已知点联测	附合或环线	平地	山地
三等	±6	50	DS_1	因瓦	往返各一次	往一次	$\pm 12 \times \sqrt{L}$	$\pm 4 \times \sqrt{n}$
			DS_3	木质双面	往返各一次	往返各一次		
四等	±10	15	DS_3	木质双面	往返各一次	往一次	$\pm 20 \times \sqrt{L}$	$\pm 6 \times \sqrt{n}$
等外	±20	5	DS_{10}	木质双面或单面	往返各一次	往一次	$\pm 40 \times \sqrt{L}$	$\pm 12 \times \sqrt{n}$

注：1. 计算两水准点往返测互差时，L 为水准点间路线长度，单位为 km；计算环线或符合路线闭合差时，L 为环线或符合路线总长度，单位为 km。

2. n 为测站数。

3. 水准支线长度不应大于相应等级符合路线长度的1/4。

水准测量观测的主要技术要求应符合表5-7的规定。

矿区地面各级平面控制点的高程，可采用三角高程测量方法测定，并按四等水准测量的要求连测。控制点高程和起算点高程都必须布设成三角高程网或高程导线。

三角高程一般应进行对向观测。倾斜角的观测，宜选择在中午前后有利的条件下进行。仪器高和觇标高应用钢尺丈量两次，当互差不大于5 mm时，取其平均值作为最终结果。三角高程测量的主要技术要求应符合表5-8规定。

表5-7　水准测量观测的主要技术要求

等级	仪器级别	视线长度/m	前后视距差/m	前后视距累差/m	视线离地面最低高度/m	基本、辅助分划黑红面读数差/mm	基本、辅助分划黑红面高差之差/mm
三等	DS1	100	3	6	0.3	1.0	1.5
	DS3	75				2.0	3.0
四等	DS3	100	5	10	0.2	3.0	5.0
等外	DS10	100	10	50	0.1	4.0	6.0

注：1. 三、四等水准采用变动仪器高度观测单面水准尺时，所测两次高差较差，应与黑面、红面所测高差之差的要求相同。

2. 数字水准仪观测，不受基、辅分划或黑、红面读数较差指标的限制，但测站两次观测的高差较差，应满足表中相应等级基、辅分划或黑、红面所测高差较差的限值。

表5-8　三角高程测量的主要技术要求

经由路线	仪器级别	测回数		倾角互差/(″)	指标差互差/(″)	对向观测高差较差/mm	附合或环线闭合差/mm
		中丝法	三丝法				
二、三、四等点	DJ_1、DJ_2	4	2	10	15	$\pm 100S$	$\pm 50\sqrt{[S^2]}$
一、二级小三角	DJ_2	2	1	15	15		
一、二级导线点	DJ_6	4	2	25	25		

注：1. 计算对向观测高差互差时，应考虑地球曲率和折光差的影响。

2. S 为边长，单位为 km。

3. 测图高程控制测量

测绘地形测图所需的图根控制点，不但需测定其平面坐标，同样也需要测定其高程。其方法有水准测量和三角高程测量等。

利用水准测量方法测定图根高程的工作，通常称为等外水准测量（也称普通水准测量）。其测量方法见第二章相关内容。图根水准测量的主要技术要求应符合表5-9中的规定。

表5-9　图根水准测量的主要技术要求

每千米高差中误差/mm	附合路线长度/km	仪器类型	视线长度/m	观测次数		往返较差、附合或环线闭合差/mm	
				附合或闭合路线	支水准路线	平　地	山　地
20	≤5	DS_{10}	≤100	往一次	往返各一次	$40\sqrt{L}$	$12\sqrt{n}$

注：1. L 为往返测段、附合或环线的水准路线的长度，单位为 km；

2. 当水准线路布设成支线时，其线路长度不应大于2.5 km。

图根点的高程也可利用经纬仪或全站仪（光电测距）采用三角高程测量方法测定。其测量方法和技术要求见本章第五节。

第二节 计算坐标与方位角的基本公式

控制点的坐标是根据边长及方位角计算出来的。下面介绍计算坐标与坐标方位角的基本公式。

一、坐标正算公式

如图5-7所示，已知A点的坐标为x_A、y_A，A到B的边长和坐标方位角分别为S_{AB}和α_{AB}，则待定点B的坐标为

$$\begin{aligned} x_B &= x_A + \Delta x_{AB} \\ y_B &= y_A + \Delta y_{AB} \end{aligned} \tag{5-1}$$

式中 Δx_{AB}、Δy_{AB}——坐标增量。

由图5-7可知

$$\begin{aligned} \Delta x_{AB} &= S_{AB}\cos\alpha_{AB} \\ \Delta y_{AB} &= S_{AB}\sin\alpha_{AB} \end{aligned} \tag{5-2}$$

式中 S_{AB}——水平边长；

α_{AB}——坐标方位角。

将式（5-2）代入式（5-1），则有

$$\begin{aligned} x_B &= x_A + S_{AB}\cos\alpha_{AB} \\ y_B &= y_A + S_{AB}\sin\alpha_{AB} \end{aligned} \tag{5-3}$$

当A点的坐标x_A、y_A和边长S_{AB}及其坐标方位角α_{AB}为已知时，就可以用上述公式计算出待定点B的坐标。式（5-2）是计算坐标增量的基本公式，式（5-3）是计算坐标的基本公式。从图5-7可以看出，Δx_{AB}是边长S_{AB}在x轴上的投影长度，Δy_{AB}是边长S_{AB}在y轴上的投影长度，其正、负号取决于坐标方位角所在的象限（图5-8）。从式（5-2）可知，三角函数值的正负决定了坐标增量的正负（表5-10）。

根据已知点的坐标和已知点到待定点的坐标方位角、边长计算待定点的坐标，这种计算称为坐标正算，式（5-3）称为坐标正算公式。

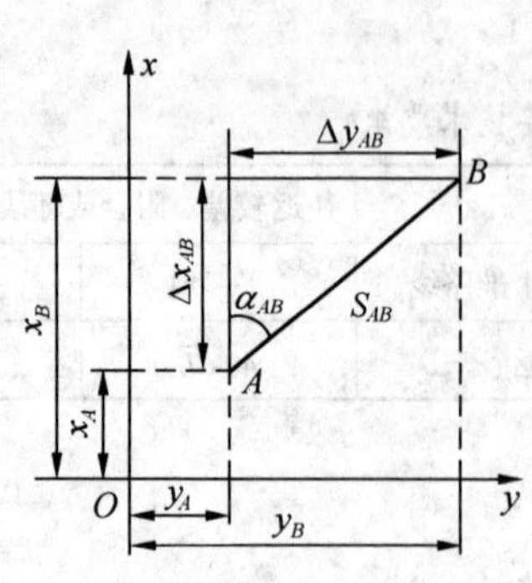

图5-7 坐标正算

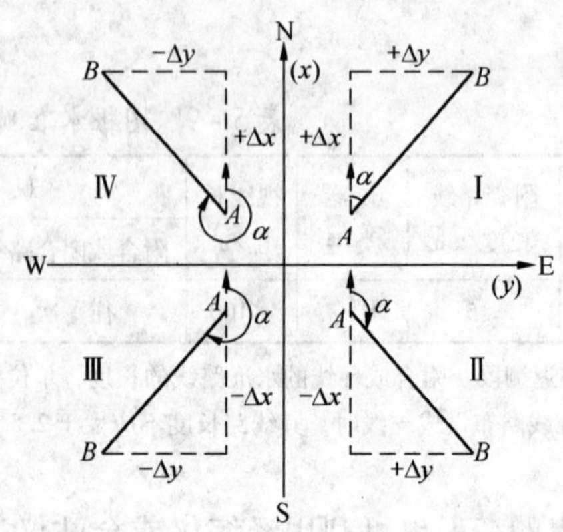

图5-8 坐标增量符号

表5-10 坐标方位角与坐标增量正、负值的关系

坐标方位角/(°)	所在象限	坐标增量的正、负号	
		Δx	Δy
0~90	Ⅰ	+	+
90~180	Ⅱ	−	+
180~270	Ⅲ	−	−
270~360	Ⅳ	+	−

二、坐标反算公式

在图5-8中，如果A点和B点的坐标已知，需要计算AB边的坐标方位角α_{AB}和边长S_{AB}时，则有

$$\left.\begin{aligned}\tan\alpha_{AB} &= \frac{y_B - y_A}{x_B - x_A} = \frac{\Delta y_{AB}}{\Delta x_{AB}} \\ S_{AB} &= \frac{\Delta x_{AB}}{\cos\alpha_{AB}} = \frac{\Delta y_{AB}}{\sin\alpha_{AB}}\end{aligned}\right\} \quad (5-4)$$

或

$$S_{AB} = \sqrt{(\Delta x_{AB})^2 + (\Delta y_{AB})^2} \quad (5-5)$$

在测量中，由两个已知点的坐标计算该两点连线的坐标方位角和边长称为坐标反算，式（5-4）称为坐标反算公式。

使用式（5-4）计算坐标方位角时，其计算结果为象限角。应根据Δx和Δy的正、负号，判断象限角所在的象限后，再换算为坐标方位角。

三、推算坐标方位角的公式

由式（5-2）知，计算坐标增量需要知道边长和该边的坐标方位角两个要素，其中边长是在野外直接测量或通过三角学公式计算得到的，坐标方位角则是根据已知方位角和水平角推算出来的。下面介绍坐标方位角的推算公式。

如图5-9所示，箭头所指的方向为导线测量的“前进”方向，位于前进方向左侧的观测角（水平角）称为左观测角，简称左角；位于前进方向右侧的角称为右观测角，简称右角。

1. 观测左角时的方位角推算

在图5-9与图5-10中，已知AB边的方位角为α_{AB}，$\beta_{左}$为左观测角，需要求BC边的方位角α_{BC}，$\beta_{左}$是外业观测得到的水平角。

从图5-9可知，BC边的坐标方位角为

$$\alpha_{BC} = \alpha_{AB} + \beta_{左} - 180°$$

从图5-10可知，BC边的坐标方位角为

$$\alpha_{BC} = \alpha_{AB} + \beta_{左} + 180°$$

综合上述两式，则有

$$\alpha_i = \alpha_{i-1} + \beta_{左} \mp 180° \quad (5-6)$$

式（5－6）是按照测量的前进方向，根据后一条边的已知方位角计算前一条边方位角的基本公式。公式说明：导线前一条边的方位角等于后一条边的方位角加上左观测角，其和大于180°时应减去180°，小于180°时应加上180°。

2. 观测右角时的方位角推算

由图5－9或图5－10可以看出

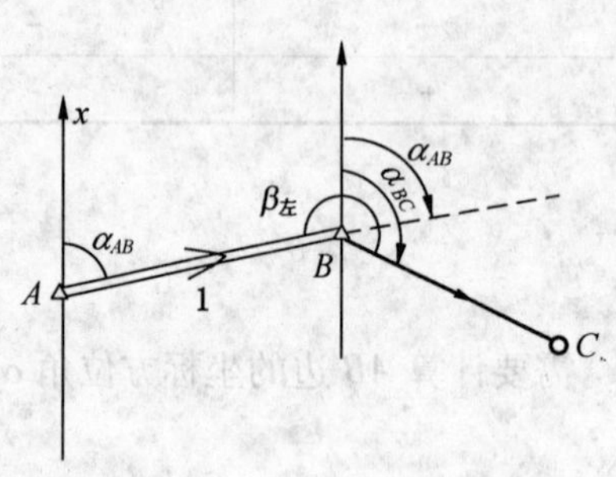

图5－9 方位角推算

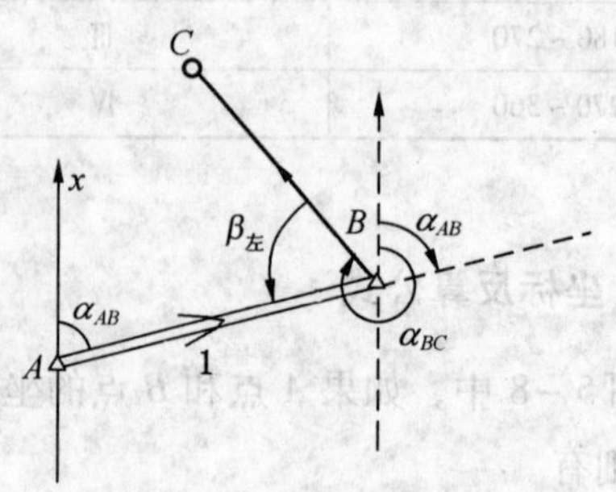

图5－10 方位角推算

$$\beta_左 = 360° - \beta_右$$

将该式代入式（5－6），得

$$\alpha_i = (\alpha_{i-1} - \beta_右 \pm 180°) + 360°$$

当方位角大于360°时，应减去360°，方向不变。所以上式变为

$$\alpha_i = \alpha_{i-1} - \beta_右 \pm 180° \qquad (5-7)$$

上式说明：导线中前面一条边的坐标方位角等于其后一条边的方位角减去右观测角，其差大于180°时，应减去180°，小于180°时应加上180°。

使用式（5－6）与式（5－7）时，还要注意相邻两条边的前进方向必须一致，计算结果大于360°时，则应减去360°，方向不变。

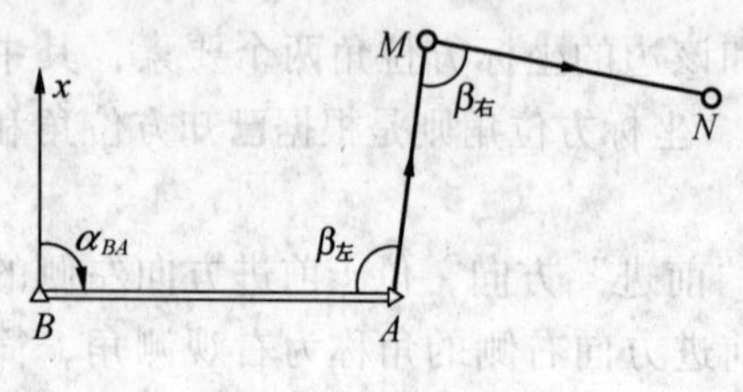

图5－11 坐标计算

【例1】图5－11所示为一条支导线，已知A点的坐标 $x_A = 50$ m，$y_A = 50$ m。BA边的坐标方位角 $\alpha_{BA} = 101°28'$，边长 $S_{AM} = 100$ m，$S_{MN} = 150$ m，导线A点的左观测角 $\beta_左 = 108°32'$，M点的右观测角 $\beta_右 = 75°$。试计算M点和N点的坐标，并根据计算出来的两点坐标反算求出坐标方位角 α_{MN} 和边长 S_{MN}，并作检核计算。

分析：从图5－11中知道，支导线的前进方向为A—M—N。要计算M和N点的坐标，需要用坐标正算公式（5－3）。在该式中，起点坐标和边长已知，只要算出坐标方位角，即可求得坐标。所以，首先根据起算边的坐标方位角和A、M点的观测角依次推出坐标方位角 α_{AM} 和 α_{MN}，然后计算M和N点的坐标，最后用反算公式（5－5）作检核计算。

解 （1）推算坐标方位角 α_{AM}、α_{MN}。

由式（5－6）得

$$\alpha_{AM} = \alpha_{AB} + \beta_左 \mp 180°$$

则有

$$\alpha_{AM} = 101°28' + 108°32' - 180° = 30°$$

由式（5－7）得

$$\alpha_{MN}=\alpha_{AM}-\beta_{右}\pm180°$$

则有
$$\alpha_{MN}=30°+360°-75°-180°=135°$$

上式中，由于α_{AM}不够减，故加上360°后再减右观测角，这时，实际上等于用式（5－6）计算。

（2）计算M和N点的坐标。

由式（5－3）

$$x_M=x_A+S_{AM}\cos\alpha_{AM}=50\ \text{m}+100\cos30°\ \text{m}=136.603\ \text{m}$$
$$y_M=y_A+S_{AM}\sin\alpha_{AM}=50\ \text{m}+100\sin30°\ \text{m}=100.000\ \text{m}$$
$$x_N=x_M+S_{MN}\cos\alpha_{MN}=136.603\ \text{m}+150\cos135°\ \text{m}=30.537\ \text{m}$$
$$y_N=y_M+S_{MN}\sin\alpha_{MN}=100\ \text{m}+150\sin150°\ \text{m}=206.066\ \text{m}$$

（3）由M、N点的坐标反算出坐标方位角α_{MN}和边长S_{MN}，作检核计算。

由式（5－4）得

$$\tan\alpha_{MN}=\frac{y_N-y_M}{x_N-x_M}=\frac{206.066-100}{30.537-136.603}=-1$$

$$\alpha_{MN}=45°(\text{第二象限,所以}\ \alpha_{MN}=180°-45°=135°)$$

$$S_{MN}=\sqrt{(\Delta x_{MN})^2+(\Delta y_{MN})^2}=\sqrt{(-106.066)^2+(106.066)^2}\ \text{m}=150.0\ \text{m}$$

第三节 导线测量的外业工作

导线测量，首先是在地面上选定一系列地面点（称为导线点），相邻两点相互通视，依次连接而构成折线或多边形；然后用经纬仪或全站仪测定各导线点的转折角，用钢尺或全站仪测量各边的边长，最后根据起始点的坐标和起始边的方位角计算出各待定点的坐标。前者又称为经纬仪导线测量，后者又称为光电测距（或全站仪）导线测量。根据工作内容和特点，导线测量工作分内业与外业两部分。外业工作包括踏勘选点、测角、测距；内业工作主要是计算导线点的坐标。

由于导线测量只要求相邻两点之间相互通视，因此布设灵活、方便，适宜布设在任何地区。随着全站仪的普及，导线测量已成为建立平面控制点的常用方法。

导线测量布设的基本形式：

闭合导线：由一个已知点出发，经过若干导线点后仍回到同一个已知点上，它所构成的多边形称为闭合导线（图5－12a）。

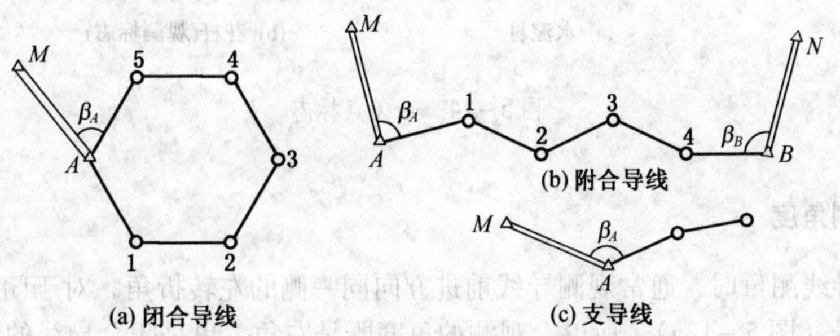

图5－12 导线的布设形式

附合导线：从一个已知点出发，经过若干导线点，终止于另外一个已知点的导线称为附合导线（图5－12b）。

支导线：从一个已知点出发，组成一伸展的折线，既不闭合也不附合于已知点上的导线称支导线（图5－12c）。支导线缺少检核条件，错误不易发现，只在特殊困难的条件下采用。

一、踏勘选点

作业前应根据测区范围、已有的测绘资料以及测图的要求，拟定出导线的布设形式，制定出较为合理的测量方案，然后到实地踏勘，根据测图的需要在实地选定点位。选点时应注意以下几点：

（1）导线点应选择在视野开阔的地方，相邻两导线点必须互相通视。

（2）导线点应选择在便于安置仪器、便于测角、测距和测图的地方。

（3）点位应选择在土质坚实、便于保存、易于寻找、少占农田的地方。

（4）各边边长尽可能相等，避免长、短边突然出现，其边长应符合规范规定。

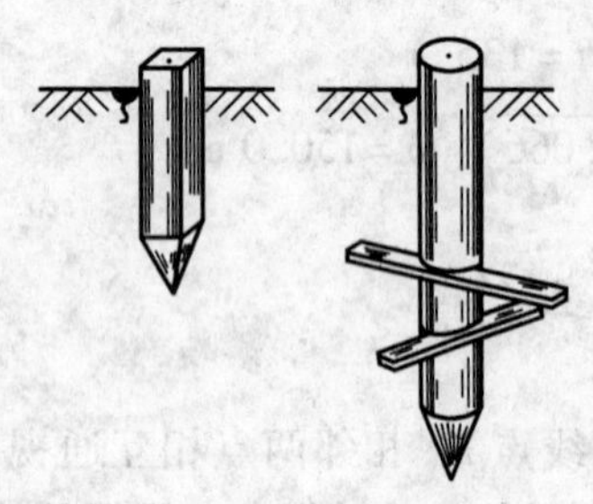

图5－13　临时点标志

导线点选定之后，如果作为临时点，应在地面上打一木桩，在桩顶钉一小钉，表示点位（图5－13）。如果作为永久点，应埋石桩或水泥桩（图5－14a），桩顶刻上十字标记。导线点埋好后，为避免混乱，应统一编号，并绘制点位略图，以便寻找。在观测过程中，为了使观测者能够从远处看到点位，往往还需要在点位标记的上方竖立各种形式的觇标，如图5－14b所示。

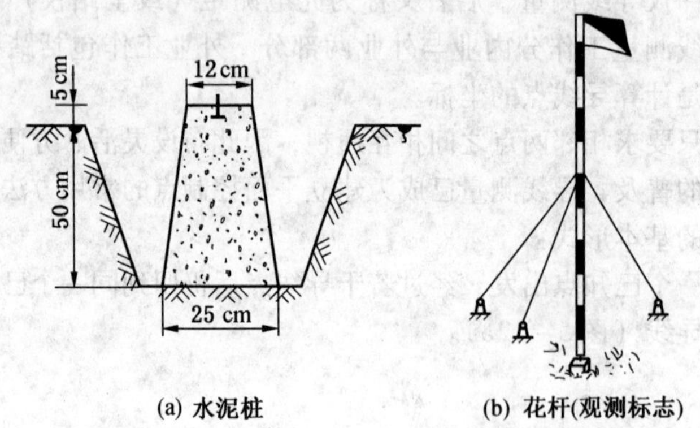

图5－14　永久点标志

二、观测角度

在进行导线测量时，通常观测导线前进方向同一侧的左转折角，对于闭合导线，一般按逆时针编号（图5－12a），所以，观测的角度既是左角，也是闭合导线的内角。

图根导线测量，宜采用6″级仪器1测回测定水平角，两半测回所测水平角的差值不得大于±40″，其主要技术要求见表5－11。每站观测完之后，应检查观测记录，成果在限差允许范围内，方可迁站，否则必须重新测角。

表5－11 图根导线测量的主要技术要求

导线长度/m	相对闭合差	测角中误差/(″)		方位角闭合差/(″)	
		一 般	首级控制	一 般	首级控制
$\leqslant \alpha M$	$\leqslant 1/(2000\times\alpha)$	30	20	$60\sqrt{n}$	$40\sqrt{n}$

注：1. α为比例系数，取值宜为1，当采用1∶500、1∶1000比例尺测图时，其值可在1～2之间选用。

2. M为测图比例尺的分母；但对于工矿区现状图测量，不论测图比例尺大小，M均应取值为500。

3. 隐蔽或施测困难地区导线相对闭合差可放宽，但不应大于$1/(1000\times\alpha)$。

支导线的水平角观测可用6″级经纬仪施测左、右角各一测回，其圆周角闭合差不应超过40″。

如果采用钢尺丈量倾斜边长，还需测量竖直角。

三、测量边长

《工程测量规范》（GB 50026—2007）规定：图根导线的边长，宜采用电磁波测距仪器单向施测，也可采用钢尺单向丈量。对于首级控制，边长应进行往返丈量，其较差的相对误差不应大于1/4000。

支导线的边长应往返测定，其相对误差不应大于1/3000。导线平均边长及边数，不应超过表5－12中的规定。

表5－12 图根支导线平均边长及边数

测 图 比 例 尺	平均边长/m	导 线 边 数
1∶500	100	2
1∶1000	150	2
1∶2000	250	3
1∶5000	350	4

第四节 导线测量的内业计算

导线测量内业计算时，先绘制导线略图，把起算数据和外业手簿中的观测角、边长抄写在略图的相应位置上（图5－15）。同时把这些数据抄入导线计算表格中，然后逐项进行计算。

一、闭合导线的内业计算

图5－15所示为一闭合导线。∠$MA2$是已知边与导线边连接的角度，称为连接角，它将导线与高级控制点连成一个整体。闭合导线的计算步骤如下。

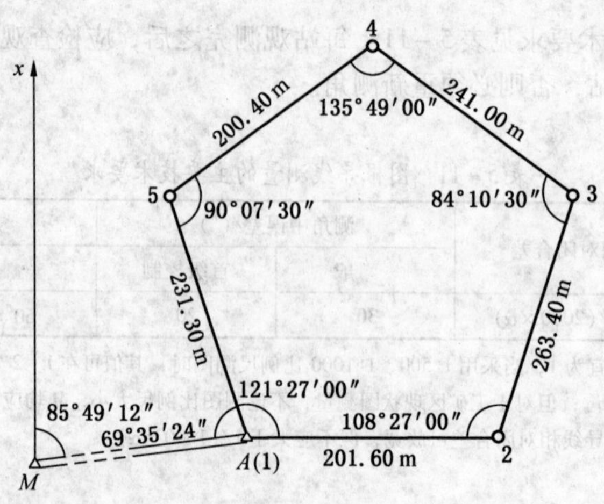

图 5－15 导线略图

（一）计算角度闭合差、评定精度及角度闭合差的分配

1. 计算角度闭合差

闭合导线实际上是一个多边形，按几何原理，多边形的内角和应等于 $(n-2)\times 180°$，即

$$\sum\beta_{理}=(n-2)\times 180°$$

式中 $\sum\beta_{理}$——多边形内角和之理论值；

n——多边形的边数。

由于观测角度含有误差，使实测的内角之和 $\sum\beta$ 与多边形内角和的理论值不相等，它们之间的差值称为角度闭合差，用 f_β 表示，即

$$f_\beta=\sum\beta-\sum\beta_{理}=\sum\beta-(n-2)\times 180° \qquad (5-8)$$

表 5－13 中，$n=5$，$\sum\beta=540°01'00''$，代入式（5－8）得

$$f_\beta=540°01'00''-(5-2)\times 180°=+60''$$

2. 评定精度

角度闭合差的大小，表明了角度观测值的精度高低。按《工程测量规范》规定，图根导线角度闭合差的容许值 $f_{\beta容}$ 不应超过下式规定，即

$$f_{\beta容}=\pm 40''\sqrt{n}$$

式中 n——导线转折角的个数。

表 5－13 中，$f_{\beta容}=\pm 40''\sqrt{n}=\pm 89''$，说明 f_β 小于 $f_{\beta容}$，测量成果合格，否则必须返工，重新观测。

3. 分配角度闭合差

将角度闭合差以相反符号平均分配于各观测角之中，有余数时应凑整分配在短边邻角内，使改正后的角度之和等于理论值。分配时按下式计算每个角度的改正数 v_β，即

$$v_\beta=-\frac{f_\beta}{n} \qquad (5-9)$$

角度闭合差分配完后，应使各角改正数总和等于闭合差（检核），符号相反，即

$$\sum v_\beta = -f_\beta$$

表5-13中，$v_\beta = -60''/5 = -12''$，分别加在各观测角值中。

（二）推算导线各边的方位角

将改正后的水平角代入式（5-6），依次推算各边的方位角。为了检查推算过程中有无错误，最后必须推算到A—2边，进行校核，计算实例见表5-13。

（三）计算坐标增量、坐标增量闭合差、评定精度及分配坐标增量闭合差

1. 计算坐标增量、坐标增量闭合差

各边的方位角推算出后，即可根据各边边长计算各边的坐标增量。计算实例见表5-13。

对于闭合导线，由投影原理可知，其各边纵、横坐标增量总和，理论上应该等于零，即

$$\left.\begin{aligned}\sum \Delta x_{理} = 0\\ \sum \Delta y_{理} = 0\end{aligned}\right\} \tag{5-10}$$

要满足上述理论条件，只有在各边的坐标方位角和边长都没有误差时才有可能，但在实际工作中，测量距离存在误差，改正后的角度误差也不能完全消除，所以，根据观测值计算的纵、横坐标增量总和 $\sum x_{计}$ 和 $\sum y_{计}$ 都不等于零，而存在着坐标增量闭合差，分别用f_x和f_y表示，即

$$f_x = \sum \Delta x_{计} - \sum \Delta x_{理}$$

$$f_y = \sum \Delta y_{计} - \sum \Delta y_{理}$$

将式（5-10）代入上式，得

$$\left.\begin{aligned}f_x = \sum \Delta x_{计}\\ f_y = \sum \Delta y_{计}\end{aligned}\right\} \tag{5-11}$$

在表5-13中，$f_x = +0.308$ m，$f_y = -0.272$ m。

2. 评定精度

从图5-16可知，由于存在f_x与f_y，使最后算得的1′点和起始点1不重合，而产生了一段距离1—1′，这段距离称为导线全长闭合差，以f_s表示。从图中可以看出

$$f_s = \sqrt{f_x^2 + f_y^2} \tag{5-12}$$

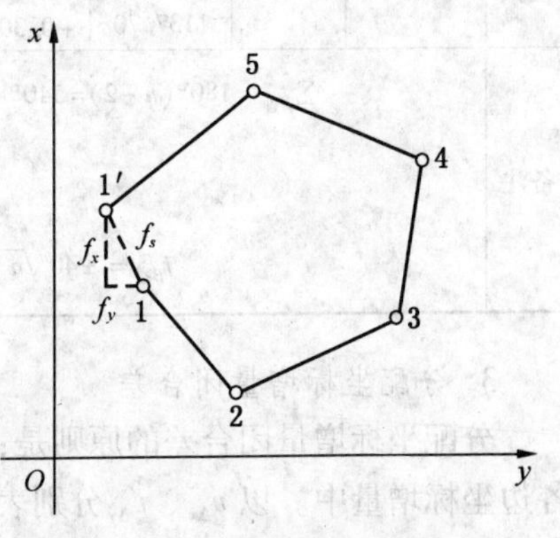

图5-16 导线全长闭合差

导线测量的精度用导线相对闭合差（导线全长闭合差f_s除以导线全长$\sum S$）来评定，以K表示。通常将K化成分子为1的分数形式表示，即

$$K = \frac{f_s}{\sum S} = \frac{1}{\frac{\sum S}{f_s}} \tag{5-13}$$

《工程测量规范》规定：图根导线的相对闭合差，一般地区不应大于1/2000，在隐蔽或施测困难地区导线相对闭合差可放宽，但不应大于1/1000。

表5-13中，$K=1/2770$，符合规范要求。如果导线的精度低于上述要求，应首先检查内业计算有无错误，其次检查外业成果，如尚未查出原因，就应到现场重测可疑的成果，或全部重测。如果导线的精度满足上述要求时，即可分配坐标增量闭合差。

表5-13 闭合导线内业计算

点号	观测角	改正数/(″)	方位角	边长/m	坐标增量				纵坐标 x/m	横坐标 y/m	点号
					Δx/m	改正数/mm	Δy/m	改正数/mm			
1	2	3	4	5	6	7	8	9	10	11	12
M	连接角		85°49′12″								
A	91°02′24″		96°51′36″	201.60	-24.080	-55	+200.157	+48	100.00	100.00	A
2	108°27′00″	-12							75.86	300.20	2
			25°18′24″	263.40	+238.122	-70	+112.594	+63			
3	84°10′30″	-12							313.91	412.86	3
			289°28′42″	241.00	+80.362	-66	-227.207	+58			
4	135°49′00″	-12							394.21	185.71	4
			245°17′30″	200.40	-83.767	-55	-182.052	+48			
5	90°07′30″	-12							310.39	3.71	5
									100.00	100.00	A
A	121°27′00″	-12	96°51′36″	231.30	-210.329	-62	+96.237	+55			
											2
2			检核 96°51′36″								
Σ	540°01′00″		ΣS = 1137.70	f_x = +0.308		f_x = -0.272					
备注	$\sum_{\beta理}=180°(n-2)=540°$　$f_s=\sqrt{f_x^2+f_y^2}=\sqrt{(+0.308)^2+(-0.272)^2}\,\text{m}=0.41\ \text{m}$ $f_\beta=+60''$　$v_\beta=-\frac{f_\beta}{n}=-12''$ $f_{\beta容}=\pm40''\sqrt{n}=\pm89''(f_\beta<f_{\beta容})$　$K=\frac{f_s}{\sum S}=\frac{0.41}{1137.70}=\frac{1}{2770}$										

3. 分配坐标增量闭合差

分配坐标增量闭合差的原则是：把坐标增量闭合差f_x、f_y反号按与边长成正比分配到各边坐标增量中。以$v_{\Delta x}$、$v_{\Delta y}$分别表示纵、横坐标增量的改正数，则有

$$\left.\begin{aligned} v_{\Delta x_i} &= \frac{-f_x}{\sum S}S_i \\ v_{\Delta y_i} &= \frac{-f_y}{\sum S}S_i \end{aligned}\right\} \tag{5-14}$$

计算时，因凑整可能残留微小的不符值，一般将此不符值分配在长边的坐标增量上，使改正数总和的绝对值等于闭合差，其符号相反，即

$$\sum v_{\Delta xi} = -f_x$$
$$\sum v_{\Delta yi} = -f_y$$

上式可以作为计算检核，还可以用式（5-10）作检核，因为经过分配后的坐标增量之和应为零，计算实例见表5-13。

（四）计算导线点的坐标

根据起始点坐标及改正后的坐标增量，按式（5-1）或下式依次计算各点的坐标，即

$$\left.\begin{aligned} x_i &= x_{i-1} + \Delta x_{i-1,i} \\ y_i &= y_{i-1} + \Delta y_{i-1,i} \end{aligned}\right\} \tag{5-15}$$

最后计算到 A 点，作为检核计算（表5-13中的第10、11栏）。

二、附合导线的内业计算

附合导线首末两端点附合于已知的高级点上，如图5-17所示。其内业计算步骤与闭合导线基本相同，只是计算角度闭合差与坐标增量闭合差的公式不同。

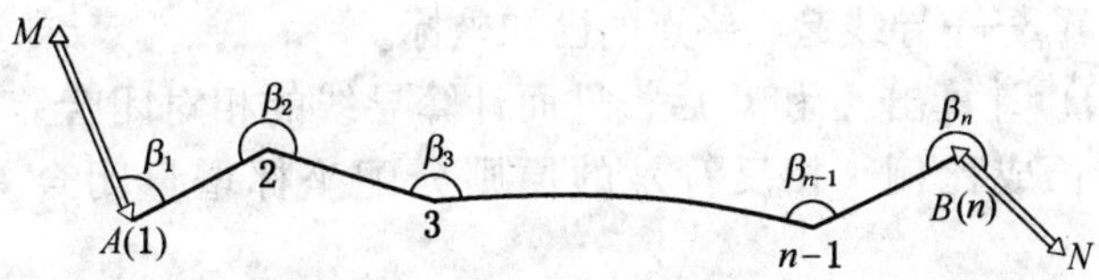

图5-17 附合导线

（一）计算角度闭合差

由图5-17可知

$$\alpha'_{12} = \alpha_{MA} + \beta_1 - 180°$$
$$\alpha'_{23} = \alpha'_{12} + \beta_2 - 180°$$
$$\cdots$$
$$\alpha'_{BN} = \alpha'_{(n-1)n} + \beta_n - 180°$$

将以上各式两端分别相加，整理后得

$$a'_{BN} = a_{MA} + \sum_1^n \beta - n \times 180° \tag{5-16}$$

由于 $\sum\beta$ 中存在测角误差，所以推算出最后一边的方位角 α'_{BN} 与已知边的方位角 α_{BN} 之间存在差值，此差值称为角度闭合差，用 f_β 表示，即

$$f_\beta = \alpha'_{BN} - \alpha_{BN}$$

将式（5-16）代入上式，得

$$f_\beta = \sum\beta - (\alpha_{BN} - \alpha_{MA}) - n \times 180° \tag{5-17}$$

式中 α_{MA}——起始边的已知方位角；

α_{BN}——最末边的已知方位角；

n——导线的转折角数。

如果角度闭合差 f_β 符合规范规定时，可按与闭合导线相同的方法进行平均分配。

（二）计算坐标增量闭合差

附合导线纵、横坐标增量的总和，理论上应该等于导线终点与起点的坐标之差，即

$$\left.\begin{aligned}\sum \Delta x_{理} &= x_B - x_A\\ \sum \Delta y_{理} &= y_B - y_A\end{aligned}\right\} \tag{5-18}$$

由于边长误差及改正后角度剩余误差的影响，$\sum \Delta x$、$\sum \Delta y$ 计算值与理论值往往不等，其差值即为坐标增量闭合差 f_x 和 f_y，即

$$\left.\begin{aligned}f_x &= \sum \Delta x_{计} - \sum \Delta x_{理}\\ f_y &= \sum \Delta y_{计} - \sum \Delta y_{理}\end{aligned}\right\} \tag{5-19}$$

将式（5-18）代入式（5-19），有

$$\left.\begin{aligned}f_x &= \sum \Delta x_{计} - (x_B - x_A)\\ f_y &= \sum \Delta y_{计} - (y_B - y_A)\end{aligned}\right\} \tag{5-20}$$

式中 x_A、y_A、x_B、y_B——导线起、终点的已知坐标。

根据式（5-20）计算出 f_x 和 f_y 后，进而计算导线的相对闭合差 K，若 K 在容许值范围内，则按与边长成比例、相反符号的原则分配坐标增量闭合差。计算实例见表 5-14。

表 5-14 附合导线内业计算

点号	观测角 β	改正数	方位角 α	边长 S/m	坐标增量 Δx	改正数/mm	Δy	改正数/mm	纵坐标 x/m	横坐标 y/m	点 号
1	2	3	4	5	6	7	8	9	10	11	12
M											M
			224°03′00″								
A	114°17′00″	-6							+640.93	+1068.44	A
			158°19′54″	82.178	-76.371	+6	+30.343	+17			
2	146°59′30″	-6							+564.56	+1098.80	2
			125°19′18″	77.272	-44676	+6	+63.048	+16			
3	135°11′30″	-6							+519.90	+1161.86	3
			80°30′42″	89.643	+14.777	+6	+88.417	+17			
4	145°38′30″	-6							+534.68	+1250.30	4
			46°09′06″	79.807	+55.286	+6	+57.555	+17			
B	158°00′00″	-6							+589.97	+1307.87	B
			24°09′00″								

表 5-14（续）

点号	观测角 β	改正数	方位角 α	边长 S/m	坐标增量				纵坐标 x/m	横坐标 y/m	点号
					Δx	改正数/mm	Δy	改正数/mm			
N											N
Σ	700°06′30″	−30		$\sum S=$ 328.90	−50.98	+24	+239.363	+67			
备注	$f_\beta=+30''$　$f_x=-24$ mm　$f_y=-67$ mm　$f_s=\sqrt{f_x^2+f_y^2}=71$ mm $f_{\beta容}=\pm 40''\sqrt{n}=\pm 89''(f_\beta<f_{\beta容})$　$K=\frac{f_s}{\sum S}=\frac{71}{328900}=\frac{1}{4600}$										

第五节　三角高程测量方法

用水准测量的方法测定高程，精度较高，但对于地面高低起伏较大的地区（如山区），用这种方法测定高程速度比较慢，有时甚至非常困难。在此情况下，可以采用三角高程测量的方法测定高程。

一、三角高程测量原理

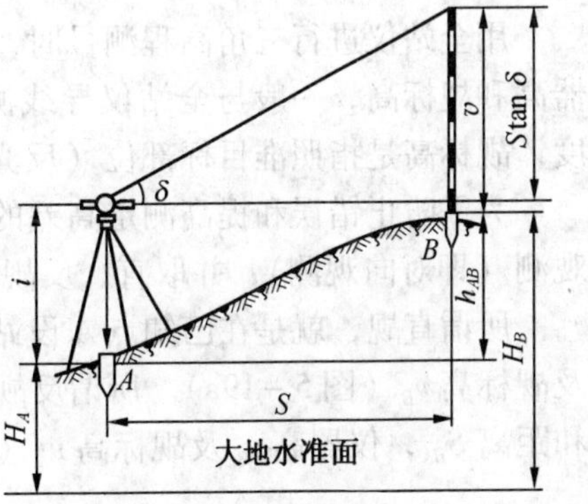

三角高程测量是根据两点间的水平（或倾斜）距离和竖直角，利用三角函数计算两点间的高差。如图 5-18 所示，要测定 A、B 两点间的高差，可将全站仪安置在 A 点上，瞄准 B 点目标，测出竖直角 δ 和距离，并量取仪器高 i 和觇标高 v，则 A、B 两点间的高差为

$$h_{AB}=S\tan\delta+i-v$$

或

$$h_{AB}=L\sin\delta+i-v \tag{5-21}$$

图 5-18　三角高程测量原理

式中 S——两点间的水平距离；

L——两点间的倾斜距离；

i——测站点的仪器高；

v——观测点的觇标高。

如果 A 点高程为已知，则 B 点的高程为

$$H_B=H_A+h_{AB}=H_A+S\tan\delta+i-v$$

或

$$H_B=H_A+h_{AB}=H_A+L\sin\delta+i-v \tag{5-22}$$

应用式（5-22）时要注意竖直角的正负号，当 δ 角为仰角时取正号，相应的 $\tan\delta$（或 $\sin\delta$）亦为正值，当 δ 为俯角时取负号，相应的 $\tan\delta$（或 $\sin\delta$）亦为负值。

在上述三角高程测量工作中，没有考虑地球曲率与大气折光对所测高差的影响。当 A、B 两点间的水平距离 S 大于 400 m 时，计算高差时需考虑地球曲率和大气折光的影响

（简称球气差），其改正数为f。$f=0.43\frac{S^2}{R}\approx 6.7S^2$，式中$R$为地球半径，$S$以km为单位。于是式（5-21）可以写成

$$h_{AB}=S\tan\delta+i-v+f \tag{5-23}$$

二、三角高程测量的外业

图根点的高程也可利用经纬仪或全站仪（光电测距）采用三角高程测量方法测定。

图根光电测距三角高程测量起算点的精度不应低于四等水准点，仪器高和觇标高的量取应精确至1 mm，其主要技术要求应符合表5-15中的规定。

表5-15　图根光电测距三角高程的主要技术要求

每千米高差中误差/mm	附合路线长度/km	仪器类型	中丝法测回数	指标差较差/（″）	垂直角较差/（″）	对向观测高差较差/mm	附合或环形闭合差/mm
20	5	6″级	2	25	25	$80\sqrt{D}$	$40\sqrt{\sum D}$

注：D为光电测距边的长度，单位为km。

三角高程测量路线的形式取决于平面控制测量的布设形式，一般应组成附合或闭合三角高程路线。

用全站仪进行三角高程测量时，其外业工作主要是观测竖直角和测量距离，并量取仪器高和觇标高，一般与全站仪导线测量同时进行。仪器高是指全站仪横轴到地面点的高度，觇标高是指照准目标部位（反光镜中心）到地面点的高度。

为了防止错误和提高测定高差的精度，凡组成三角高程路线的各边，应进行直、反觇观测（即对向观测），并取直、反觇高差的平均值作为最后结果。

所谓直觇，就是在已知点A设站观测未知点B，测定竖直角δ_A和距离S_{AB}，仪器高i_A及觇标高v_B（图5-19a）。所谓反觇，就是在未知点B设站观测已知点A，测定竖直角δ_B和距离S_{BA}，仪器高i_B及觇标高v_A（图5-19b）。

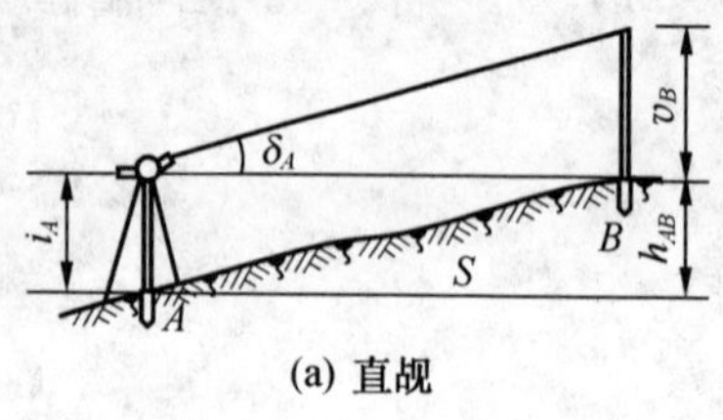

(a) 直觇

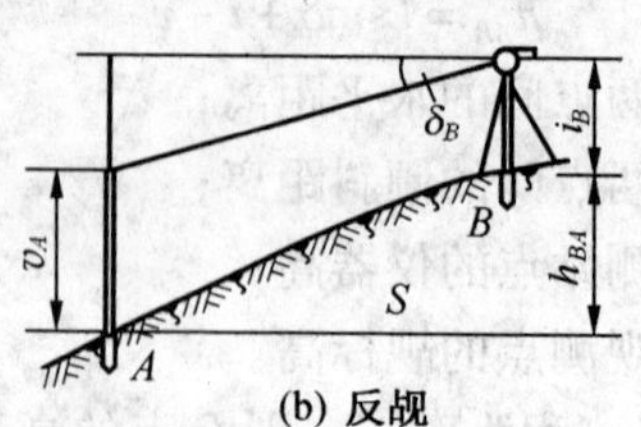

(b) 反觇

图5-19　对向观测

按直觇法观测时，A、B两点间的高差为

$$h_{AB}=S_{AB}\tan\delta_A+i_A-v_B+f$$

B点高程为

$$H_B = H_A + h_{AB}$$

按反觇法观测时，A、B 两点间的高差为

$$h_{BA} = S_{AB}\tan\delta_B + i_B - v_A + f$$

$$H_B = H_A - h_{BA}$$

从上述可知，若在同一边上进行对向观测，取直、反觇高差的平均值作为最后结果，可以消除地球曲率和大气折光对高差的影响。

全站仪自由设站三角高程测量方法：

全站仪自由设站三角高程测量是一种较为新颖的三角高程测量方法。如图 5-20 所示，假设 A 点的高程 H_A 已知，B 点的高程 H_B 未知，此时通过全站仪可以在任意点设站（比如 e 点）测定 B 点的高程 H_B。

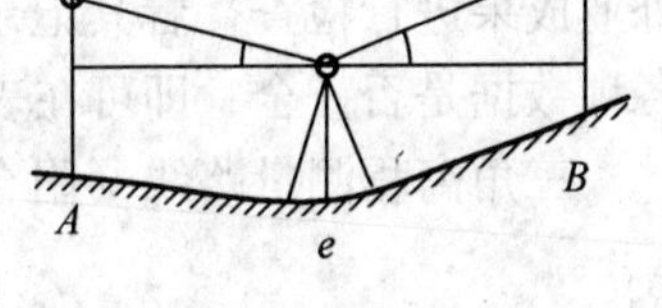

图 5-20 全站仪自由设站三角高程测量

由式（5-21）可得如下两个高差计算公式：

$$h_{eA} = S_{eA}\tan\delta_{eA} + i - v = h'_{eA} + i - v$$

$$h_{eB} = D_{eB}\tan\delta_{eB} + i - v = h'_{eB} + i - v$$

而高差：

$$\begin{aligned} h_{AB} &= h_{Ae} + h_{eB} = -h_{eA} + h_{eB} = -(h'_{eA} + i - v) + (h'_{eB} + i - v) \\ &= h'_{eB} - h'_{eA} \end{aligned} \tag{5-24}$$

式（5-24）是全站仪三角高程测量测定两点间高差的基本公式。式中的 h'_{eB} 和 h'_{eA} 分别表示全站仪在 B 点和 A 点棱镜上测得的主高差值，可由全站仪直接显示（高差）。该高差计算公式可以理解为：A、B 两点间的高差 h_{AB} 等于观测 B 点时的主高差 h'_{eB} 减去观测 A 点时的主高差 h'_{eA}。此公式类似于 A、B 两点间的高差 h_{AB} 等于 B 点的高程减去 A 点的高程。

虽然 i、v 未知（未量取）不能计算 e 点的高程（不必计算），而全站仪置于任意点 e 要测定 B 点的高程。此时 i 值不变，如选用跟踪杆作为反射棱镜，在 B 点上的 v 值完全可以与 A 点的 v 值相同。所以，由式（5-24）得

$$H_B = H_A + h_{AB} = H_A + h'_{eB} - h'_{eA} = (H_A - h'_{eA}) + h'_{eB} \tag{5-25}$$

式（5-25）是全站仪三角高程测量测定未知点高程的基本公式。由式（5-25）可知，未知点 B 的高程等于起点 A 的高程减去在起点 A 测得的主高差再加上在未知点 B 测得的主高差。

全站仪自由设站三角高程测量的操作过程如下：

（1）全站仪在任意点设站，整平即可，但所选点位应与已知高程点和未知高程点通视，且尽量位于两点中间。

（2）全站仪照准已知高程点，测出已知高程点上的主高差值。

（3）跟踪待测点，保持仪器高度不变，全站仪照准棱镜中心，测出未知点上的主高差，用已知高程减去在已知高程点上测得的主高差再加上在未知点上测得的主高差即为该未知点的高程。

（4）同法可测定其余未知点的高程。

综上所述，将全站仪任意置点，不需要对中只需整平仪器、不需要量取仪器高和棱镜高，只需要保持一个测站上的仪器高和棱镜高不改变，就可以测出待测点的高程。测出的

结果从理论上分析比经纬仪三角高程测量的精度更高，因为它减少了误差来源。有文献资料显示，经上述三角高程观测结果与四等水准测量结果对比，其差值均小于1 cm，观测成果可以作为四等水准成果使用。

三、三角高程测量的内业

三角高程测量的内业主要是根据已知点的高程计算各未知点的高程。在计算之前应对外业成果进行检查，看其记录计算有无错误，观测精度是否符合规范规定（表5-10），各项数据是否齐全，即可在表格内进行计算。

三角高程测量路线（附合或闭合）的计算与水准路线的计算方法相同。

第六节 GPS 测 量 技 术

GPS（Global Positioning System）是一种用卫星支持的无线电导航定位系统。

一、GPS 定位的基本原理

无线电导航定位系统和卫星测距系统均是利用测距交会的原理确定点位的。就无线电导航定位来说，设想在地面上有3个无线电信号发射台，其坐标为已知，用户接收机在某一时刻采用无线电测距的方法分别测得了接收机至3个发射台的距离 d_1、d_2、d_3。只需要以3个发射台为球心，以 d_1、d_2、d_3 为半径作出3个定位球面，即可交会出用户接收机的空间位置。

将无线电信号发射台从地面点搬到卫星上，组成一个卫星导航定位系统，应用无线电测距交会的原理便可由3个以上地面已知点（控制点）交会出卫星的位置；反之，利用3个以上卫星的已知空间位置又可交会出地面未知点（用户接收机）的位置，如图5-21所示。这就是GPS定位的基本原理。

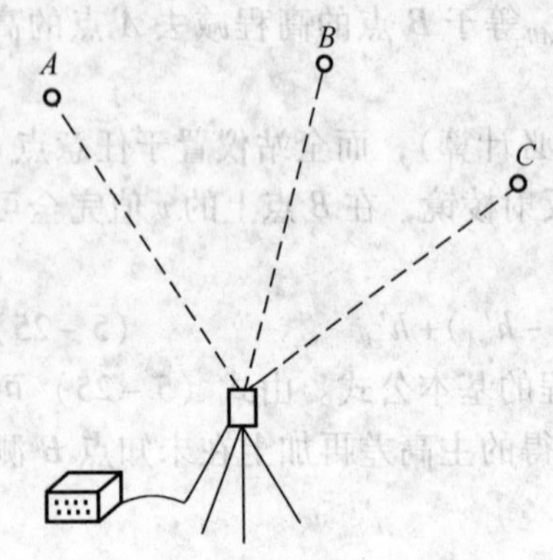

图5-21 GPS定位的原理

二、GPS 系统组成

GPS系统包括三大部分：空间部分——CPS卫星星座；地面控制部分——地面监控系统；用户设备部分——GPS信号接收机。

1. GPS 卫星星座

如图5-22所示，其基本参数是：卫星颗数为21+3，卫星轨道面个数为6，卫星高度为20200 km，轨道倾角为55°，卫星运行周期为11 h158 min（恒星为12 h），载波频率为1575.42 MHz和1227.60 MHz。卫星通过天顶时，卫星可见时间为5 h，在地球表面上任何地点任何时刻，在高角度15°以上平均可同时观测到6颗卫星，最多可达9颗卫星。

2. 地面监控系统

对于导航定位来说，GPS卫星是一动态已知点。卫星的位置是依据卫星发射的星历——

描述卫星运动及其轨道的参数算得的。每颗 GPS 卫星所播发的星历，是由地面监控系统提供的。卫星上的各种设备是否正常工作，以及卫星是否一直沿着预定轨道运行，都要由地面监控设备进行检测和控制。地面监控系统的另一重要作用是保持各颗卫星处于同一时间标准——GPS 时间系统，这就需要地面站监测各颗卫星的时间，求出钟差，然后由地面注入站发给卫星，卫星再由导航电文发给用户设备。

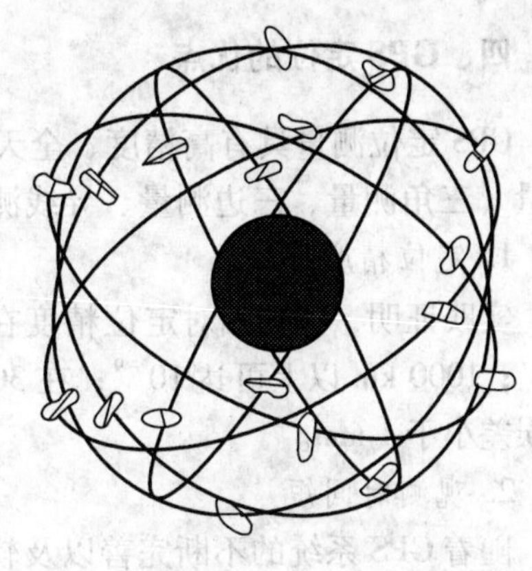
图 5-22　卫星星座

GPS 卫星的地面监控系统包括 1 个主控站、3 个注入站和 5 个监测站。

3. GPS 信号接收机

GPS 信号接收机的任务是，能够捕获到按一定卫星高度截止角所选择的待测卫星的信号，并跟踪这些卫星的运行，对所接收到的 GPS 信号进行变换、放大和处理，以便测量出 GPS 信号从卫星到接收天线的传播时间，解译出 GPS 卫星所发送的导航电文，实时地计算出测站的三维坐标，甚至三维速度和时间。

静态定位中，GPS 信号接收机在捕捉和跟踪 GPS 卫星的过程中固定不变，接收机高精度地测量 GPS 信号的传播时间，利用 GPS 卫星在轨道的已知位置，解算出接收天线所在位置的三维坐标。

动态定位是用 GPS 信号接收机测定一个运动物体的运行轨迹。GPS 信号接收机所位于的运动物体叫做载体（如航行中的舰船、空中的飞机、行走的车辆等），载体上的 GPS 接收天线在跟踪 GPS 卫星的过程中相对地球而运动，接收机用 GPS 信号实时地测得运动载体的状态参数（瞬时三维位置和三维速度）。

目前各种类型的 GPS 测地型信号接收机用于精密相对定位时，其双频接收机精度可达 $5\ \mathrm{mm}+10^{-6}D$，单频接收机在一定距离内精度可达 $10\ \mathrm{mm}+2\times10^{-6}D$；用于差分定位其精度可达亚米级至厘米级。GPS 信号接收机体积越来越小，质量越来越小，野外观测越来越方便易行。

三、GPS 野外观测

GPS 野外观测应严格按照要求进行。其重要步骤如下：

（1）安置天线。天线安置是 GPS 精密测量的重要保证，要仔细对中、整平、量取仪器高。仪器高要用钢尺在互为 120° 方向上量 3 次，互差应小于 3 mm，取平均值后输入 GPS 信号接收机。

（2）安置 GPS 信号接收机。GPS 信号接收机应安置在距天线不远的安全处，并接天线及电源电缆，确保无误。

（3）打开 GPS 信号接收机。输入数据按规定时间打开 GPS 信号接收机，输入测站名、卫星截止高度角、卫星信号采样间隔等（详见仪器操作手册）。

（4）检核一个时段测量结束后，要查看仪器高和测站名是否已输入，确保无误后再关机、关电源。外业观测成果经检核无误后，便可进行数据处理。

四、GPS定位的优点

GPS定位测量具有高精度、全天候、高效率、多功能、操作简便的特点，与常规控制测量（三角测量、三边测量、导线测量等）相比有许多优点。

1. 定位精度高

实践证明，GPS相对定位精度在50 km以内可达10^{-6}；在100～500 km以内，可达10^{-7}；1000 km以上可达10^{-9}；在300～1500 m精密定位中，观测1 h以上得到的平面位置误差小于1 mm。

2. 观测时间短

随着GPS系统的不断完善以及软件的不断更新，目前20 km以内相对静态定位，仅需15～20 min；快速静态相对定位测量时，当每个流动站与基准站相距15 km以内时，流动站的观测时间只需1～2 min；动态相对定位测量时，流动站出发时观测1～2 min，然后可随时定位，每站仅需几秒钟。

3. 测站间无须通视

GPS测量不要求测站之间相互通视，只需测站上空开阔即可，因此可节省大量的造标费用。点位可根据需要来选定，使选点工作甚为灵活。

4. 可提供三维坐标

传统大地测量将平面坐标和高程采用不同的方法分别施测，GPS定位可同时精确测定点的三维坐标（X，Y，H）。

5. 操作简便

随着信号接受机的不断改进，自动化程度越来越高，使观测、记录和计算变得轻松愉快。

6. 全天候作业

目前GPS观测可在24 h内的任何时间进行，不受天黑、大雾、风、雨、雪等气候的影响。

7. 多功能、应用广

GPS系统不仅可用于测量、导航，还可用于测速、测时。测速的精度可达0.1 m/s，测时的精度可达几十毫微秒。GPS定位系统是现代高科技的产物，对大地测量、工程勘测乃至开阔地区的细部测量有着极其广泛的用途。

我国《全球定位系统城市测量技术规程》中规定：城市或工程GPS控制网分为二、三、四等和一、二级，其主要技术要求见表5－16。

表5－16 GPS控制网技术要求

等级	平均距离/km	距离精度指标		最弱边相对中误差
		a/mm	$b/10^{-6}$	
二等	9	≤10	≤2	1/120000
三等	5	≤10	≤5	1/80000
四等	2	≤10	≤10	1/45000
一级	1	≤10	≤10	1/20000
二级	<1	≤15	≤20	1/10000

实训一 全站仪闭合导线测量

一、实训目的

(1) 掌握闭合导线的布设方法。
(2) 掌握导线测量外业观测及内业计算方法。
(3) 培养吃苦耐劳、相互协作的职业道德。

二、仪器工具

每个实训小组借用全站仪 1 台、脚架 3 个、反光镜 2 个和记录板 1 块。

三、实训任务

每个小组完成闭合导线的选点、观测水平角、测量距离并进行内业计算。

四、方法与要求

在实训场地，在指导教师指导下进行选点、测角、测距等外业工作，然后学生开始实训练习（观测、记录）。观测水平角 1 个测回，上下半测回角值的较差不超过 $\pm 40''$时，取其平均值；导线边长应往返观测，当相对闭合差不小于 1/3000 时，取其平均值。

外业结束后，即可进行内业计算，指导教师事先给定已知数据，指导学生画草图、填表计算。角度闭合差不大于 $\pm 60''\sqrt{n}$；导线相对闭合差不小于 1/2000。

五、注意事项

(1) 观测方法正确，记录规范。
(2) 观测结果如果超限，应重测。
(3) 爱护仪器，注意安全。
(4) 计算闭合差、坐标正确。

六、实训成果

草图、记录表、计算表。

实训二 全站仪三角高程测量

一、实训目的

(1) 进一步熟悉全站仪测量竖直角和距离的操作。
(2) 掌握全站仪对向观测方法（测量高差）。
(3) 掌握全站仪三角高程测量路线计算。
(4) 培养学生吃苦耐劳、相互协作的职业道德。

二、仪器工具

每个实训小组借用全站仪1台、脚架3个、反光镜2个和记录板1块。

三、实训任务

每个小组完成闭合路线的观测和计算。

四、方法与要求

在实训场地,在指导教师的帮助下,选点并组成闭合路线,然后在每边上进行对向观测,求得高差平均值,最后根据已知点的高程计算其他未知点的高程。测量结果应符合有关规定。

练习自由设站三角高程测量方法，并与对向观测的结果进行比对。

五、注意事项

(1) 观测方法正确，记录规范。
(2) 观测结果如果超限，应重测。
(3) 爱护仪器，注意安全。

六、实训成果

草图、记录表、计算表。

复习思考题

一、填空题

1. 控制测量包括____________和____________。
2. 平面控制测量就是测定控制点的____________。
3. 高程控制测量就是测定控制点的____________。
4. 若干控制点相互连接成的网状图形称为____________。
5. 三角点就是利用三角测量测定的____________。
6. 导线点就是利用导线测量测定的____________。
7. 水准点就是利用导线水准测量测定的____________。
8. 导线的形式有____________、____________、____________。
9. 导线测量的步骤包括____________、____________和____________。
10. 没有已知控制点时，可以利用____________建立。

二、问答题

1. 建立平面测图控制点有哪几种主要方法?
2. 什么叫经纬仪导线？试述经纬仪导线测量的外业工作步骤。
3. 如图5－23所示，已知$\alpha_{AB}=81°30'$，$\beta=124°38'$，求α_{BC}。
4. 图5－24所示为一闭合导线，已知$\alpha_{AM}=330°$，$\angle MAC=100°$，$\angle A=77°$，$\angle B=57°$，$\angle C=46°$，试求α_{AB}、α_{BC}、α_{CA}。

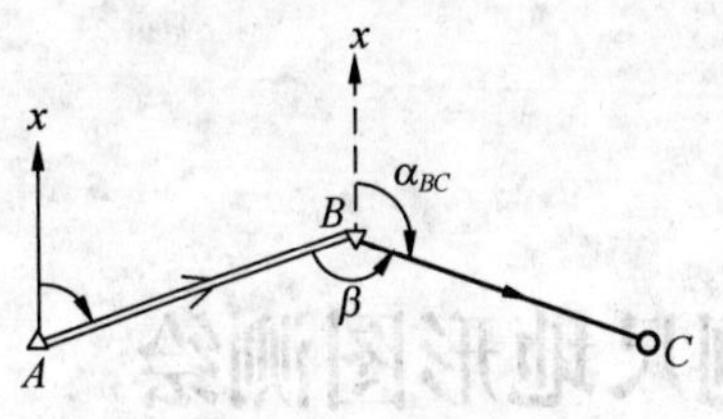

图 5-23　方位角推算

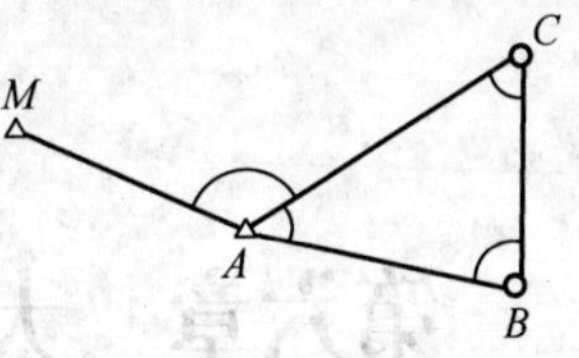

图 5-24　方位角计算

5. 什么叫坐标正算？什么叫坐标反算？

6. 已知 $x_A = 515.98$ m，$y_A = 972.14$ m，$\alpha_{AB} = 313°46'42''$，$S_{AB} = 179.38$ m，求 x_A、x_B。

7. 利用题 6 中已知的 x_A、y_A 和求出的 x_A、x_B 的值，反算 α_{AB} 及 S_{AB}，作检核计算。

8. 利用表 5-17 中所列数据，计算闭合导线各点的坐标。

表 5-17　闭合导线计算

点　号	观测内角	方位角	边长/m	纵坐标/m	横坐标/m
1	87°51′12″			500.00	800.00
		224°33′00″	224.50		
2	89°13′42″				
			179.38		
3	87°29′12″				
			129.92		
4	147°07′18″				
			109.14		
5	128°19′36″				
			107.61		
1					

9. 根据表 5-18 中所列数据，计算附合导线各点的坐标。

10. 三角高程测量的原理是什么？在什么情况下采用三角高程测量？

表 5-18　附合导线计算

点　号	观测左角	方位角	边长/m	纵坐标/m	横坐标/m
B					
		224°03′00″			
A	245°43′00″			843.40	1264.29
			82.70		
1	213°00′30″				
			77.28		
2	224°48′30″				
			89.64		
3	214°21′30″				
			79.84		
C	202°00′00″			793.61	1399.19
		24°09′00″			
D					

第六章　大比例尺地形图测绘

地形图测绘，就是将测区内地球表面的地物、地貌按照一定的比例测绘到图纸上。测图比例尺越大，则测绘的内容越详尽，精度要求也越高，测绘的工作量就越大。

测绘地形图的程序是先在测区内建立平面及高程控制，而后进行碎部测量（测图）。

地形图测绘，根据测区范围大小和仪器设备可采用常规测量或现代测量方法。

第一节　地形图符号

地球表面的形状非常复杂，但总的来说，可将其分为地物和地貌两大类。所谓地形，就是地物和地貌的总称。地物是指地球表面各种自然物体和人工建筑物，如河流、湖泊、森林、道路、房屋、桥梁、水渠等。地貌是指地球表面高低起伏的形态，如高山、丘陵、平原、洼地等。

地形图上所表示的内容就是由地物和地貌两个主要部分组成的。要将它们的形态准确、清晰地表示在图纸上，便于识读与应用，就必须采用统一的图例符号。为此，国家测绘总局制定了《地形图的图式》，规范了地形图符号。

地形图符号通常分为地物符号、地貌符号和注记符号三大类。

一、地物符号

地物符号一般分为比例符号、非比例符号和线状符号3种。

1. 比例符号

将地物的外围轮廓按测图比例尺缩小，然后绘在图上的符号称为比例符号，又称轮廓符号，如图6-1所示的房屋、稻田、菜园等。比例符号显示了地物的位置、形状和大小。

2. 非比例符号

当地物轮廓很小，无法按测图比例尺缩绘到图纸上，但这些地物又很重要，不能舍掉时，只能用统一规定的符号将其绘制在图纸上相应的位置，这类符号称为非比例符号，如图6-2所示的三角点、烟囱、钻孔等。有些比例符号和非比例符号随着比例尺的不同可以互相转化。

非比例符号在地形图上的位置，必须与实物位置一致，因此，应该规定符号的定位点，

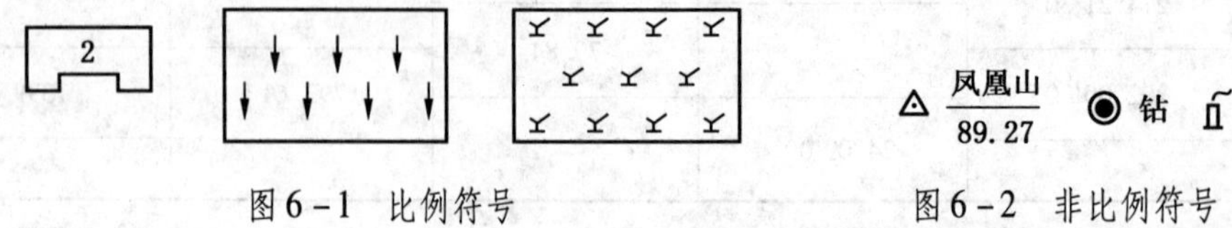

图6-1　比例符号　　　图6-2　非比例符号

这些定位点在地形图图式上有如下规定：

（1）几何图形符号（圆形、矩形、三角形等）在其几何中心。

（2）宽底符号（烟囱、水塔等）在底线上。

（3）底部为直角形的符号（路标、风车等）在直角的顶点。

（4）几种几何图形组成的符号（无线电杆、气象站等）在其下方图形的中心点或交叉点。

（5）下方没有底线的符号（窑、亭等）在其下方两端点间的中心点。

3. 线状符号

凡长度依比例，而宽度不依比例缩绘的狭长地物符号，称为线状符号，也叫半依比例符号，如图 6－3 所示的铁路、小路、高压线等。

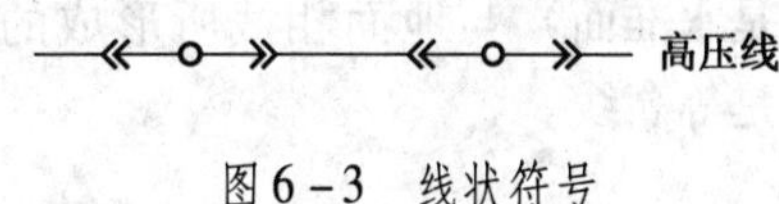

图 6－3 线状符号

二、地貌符号

在大、中比例尺的地形图上，普遍采用等高线法表示地貌，如图 6－4 所示。等高线不仅能真实反映地貌形态，而且还能根据它较精确地求出图上任何一点的高程。

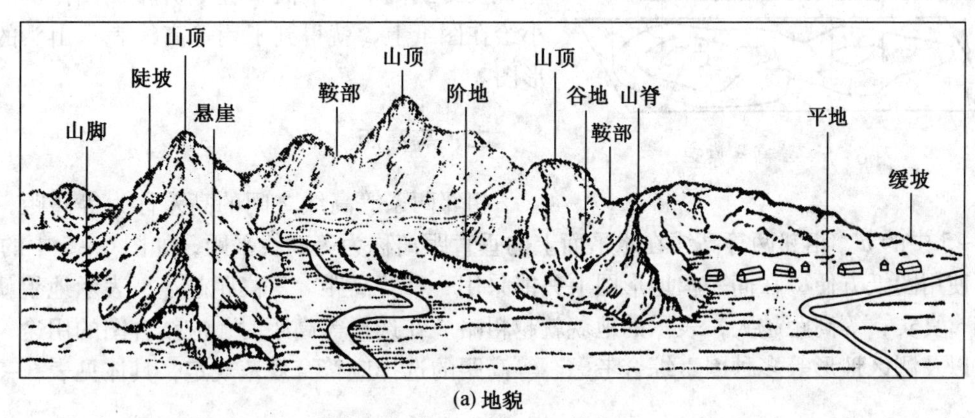

(a) 地貌

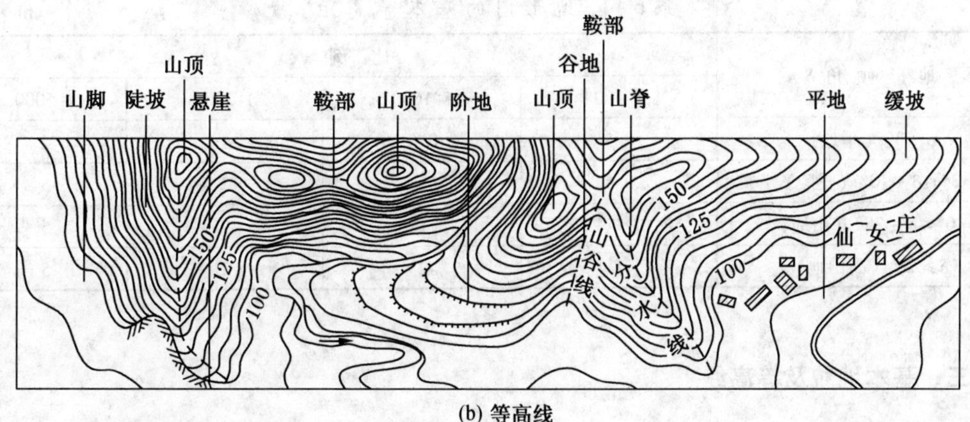

(b) 等高线

图 6－4 地形等高线图

三、注记符号

注记符号是对地物、地貌符号的补充说明，如城镇、铁路的名称等，河流的流向。注记符号可用文字、数字或线段表示。

第二节 等 高 线

一、等高线

等高线就是地面上高程相等的相邻点连成的光滑闭合曲线，也就是水平面（严格说应是水准面）与地面相截所形成的闭合曲线。例如池塘或水库里的水面与岸边的交线，就是等高线。

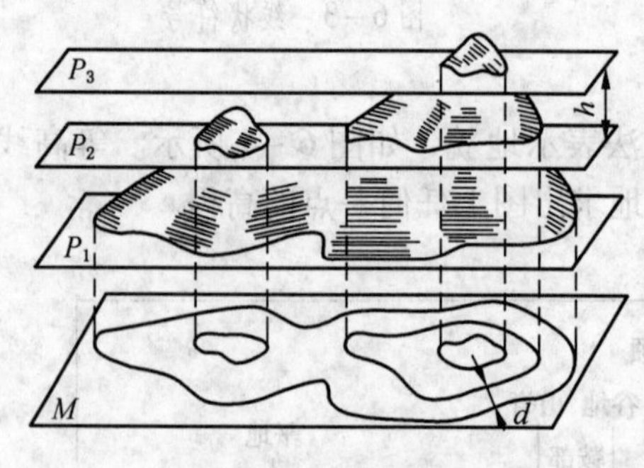

图6-5 等高线原理

设想有一山头被等距离的水平面 P_1、P_2、P_3 所截，如图6-5所示，在各平面上得到相应的截线，这些截线就是一系列不同高程的等高线，它们代表了高低不同部位的形状。将这些等高线垂直投影到同一个平面 M 上，并按测图比例尺缩小绘在图纸上，就得到了用等高线表示山头的地形图。

二、等高距

相邻两条等高线之间的高差称为等高距，如图6-5中的 h。相邻两等高线在水平面上的垂直距离称为等高线平距，如图6-5中的 d。为了使用图纸方便，在同一幅地形图上只能采用一种等高距。等高距越小，表示地貌就越详细、真实；等高距越大，表示的地貌就越粗略。在选择等高距时，应结合图的用途、比例尺以及测区地形等多种因素综合考虑。等高距的选择应符合规范规定，具体见表6-1。

表6-1 地形图的基本等高距 m

地形倾角 δ	比例尺			
	1:500	1:1000	1:2000	1:5000
$\delta<3°$（平地）	0.5	0.5	1	2
$3°\leqslant\delta<10°$（丘陵）	0.5	1	2	5
$10°\leqslant\delta<25°$（山地）	1	1	2	5
$\delta\geqslant25°$（高山地）	1	2	2	5

三、基本地貌及等高线

地貌形态虽然变化多样，但不外乎是由山、山脊、山谷、鞍部和盆地5种基本地貌所组成。只要掌握了这些基本地貌的等高线形态，就能比较熟练地测绘和使用地形图。

凡是较四周显著凸起的高地称为山地，高大者叫山峰，矮小者叫山丘。山的最高点叫山顶，山的侧面叫山坡，山坡与平地相交处叫山脚。图 6－6a 所示为山丘断面及等高线图。

四周高而中间低的地形叫盆地。小范围的盆地称为洼地。图 6－6b 所示为盆地断面及等高线图。

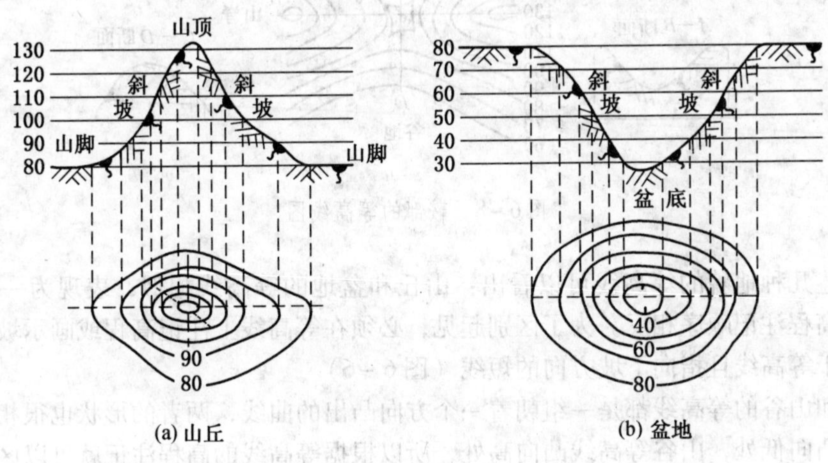

图 6－6　山丘与盆地的等高线图

山脊是指从山顶延伸到山脚的凸起部分，山脊上最高点的连线称为山脊线（或分水线）。等高线经过山脊时凸向低处，如图 6－7a 所示。图中的虚线为山脊线。

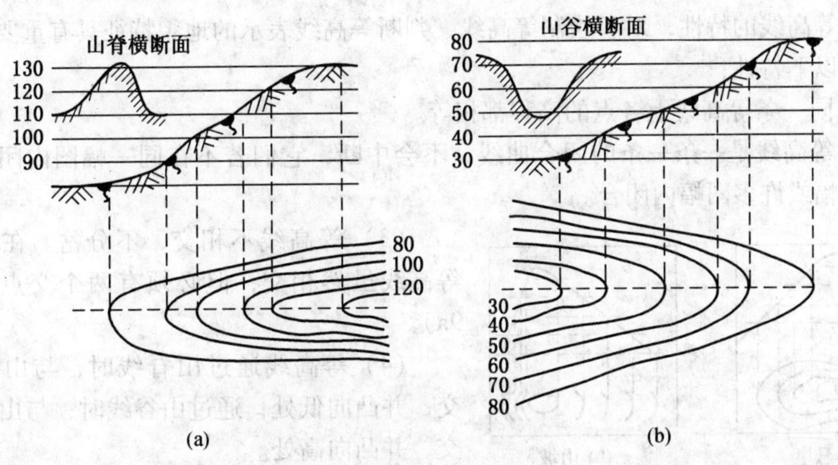

图 6－7　山脊与山谷的等高线图

山谷是指从山顶延伸到山脚的低洼部分，一般位于两山脊之间。山谷中最低点的连线称为山谷线（或集水线）。等高线经过山谷时凸向高处，如图 6－7b 所示。图中的虚线为山谷线。

鞍部是指位于两个山顶之间，形状像马鞍的低洼部分（或称为垭口），它位于两条山脊线和两条山谷线相交之处。图6－8所示为鞍部断面及等高线图。

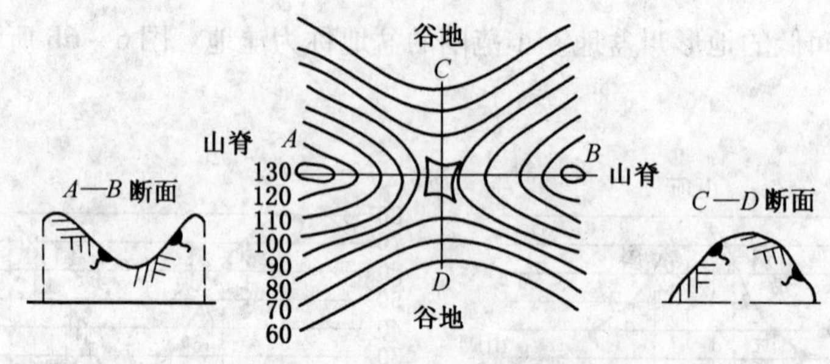

图6－8 鞍部的等高线图

从上述几种地貌的等高线可以看出：山丘和盆地的等高线相似，表现为一组闭合曲线。但其高程注记顺序相反。为了区别起见，必须在等高线上注记高程或画示坡线。示坡线是垂直于等高线且指向下坡方向的短线（图6－6）。

山脊和山谷的等高线都是一组朝着一个方向凸出的曲线，两者的形状也很相似。但山脊等高线凸向低处，山谷等高线凸向高处，所以根据等高线的高程注记就可以区别两者。

此外，有些特殊地貌，如悬崖、峭壁、冲沟等，以及一些人工地貌，如田坎、土坑、土堆等，不能用等高线表示，要用地形图图式中规定的专用符号表示。

图6－4所示为各种基本地貌的综合素描图及其等高线图。

四、等高线的特性

了解等高线的特性，对于绘制等高线，判断等高线表示的地貌特征具有重要意义。等高线具有以下特性：

（1）同一条等高线上各点的高程都相等。

（2）等高线是一条一条的闭合曲线，不会中断，它们若不在同一幅图内闭合，则必在相邻图幅或许多图幅内闭合。

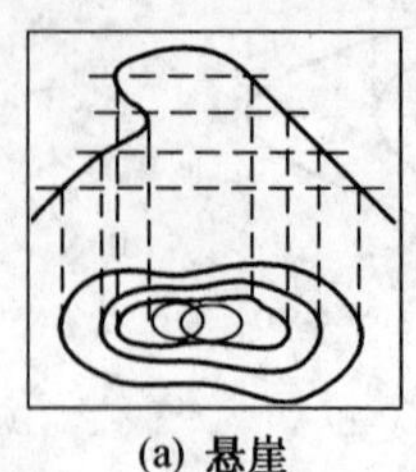

(a) 悬崖

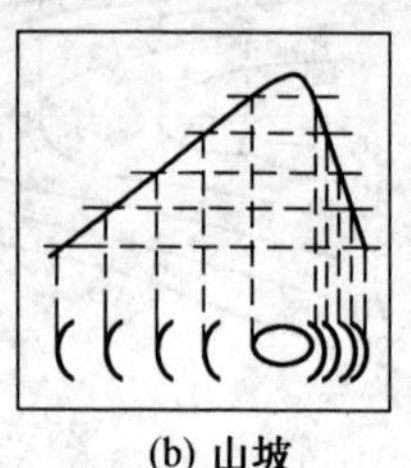

(b) 山坡

图6－9 悬崖与山坡的等高线

（3）等高线不相交，不分岔。在悬崖处的等高线虽然相交，但必须有两个交点（图6－9a）。

（4）等高线通过山脊线时，与山脊线成正交，并凸向低处；通过山谷线时，与山谷线成正交，并凸向高处。

（5）等高线越密表示坡度越陡，等高线越稀表示坡度越缓（图6－9b）。

五、等高线的种类

为了方便绘图、识图和用图，地形图上一般绘制下列两种等高线：

（1）基本等高线。表6－1中规定的等高距称为基本等高距。按基本等高距测绘的等高线称为基本等高线，又称首曲线。

（2）加粗等高线。每隔 4 条基本等高线加粗描绘一条等高线，称为加粗等高线，又称计曲线。地形图上只有在计曲线上注记高程，首曲线上不注记高程。

为了表达复杂地区的地貌，地形图上还可增加绘制下列两种等高线：

（1）半距等高线。当基本等高线不能详细显示细部地貌特征时，可在两条基本等高线间，按 1/2 基本等高距加绘一条等高线，称为半距等高线，又称间曲线。一般用长虚线表示。

（2）辅助等高线。如果采用了半距等高线仍不能充分显示较小的地貌特征时，在基本等高线和半距等高线之间，按 1/4 基本等高距再加绘一条等高线，称为辅助等高线，又称助曲线。一般用短虚线表示。

第三节　经纬仪测绘法测绘地形图

对于测绘小面积的大比例尺地形图，常采用传统测图方法。其方法主要有大平板仪测图、小平板仪配合经纬仪测图和经纬仪测绘法等。这类测图方法通常是先在图纸上绘制好方格网和图廓线，并根据方格网和控制点坐标，将控制点展绘到图纸上，然后以这些控制点为依据，在野外将地物、地貌的特征点用仪器测绘在图纸上，并按测图比例尺和规定的符号绘成地形图。

一、测图前的准备工作

测图前，需踏勘了解测区的地形；整理本测区的控制点成果及测区内可利用的图纸资料；对测图用的仪器、工具进行必要的检验和校正；拟定作业计划以及在图纸上绘制坐标格网、展绘控制点等。

（一）图幅划分

大比例尺地形图一般采用正方形或矩形分幅，图幅尺寸有 40 cm×40 cm、50 cm×50 cm 和 40 cm×50 cm 3 种。当一个图幅不能全部容括测区范围时，要把整个测区分成若干个图幅进行施测。分幅较多时，为了便于使用和接图，应对图幅进行编号。

分幅前应展绘一张控制点图。展绘控制点图可在方格纸上进行，其比例尺应较测图比例尺小一些，以便将整个测区的控制点展绘在一张图纸上。控制点图西南角的坐标，是根据测区控制点中最小的 x、y 值来决定。如图 6－10 所示，图根控制点中坐标最小的是第 17 号点，$x=1150$ m、$y=620$ m，因此西南角坐标定为 $x=1000$ m，$Y=500$ m。然后按选定的比例尺把控制点展绘到图纸上，并根据边缘控制点的位置估计出测区边界在图上的位置，再按图幅尺寸在控制点图上进行分幅，图 6－10 所示为把整个测区分成 6 幅。

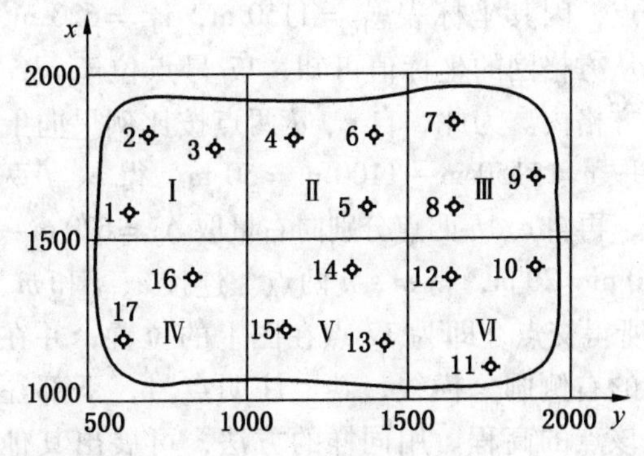

图 6－10　图幅划分

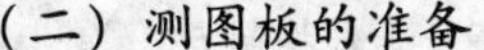
（二）测图板的准备

1. 图纸的准备

测绘地形图一般采用一面打毛的聚酯薄膜图纸，其厚度为0.07～0.1 mm，变形率小于0.4‰。测图时，在测图板上先垫一张浅色薄纸衬在聚酯薄膜下面，然后用胶带将其固定在测图板上，即可进行测图。图面不洁时，可用清水或淡肥皂水洗涤，并可直接在底图上上墨、晒蓝图。

2. 坐标格网的绘制

为了准确地将控制点（图根点）展绘在测图纸上，首先在图纸上要精确地绘制坐标格网。大比例尺地形图的正方形格网的边长均为10 cm。坐标格网可采用直角坐标展点仪、坐标网尺或直尺绘制。下面仅介绍用直尺绘制坐标格网的方法。

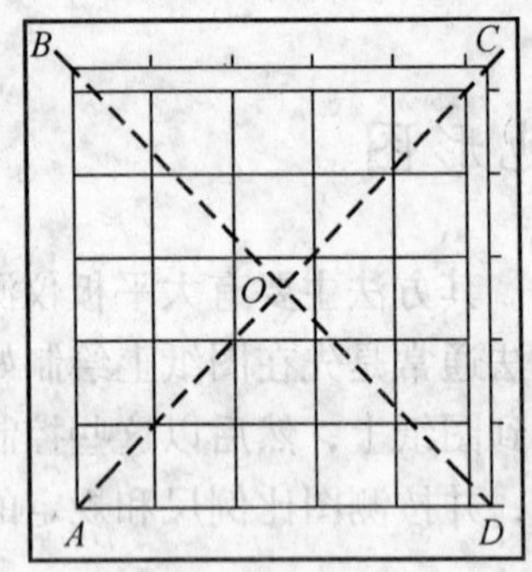

图6－11 绘制坐标格网

如图6－11所示，用直尺在图纸上绘出两条对角线，以交点O为圆心，以适当长为半径，用直尺在对角线上截取4个点，依次连接各点得矩形$ABCD$。在AD和BC边上分别从A和B点开始，自左向右每隔10 cm作一分点，连接上下各对应点，得到一组相互平行的纵线。同法在AB和DC边上分别从A和D点开始，自下向上每隔10 cm作分点，连接对应的分点，得一组相互平行的横线，这些互相垂直的纵横线，构成了每边为10 cm的坐标格网。方格网绘制得正确与否，直接影响控制点的展绘精度和地形测图的精度。因此，无论用什么方法绘制的方格网，都必须认真地加以检查。其检查项目和精度要求如下：

（1）格网纵横线应严格垂直，对角线上各交点应在一直线上。

（2）方格网线段与理论长度之差不超过0.2 mm。

（3）图廓边长、对角线长与理论值之差不得超过0.3 mm。

（4）方格网线粗不得超过0.1 mm。

（三）控制点的展绘

展绘控制点（展点）时，应先根据控制点的坐标，确定该点所在的方格，然后从该点的坐标值中减去所在方格西南角点的坐标值，最后按其坐标差值，依据比例将控制点展绘在图纸上。例如，欲在图6－12上展绘17号点，因其坐标表$x_{17}=1150$ m，$y_{17}=620$ m，故从方格网的坐标值可知，17号点位于$abcd$小方格内。为此，自a、d两点按比例尺向上量取$e=1150\text{ m}-1100\text{ m}=50$ m，得e、f两点，再自a、b两点分别向右量取$\Delta y=620\text{ m}-600\text{ m}=20$ m，得m、n两点。连接e、f和m、n所得交点，即为17点在图上的位置，并在点的右侧画一横线，其上注明点号，下部注明该点的高程。用同样的方法，可展出其他控制点。展绘完毕后，还应认真检查，此时

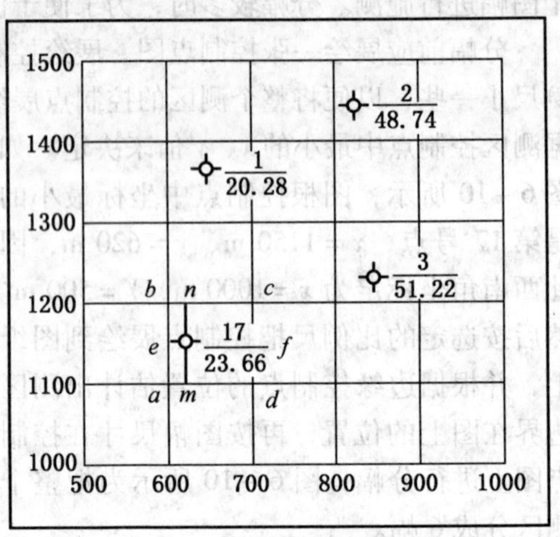

图6－12 展绘控制点

可用比例尺在图上量取相邻两点间的距离，与其实际边长相比较，其差值不得超过图上的0.3 mm，否则应重新展绘。

二、经纬仪测绘法测绘地形图

经纬仪测绘法的实质是按极坐标定点的方法进行测图。观测时，先将经纬仪安置在测站上，绘图板置于经纬仪旁边，用经纬仪测定碎部点的方向与已知方向之间的夹角、测站点到碎部点的距离及高差，然后根据测定的数据用量角器和比例尺把碎部点的位置绘于图上，并在点右侧注明其高程，再对照实地描绘地形。此法操作简单、灵活，适用于各类地区的地形图测绘。操作步骤如下：

(1) 安置仪器。如图6-13所示，将经纬仪安置在测站点 A 上，经对中、整平后，量取经纬仪的仪器高。

(2) 定向。用望远镜照准另一控制点 B 上的标杆，使水平盘读数为0°00′00″。

(3) 立尺。立尺员依次将尺子立在地物、地貌特征点上（如 C 点）。

(4) 观测。转动照准部瞄准 C 点的尺子，读尺间隔、中丝读数、竖盘读数和水平角。

(5) 记录。将测得的数据填入手簿。

(6) 计算。根据视距、竖盘读数或竖直角，用计算器算出到碎部点的水平距离和高差。

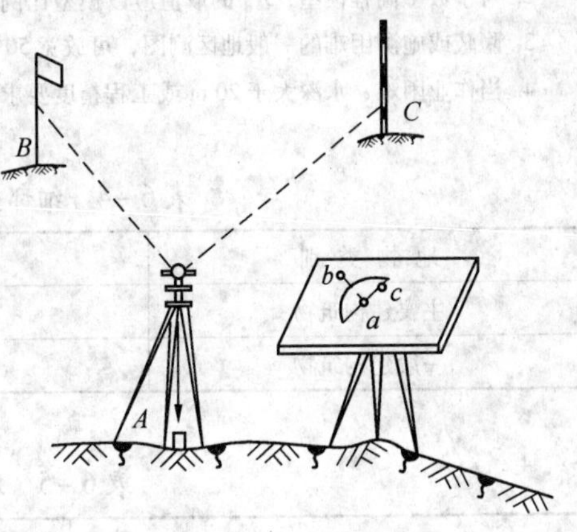

图6-13　地形图测绘

(7) 展绘碎部点。将量角器的中心圆孔用细针固定在图板上的 a 点（测站点），按经纬仪所测的 $\angle CAB$ 之角放置量角器，并按量角器直径刻划，根据测站点至地形点的水平距离量取图上长度，从而定出地形点 c 在图上的位置，并在点位旁注记 c 点的高程。同法可测出附近其他地形点的点位，并随测随绘地物和等高线。

地形图图上地物点相对于邻近图根点的点位中误差，不应超过表6-2的规定。

表6-2　图上地物点的点位中误差

区　域　类　型	点位中误差/mm
一般地区	0.8
城镇建筑区、工矿区	0.6
水　域	1.5

注：1. 隐蔽或施测困难的一般地区测图，可放宽50%。
2. 1∶500比例尺水域测图、其他比例尺的大面积平坦水域或水深超出20 m的开阔水域测图，根据具体情况，可放宽至2.0 mm。

等高线的内插点相对于邻近图根点的高程中误差，不应超过表6-3的规定。

工矿区细部坐标点的点位和高程中误差，不应超过表6-4的规定。

地形测图地形点的最大点位间距，不应大于表6-5的规定。

测图时的视距长度，不应超过表6-6的规定。

表6-3 等高（深）线插求点或数字高程模型的高程中误差

	地形类别	平坦地	丘陵地	山 地	高山地
一般地区	高程中误差/m	$\frac{1}{3}H_d$	$\frac{1}{2}H_d$	$\frac{2}{3}H_d$	$1H_d$
水域	水底地形倾角/(°)	$\alpha<3$	$3\leqslant\alpha<10$	$10\leqslant\alpha<25$	$\alpha\geqslant25$
	高程中误差/m	$\frac{1}{2}H_d$	$\frac{2}{3}H_d$	$1H_d$	$\frac{3}{2}H_d$

注：1. H_d 为地形图的基本等高距。

2. 对于数字高程模型，H_d 的取值应以模型比例尺和地形类别按表6-2取用。

3. 隐蔽或施测困难的一般地区测图，可放宽50%。

4. 当作业困难、水深大于20 m或工程精度要求不高时，水域测图可放宽1倍。

表6-4 细部坐标点的点位和高程中误差 cm

地 物 类 别	点位中误差	高程中误差
主要建构筑物	5	2
一般建构筑物	7	3

表6-5 地形点的最大点位间距 m

比 例 尺		1:500	1:1000	1:2000	1:5000
一般地区		15	30	50	100
水域	断面间	10	20	40	100
	断面上测点间	5	10	20	50

注：水域测图的断面间距和断面的测点间距，根据地形变化和用图要求，可适当加密或放宽。

表6-6 平板测图的最大视距长度 m

比例尺	最 大 视 距 长 度			
	一 般 地 区		城 镇 建 筑 区	
	地 物	地 形	地 物	地 形
1:500	60	100	—	70
1:1000	100	150	80	120
1:2000	180	250	150	200
1:5000	300	350	—	—

注：1. 垂直角超过±10°的范围时，视距长度应适当缩短；平坦地区成像清晰时，视距长度可放长20%。

2. 城镇建筑区1:500比例尺测图，测站点至地物点的距离应实地丈量。

3. 城镇建筑区1:5000比例尺测图不宜采用平板测图。

地形图上高程点的注记，当等高距为0.5 m时，应精确至0.01 m；当等高距大于0.5 m时，应精确至0.1 m。

三、地形特征点的选择和跑尺方法

地物和地貌是根据地形点勾绘的，因此地形点的选择恰当与否，将直接影响测图的质量。所以，在一个测站上开始测图之前，绘图员和立尺员要一起察看地形，分析各类地物的特征，掌握地貌变化的规律。立尺员持尺依次立于各地形点的作业称为跑尺，在选定主要的立尺点及跑尺路线后再开始工作。现将地形点的选择及跑尺方法介绍如下。

1. 地物特征点的选择

如图 6－14 所示，测定地物时，凡是其形状或长度能依比例尺表示的，应将尺子立在地物轮廓的转折点或交叉点上，如房屋的转角，河岸线、道路中心线或边线以及地类界的转折点、两条道路中心线的交叉点等。若地物轮廓线是曲线时，立尺点应选在曲线方向变换处，立尺点的密度取决于弯曲程度和测图比例尺。不能依比例尺表示的地物，如电杆、烟囱、水井等，立尺点应选在地物的中心。

图 6－14　立尺点选择

2. 地貌特征点的选择

地貌形态虽然复杂，但从总体上仔细观察，即可看出地表形态是由各种倾斜坡面组合而成的，而各种不同的坡面彼此相交，便产生了不同的交线——地性线，如山脊线、山谷线、坡缘线和山脚线等。这些地性线是构成地貌的骨架，起着控制地貌的作用，也是描绘等高线的基础。所以地貌特征点必须选择在各种地性线及地性线的交点上，这是正确选择地貌特征点的原则。因此，测绘地貌时，立尺点应选在山顶、鞍部、山脊和山谷的坡度变换处、山坡倾斜变换处和山脚方向与坡度变换的地方（图 6－14）。

此外，在地面坡度变化不大，地性线不明显的地方，每相隔一定距离也应立尺（具体要求见表 6－3），以便能真实地勾绘出等高线。

3. 跑尺方法

测绘地貌时，除了要正确选择特征点外，还要根据不同的地形选择比较合适的跑尺方法，以便正确真实地描绘地貌形态。

一般来说，对于地势比较平缓或地貌比较破碎的地区，最好是采用"等高跑尺法"，即在实地沿等高线走向跑尺。用这种方法不但可以解决由于没有明显的地性线而难于控制地貌形态和等高线走向的困难，而且根据立尺点直接勾绘的等高线，可以保证成图质量。

对于山区或丘陵地区，大都是采用"散点法"跑尺，这种方法主要是沿地性线在特征点处立尺，对于地性线以外图上点子太稀的地方，应适当增加立尺点，以保证根据两个点的高程所描绘的等高线位置具有足够的精度。用这种方法测图效率比较高，是生产单位常用的方法。工作时立尺员应事先考虑好跑尺路线，避免重复和遗漏立尺，同时还应与绘图员密切配合，充分利用对讲机、电话加强联络。

四、地形图的勾绘

1. 地物的勾绘

地形原图的勾绘，包括勾绘地物和勾绘等高线。勾绘地物比较简单，可随测随绘，例如房屋把相邻转角点连接起来就可以了，而道路、河流则是逐点连接成光滑曲线。对于不能依比例尺表示的地物，则以相应的特定符号表示。

2. 等高线的勾绘

勾绘等高线的工作比较复杂。由于等高线必须通过高程为整数的点，例如等高距为 1 m 时，所有等高线通过的点必须是 1 m 的整倍数，但是，所测的地形点高程未必都是整数，所以等高线的位置要在测得的特征点之间用内插法求出。

现以图 6－15 来说明等高线的绘制方法。点 *A*、*B*、*C*、*D* 等是测出的地貌特征点。*AB*、*BE*、*BD*、*DG*、*GI*、*GK* 是山脊线，*FD*、*DC*、*GH* 是山谷线（图 6－15a）。首先把这些地性线轻轻勾绘出来，山脊线用虚线表示，山谷线用细实线表示。然后求出相邻两地形点间等高线所经过的地方。如以 *A*、*B* 两点为例，*A* 点的高程为 52.8 m，*B* 点高程为 57.4 m。如规定等高距为 1 m，则 *A*、*B* 两点间必定有 53 m、54 m、55 m、56 m 和 57 m 5 条等高线通过。由于特征点时是选在坡度变化处，因而可认为 *A*、*B* 间的坡度变化是均匀的。在一个均匀的坡度上，各点间的水平距离与高差成正比，根据这一关系，作一纵断面图（图 6－16）。设在图上量得 *AB* 的距离为 64 mm，*A*、*B* 两点间的高差为 57.4 m－52.8 m＝4.6 m。

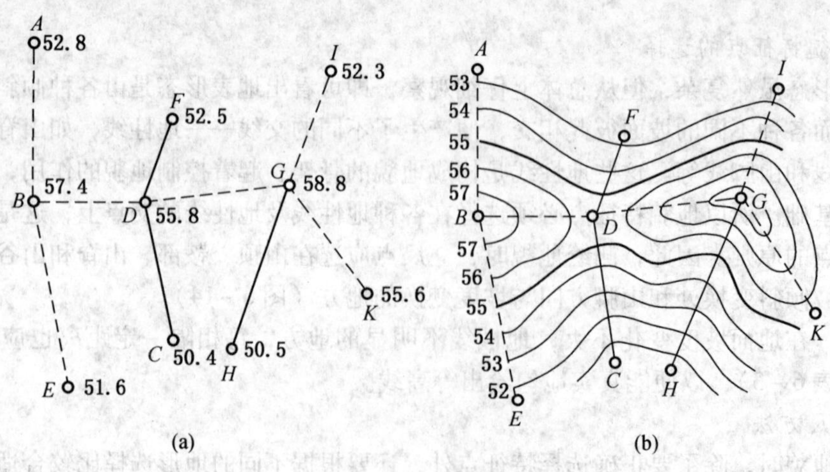

图 6－15　等高线的勾绘

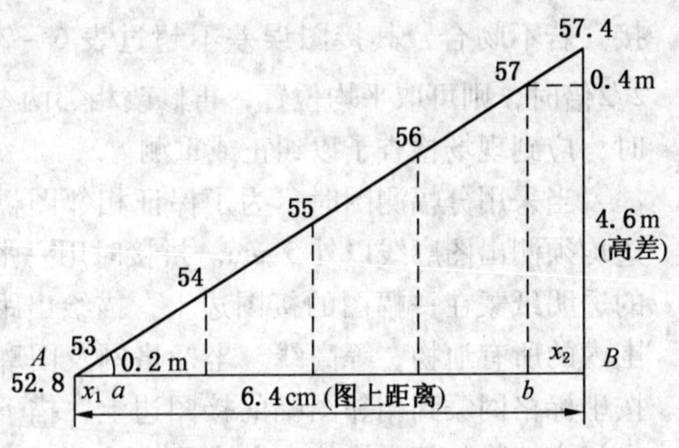

图6-16 内插法原理

A 点与邻近的53 m 等高线的高差为0.2 m，53 m 等高线通过的位置由图6-16中 Aa 的平距 x_1 来确定，其值为

$$\frac{x_1}{0.2}=\frac{64}{4.6}$$

即

$$x_1=\frac{64\times0.2}{4.6}\text{ mm}\approx3\text{ mm}$$

B 点的高程为57.4 m，其邻近57 m 的等高线与 B 点的高差为0.4 m，该等高线通过的位置由图6-16中 Bb 的平距 x_2 来确定，其值为

$$\frac{x_2}{0.4}=\frac{64}{4.6}$$

即

$$x_2=\frac{64\times0.4}{4.6}\text{ mm}=5.6\text{ mm}$$

由 x_1、x_2 即可得出53 m 和57 m 等高线在 AB 线上的相应位置，这叫"取头定尾"。然后，再将53 m 和57 m 两等高线间的图上距离分为四等分，节点即为54 m、55 m、56 m 等高线的位置，这叫"等分中间"。同法可定出其他各相邻特征点之间的等高线位置。然后将高程相同的相邻点连成光滑的曲线，即为等高线图（图6-15b）。

在实际工作中，一般都是按"取头定尾、等分中间"的目估方法来勾绘等高线，即先按比例关系目估确定两相邻地形点间首末两条等高线通过的点位，再按"等分中间"的方法内插确定其他等高线通过点，而不用比较麻烦的内插计算方法。

无论用计算方法还是用目估方法，均不能越点内插，也不应跨过地性线内插，而且，只有当两点间的斜坡较均匀时，才能进行内插。同时等高线必须在现场边测边勾绘，这样可以对照实地形状，更真实地描绘地貌形态，而且还可以随时发现错误及遗漏，予以及时改正或补测。

五、地形图的拼接、检查与整饰

1. 地形图的拼接

如用聚酯薄膜测图，可直接将相邻两幅图的相应图边，按坐标格网叠合在一起进行拼

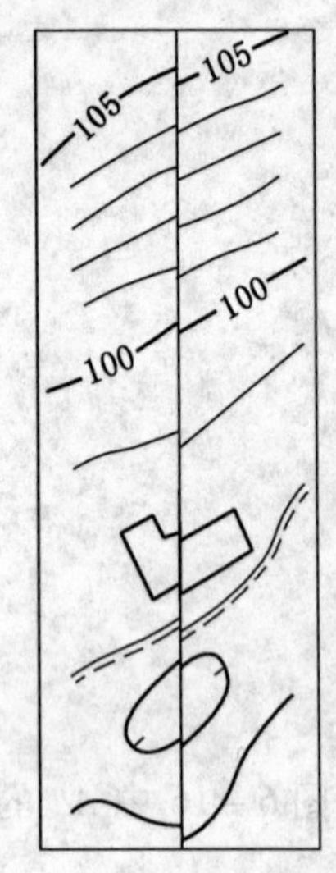

图 6－17　地形图拼接

接。若不吻合，其接图误差不超过表 6－2 和表 6－3 规定值的 $2\sqrt{2}$ 倍时，则可取平均位置，再修改相邻两图幅。若超过上述限差时，应到现场检查予以纠正或重测。

当采用分幅测图时，为了保证相邻图幅的拼接，每幅图的四边均须测出图廓线以外 5 mm。拼接时用一张长 60 cm、宽 4 ~5 cm 的透明纸蒙在一幅图的接图边上，描绘出距图廓线 1 ~1.5 cm 范围内的所有地物、等高线、坐标格网及图廓线，然后将此透明纸按坐标格网蒙到相邻图幅的接图边上，描下相同的内容，就可看出相应地物与等高线的吻合情况（图 6－17）。

2. 地形图的检查

为了确保地形图的质量，除在测绘过程中加强检查外，在地形图测完之后，必须对成图质量作一次全面检查。

（1）室内检查。室内检查内容包括：检查地物、地貌是否清晰易读；各种符号、注记是否正确；等高线与地形点是否相符，有无矛盾可疑之处；图边衔接是否合理等。如发现错误或疑点，应到野外进行实地检查修改。

（2）野外检查。野外检查包括巡视检查和仪器检查。

巡视检查是带着原图到现场，沿预定的路线对照图上描绘的地物、地貌是否和实地上的一致，有无错误和遗漏，综合取舍是否合理，符号运用是否恰当，名称注记是否齐全正确等。

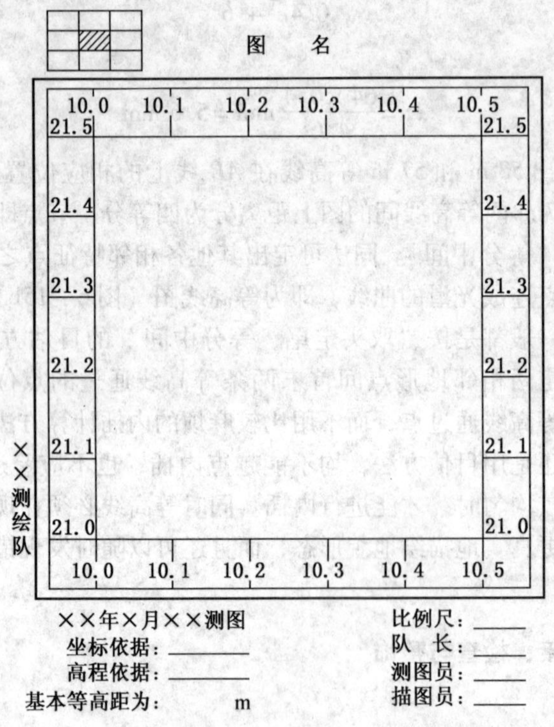

图 6－18　图廓外注记

仪器检查是对室内检查和巡视检查中发现的错误或对有怀疑的地方，在现场用仪器进行检查。另外在图幅内均匀地选择若干测站点，在现场设站用仪器重测一部分地形点，并展到图上与原测地物及等高线进行比较，看原测地形图是否符合要求。

地形图应经过内业检查、实地的全面对照及实测检查。实测检查量不应少于测图工作量的10%，检查的统计结果应符合前述有关规定。

3. 地形图的整饰

原图经检查符合要求后，应按地形图图式进行整饰，使图面更加合理、清晰、美观。整饰的顺序是先图内后图外、先地物后地貌、先注记后符号。将地物符号和注记描绘清晰，然后再将等高线加以修饰，使其均匀圆滑，计曲线应加粗描绘。最后再绘制内外图廓线和图幅接合表，并进行图廓外注记，如图名、图号、比例尺、平面和高程系统、测图单位及测图时间等（图6-18）。

第四节　数字化测图

随着电子计算机在测绘行业中的广泛应用，电子经纬仪、测距仪、全站仪的出现，数字化测图技术应运而生。传统的测图方法，其实质是图解法测图。在测图过程中，将测得的观测值、数字值按图解法转化为静态的线划地形图。这种“数—图”转换，降低了数据精度，使设计人员在用图时又产生解析误差，即“图—数”转换误差。数字化测图技术可以避免上述问题。数字化测图技术的实质是解析法测图，将地形图信息通过电子测量仪器或数字化转化为数字量输入计算机，以数字形式存储在磁盘上，从而便于传输与直接获取地形的数量指标，需要时通过显示屏显示或用绘图仪绘制出线划地形图。数字化测图是一个“数—数”过程，不会降低观测数据精度，而且数据成果易于存取、管理和成果共享。

数字化测图常用的仪器是全站仪，或使用常规经纬仪、测距仪配合电子手簿。下面介绍全站仪数字化测图的过程。

一、控制测量

控制测量与常规的图根控制测量相类似，控制点的布设可以采用GPS卫星定位测量或全站仪导线测量完成。当测区面积较大时，一般应当先布设GPS控制点，再用全站仪布设导线或图根控制点。一级导线点之间的边长可以在500~800 m之间，并且尽量布设成闭、附合导线。

二、数据采集

数据采集也就是测量碎部点，其采集步骤与手工测图的步骤基本相近，包括安置仪器、设置测站点坐标、定向、碎部点测量等。

1. 地物点的采集

地物点的采集可以采用“简码法”和“草图法”，也可以采用测图精灵等，它可以在现场直接完成地物的绘制和编辑，内业完成地物的绘制和编辑。它既可以省去大量的编码，也能够大大地减少草图绘制的工作量，而且具有直观、遗漏少等特点，因此是数字化成图的主要方法。

“简码法”是在现场根据不同的地物，按照绘图软件的规定输入编码，由室内通过成图软件自动成图。其作业特点是外业工作量较大，作业较复杂，而内业编图的作业量较小。

“草图法”是在数据采集时需要在现场绘制草图，并在草图上标注测点点号，在观测时全站仪测量记录的点号必须与草图一致，内业编辑时，就可以按草图上标注的点号连接编辑成图。其作业特点是外业操作简捷，而内业编辑工作量较大，适用于地物比较复杂的测区。

2. 地貌点的采集

测量地貌时，一般在地性线上要采集足够的特征点，这时可以不绘草图。而对于沟、坎边缘的点位除采集足够的特征点外还必须绘制相应点位的草图，以便于内业合理编辑等高线，同时在沟、坎的下边沿也应采集相应的特征点。当沟底较宽时，应根据测图比例尺的不同增加特征点采集数。遇陡坎时，应分别在陡坎的上下边沿设测点，以便较准确地控制地貌。

三、草图绘制

在数字化测图中，应根据碎部点的位置和地物的结构及时勾绘出草图，以便于在内业编图时正确绘制地形图，它既是确保数字化成图的主要内容和程序之一，也是绘制地形图的基础资料之一。因此，绘制草图质量的高低间接地影响到数字化测图的质量和效率。在绘制草图时应当注意以下几点：

(1) 注意草图的方向，尽量按照测图方向绘制，即字头朝北。

(2) 大致确定草图的比例尺，使得草图图样既清晰又便于表示。

(3) 要保持草图点位标注清晰、位置准确，对地物的属性、用途、数据等标注清楚。

(4) 要注意地物之间的相关位置准确，丈量数据正确。

(5) 注意草图之间的连贯性，避免产生漏洞。

(6) 绘制草图时应适当考虑地物的综合与取舍。

四、数据传输

外业采集的数据应当尽快传输到计算机中，以便能够根据记忆及时正确地编辑，从而避免数据的丢失。数据传输时，应首先正确连接电缆，并且在计算机相应的软件中设置传输参数。然后调出全站仪中需要传输的文件名，并按照对话框中的命令转换为 CASS（南方测绘成图软件）坐标数据。

对于 CASS 数字化成图软件来说，首先要将全站仪中的源数据文件调入计算机中，并转换为计算机中 Excel 环境下的 *·PRN 文件。然后再另存为 *·DAT 文件。最后才可以打开 CASS 环境，调入相应数据文件，展绘外业点点位，进入成图编辑。

五、内业编辑

内业编辑的内容是根据传输到计算机中的数据，利用数字化成图软件，进行地物编辑、符号绘制、注记以及等高线生成、编辑、图幅管理等。

地物的绘制是根据测点点位和草图注记，通过绘图菜单、工具、命令等逐个完成。

地貌的绘制是先将野外测量的高程点，建立数字地面模型（构成内插三角形），如果数字地面模型与实际地形不太一致，可根据草图来修改三角网中局部不合理的地方。利用修改后的三角网绘制等高线，等高线绘完后将三角网删除掉，接着再根据草图仔细检查、修改局部有错误的等高线（如相交的等高线）。修改完等高线后就可以注记计曲线上的高程，然后分别切除穿过建筑物、陡坎、双线间、高程注记中的等高线。以上工作都可以由绘图命令批量完成。

六、成果输出

数字化测图的成果可以根据工程要求和成图软件的功能分层次输出多种成果。一般有以下几种：

（1）可以根据所需比例尺和图幅大小的要求，进行图形分幅、图幅整理、输出（打印）地形图。

（2）可以根据工程所需打印出地貌图。

（3）根据工程需要绘制和输出地形剖面图，计算并输出选定区域的面积或体积等。

随着数字化成图软件的开发和升级，成果输出的内容将会随着工程的需要不断丰富，并不断为建立地理信息系统和社会经济建设提供可靠的图件和数据资料。

七、注意事项

（1）全站仪测图宜使用6″级全站仪，其测距标称精度，固定误差不应大于10 mm，比例误差不应大于5×10^{-6}。

（2）当布设的图根点不能满足测图需要时，可用极坐标法增设少量测站点。

（3）仪器的对中偏差不应大于5 mm，仪器高和反光镜高应量至1 mm。

（4）应选择较远的图根点作为测站定向点，并施测另一图根点的坐标和高程，作为测站检核。检核点的平面位置较差不应大于图上0.2 mm，高程较差不应大于1/5等高距。

（5）作业过程中和作业结束前，应对定向方位进行检查。

（6）全站仪测图的测距长度，不应超过表6－7的规定。

表6－7　全站仪测图的最大测距长度

比例尺	最大测距长度/m	
	地物点	地形点
1:500	160	300
1:1000	300	500
1:2000	450	700
1:5000	700	1000

（7）当采用无自动记录功能的仪器作业时，观测的水平角和垂直角宜读记至秒，距离宜读记至厘米，坐标和高程的计算宜精确至1 cm。

（8）全站仪测图，可按图幅施测，也可分区施测。按图幅施测时，每幅图应测出图廓线外5 mm；分区施测时，应测出区域界线外5 mm。

（9）对采集的数据应进行检查处理，删除或标注作废数据、重测超限数据、补测错漏数据。对检查修改后的数据，应及时与计算机联机通信，生成原始数据文件，存盘并作备份。

实训一 地形图测绘

一、实训目的

（1）熟练掌握常规测量仪器的操作与使用方法。

（2）掌握测绘大比例尺地形图的方法、过程及要领，为后续专业课的学习和走上工作岗位打下坚实基础。

（3）加强本专业"测、绘、算"的基本功训练。

二、实习内容及要求

全班可分4~6个小组，每个小组完成测区一幅1∶1000的地形图测绘任务。

（1）在实习老师的带领下，在测区范围内完成水准测量、导线测量任务（第二章、第五章实训任务）的基础上，利用课堂和课外时间完成本次地形图测绘实训工作。

（2）在白图纸上绘制坐标格网，将图根点展绘到图纸上，然后进行碎部测量，碎部测量采用经纬仪测绘法。测图过程中要注意地物的综合取舍，地物符号运用合理，平面位置要准确，等高线要圆滑，内插合理，图面要美观。

（3）每幅地形图经过指导老师外业检查后，无遗漏地物后，方可进行整饰。

（4）在碎部测图过程中，每完成一测站后，应重新瞄准零方向，检查经纬仪定向有无错误。

（5）所有碎部点高程注记至0.1 mm。点位借用高程注记的小数点。等高距的大小应按地形情况和用图需要来确定。

（6）要做到随测随绘。转移测站前，至少要将该测站所测碎部用计曲线绘出来。

三、仪器工具

每个小组准备：经纬仪1套、钢尺1把、水准尺1根、花杆1根及绘图板、绘图工具等。

四、注意事项

（1）要保证原始记录清晰，整洁，秒和毫米位严禁改动。外业观测精度要严格执行《地形测量规范》要求。

（2）保证仪器和人身安全，每组组长要负起责任。

五、实训总结

（1）实训结束后，需上交测量成果。

（2）每人上交实训总结报告。

实训二　全站仪数字化测图

一、实训目的

（1）熟练掌握全站仪的操作与使用方法。

（2）掌握数字化测图的方法、过程及要领，为后续专业课的学习和走上工作岗位打下坚实基础。

二、实习内容及要求

全班可分4～6个小组，每个小组完成测区一幅1∶1000的地形图测绘任务。

采用草图测记法，需先绘出测区草图，将各碎部测量点上的点号记录在草图的相应位置上，并注记地物地貌。

1. 建站与观测

在测站点安置仪器，在全站仪坐标测量界面下，输入测站点坐标、已知边方位角、高程、仪器高和棱镜高（固定值），检查输入数据的正确性，然后依次观测所需的碎部点（棱镜），得到其坐标和高程。如果一个仪器站测不完全部碎部点，此时还应该增加支导线点。

2. 数据传输

测量完一个测站后，必须把全站仪内存中的数据文件传到计算机中，并进行地形图的绘制。

三、仪器工具

每个小组准备：全站仪1套、小钢卷尺1个、对中杆1根、绘图工具等。

四、注意事项

（1）全站仪不能在强光下长期工作，应架太阳伞保护全站仪。

（2）为了方便测量，如果用多个棱镜同时测碎部时，其各棱镜高一定要一致，当某一测点需变棱镜高时，一定要重新输入该点的棱镜高，其方法是在测量菜单下用▼键将光标调到“镜高”按输入键、“输入镜高”回车即可，测完这点后一定要将镜高改回原值。

（3）司仪人员要及时与草图记录人员沟通，校对仪器记录的点号是否与草图上记录的点号一致。

（4）每建一仪器站时一定要弄清该站的点号、后视的点号，一旦出错所有在该站测的碎部点将全部报废，所以测站建好后要先测一个已知点的坐标，进行对比，如误差不大，再继续进行测量。

复习思考题

1. 何谓地物、地貌？在地形图上表示地物的符号有哪些？

2. 何谓等高线？等高线有哪些特性？等高距与等高线平距有什么区别？

3. 如何展绘控制点？怎样进行检查展点质量？
4. 试述经纬仪测绘法测图的工作步骤。
5. 怎样进行地形图的拼接与检查工作？
6. 根据图 6－19 中的地形点，用内插法勾绘等高距为 1 m 的等高线。

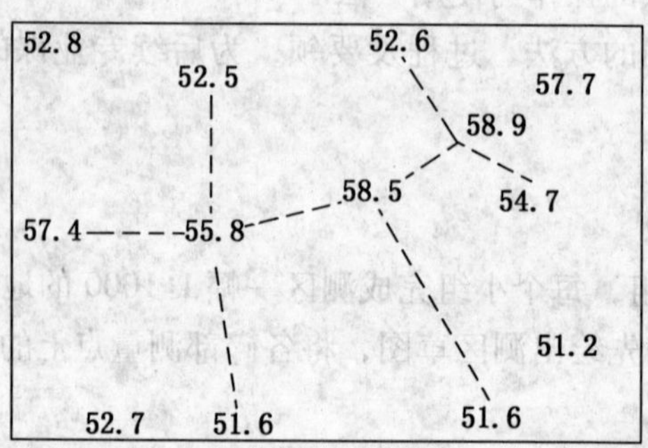

图 6－19 勾绘等高线

第七章　地形图的识读与应用

地形图是工程建设的重要资料，是比较全面、客观地反映地面信息的可靠资料。特别是在工程建设规划设计阶段，不仅要以地形图为底图，进行平面位置的布设，而且要根据需要，在地形图上进行某些工程量的计算。

在矿山建设和生产中，经常需要利用地形图研究和处理各种技术问题，如填绘地质资料、进行勘探设计、制定矿井规划、选择建井方案、进行井上下对照等。

第一节　地形图的识读

要正确地应用地形图，首先应学会看懂地形图。地形图是用各种规定的符号和注记来表示地物、地貌的，通过对这些符号的识读，建立起空间概念，使地形图成为展现在眼前的实地立体模型，从而判断其相互关系和自然形态。

一、地形图的图外注记和说明

地形图的图廓外有完整的注记和说明，图名通常用本图内最大的城镇、村庄或明显地物、地貌的名称来表示，图的左上角绘有 9 个小格的接图表，中间绘斜线者为本图的位置，其他 8 格各有图名，表示与本幅图的衔接关系。

图的比例尺注在图廓下方的正中央，图的下方还注有测绘单位和时间、测图方法、坐标和高程系统、等高距等。有的地形图图廓外还有图例、文字说明等。

二、图廓和坐标格网

图廓分内图廓和外图廓，内图廓是地形图的边界线，图内的地物、地貌测至该边线为止。对于跨越图幅的重要地物，内外图廓之间应予以注明。梯形图幅的内图廓是该幅图实地范围的经线和纬线。方形图幅的内图廓就是坐标格网线，在内图廓外注有坐标值，外图廓为图幅的最外边界线，以较粗的实线表示。

三、地物和地貌的识读

识读地物时，往往从图幅内比较集中的居民地开始，根据图上注记，沿着铁路、公路、河流进行，了解测区内的政治、经济、文化中心和交通枢纽等概况。对于大比例尺的地形图，由于地物表示得比较详尽，图幅表示的实地面积较小，识读起来比较容易。

识读地貌时，应先找出构成地貌总轮廓的地性线，如山脊线、山谷线、斜坡变陡、变缓线等，判读出地貌总的形态。然后，根据等高线表示的地貌特征，判读地貌的名称，如山头、山脊、山谷、鞍部等，根据等高线上的注记和等高线的疏密，判读出地势的高低和地面的陡缓。

读图时，还应注意地形图的北方向，一般上方为北，下方为南，因此可判断图内地物、地貌的方位。

此外，由于国土的开发和利用，地貌、地物会发生演变，应根据实地情况判读地形图。

图 7－1 所示为某矿井田地形图的一部分。图的比例尺为 1∶5000，因而知道图上 1 mm 等于实际水平距离 5 m。图中没有标出指北方向和箭头，根据坐标向北向东递增的规律可知该图的上方为北。图纸西南角点的坐标 $x=3024000$ m，$y=20435000$ m。

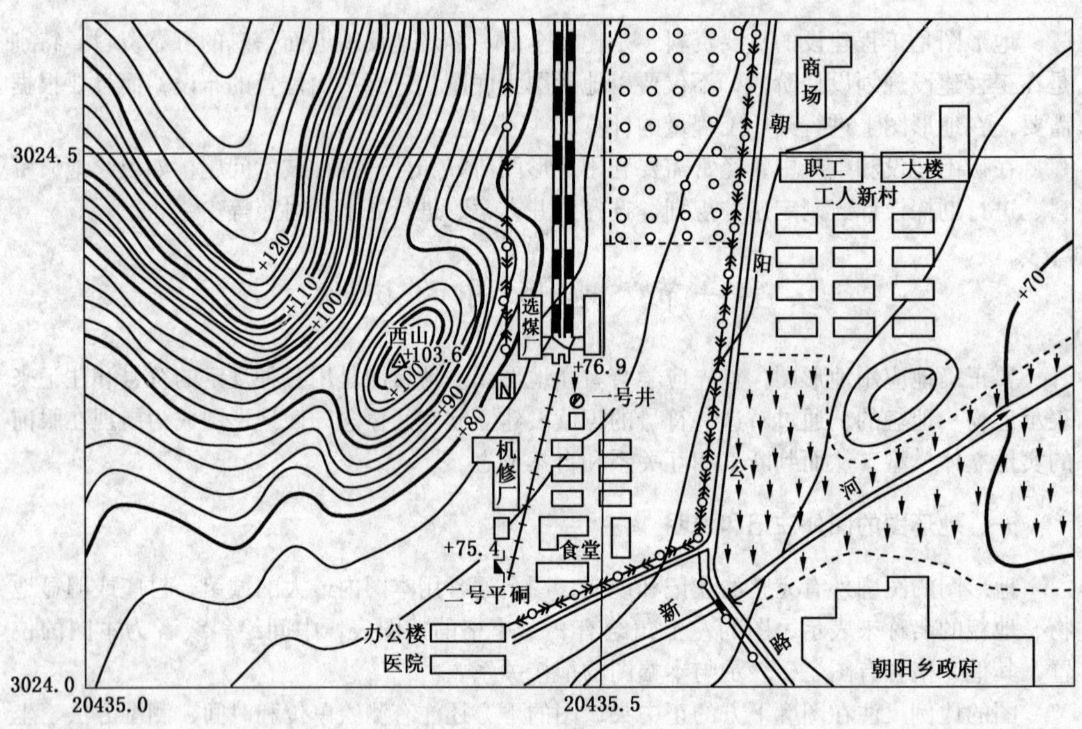

图 7－1　地形图识读

矿井采用立井和平硐开拓；井筒附近有办公楼、医院、食堂、变电所、洗选厂、机修厂等建筑；铁路和高压线从北部进入矿井，朝阳公路横穿南北，新河河水自西南向东北方向流去；矿井东北部有工人新村、商场和职工大楼，工人新村南侧有一洼地；东南部为朝阳乡政府，乡政府北部为菜地和农田。

井田的西北部有一山包，有山头、山脊、山谷，地势较高；越往东南，等高线越稀少，因而地势也越平坦。

第二节　地 形 图 的 应 用

一、在图上确定任意一点的坐标和高程

1. 求任一点的坐标

图 7－2 的比例尺为 1∶5000，欲求 B 点的坐标，其方法是：过 B 点作平行于 x 轴和 y 轴的直线 hf 和 eg，然后用比例尺从该点所在的方格西南角分别量至 f 和 e，得到 365 m 和

165 m，则 B 点的坐标为

$$x_B = 3000\ \text{m} + 165\ \text{m} = 3165\ \text{m}$$
$$y_B = 1500\ \text{m} + 365\ \text{m} = 1865\ \text{m}$$

当地形图有 CAD 电子版时，可以在计算机获取任一点的坐标。

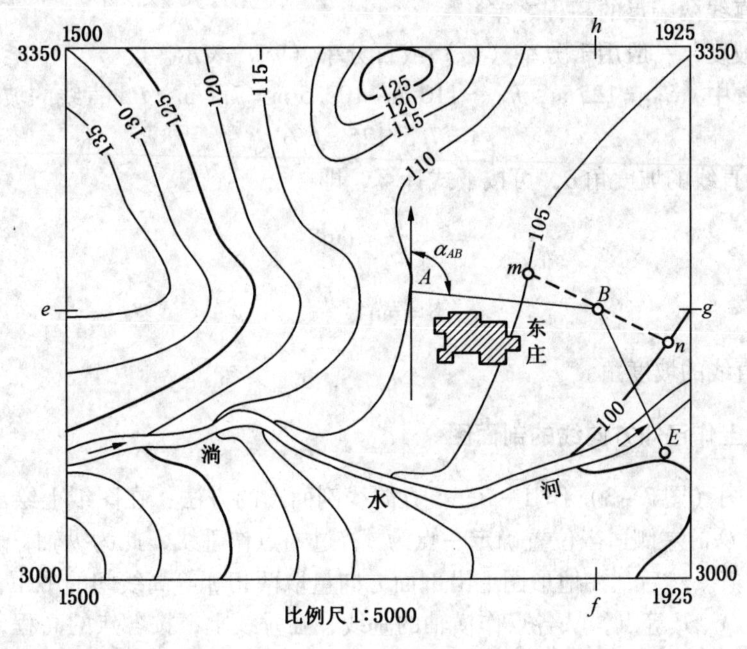

图 7-2　地形图

2. 求任一点的高程

由图 7-2 可以看出，A 点高程为 110 m。B 点位于 100 m 和 105 m 两条等高线之间，其高程可以用内插法求得。其方法是过 B 点作大致垂直于两相邻等高线的线段 mn，然后用比例尺分别量出平距 $mn = 2$ cm，$Bn = 1$ cm，比值为

$$K = \frac{Bn}{mn} = 0.5$$

则 B 点的高程为

$$H_B = 100\ \text{m} + 0.5 \times 5 = 102.5\ \text{m}$$

二、在图上确定任一边的方位角、边长及坡度

1. 求任一边的方位角和边长

在图 7-2 中，欲求直线与 AB 的方位角与边长。当精度要求不高时，可过 A 点作平行于 x 轴的方向线，然后用量角器直接量出 AB 边的方位角 α_{AB}，如 94°30′，用比例尺量出 AB 的边长为 125 m。当精度要求较高时，可按前述方法分别求出 A、B 点的坐标，然后用坐标反算公式计算出 AB 的边长 S_{AB} 及其方位角 α_{AB}。

当地形图有 CAD 电子版时，可以在计算机确定任一直线的方位角和水平距离。

2. 求任一边的坡度

直线的坡度是两端点的高差与其平距之比，用 i 表示，即

$$i=\frac{h}{S} \tag{7-1}$$

式中 S——直线的水平距离；

h——直线两端点的高程之差；

i——坡度，一般用千分率（‰）或百分率（%）表示。

在图 7－2 中，$S_{BA}=125\text{ m}$，$h_{BA}=110\text{ m}-102.5\text{ m}=7.5\text{ m}$，$BA$ 直线的坡度为

$$i=7.5/125=6\%$$

如果要求直线的坡度角 δ，可按下式计算，即

$$i=\frac{h}{S}=\tan\delta$$

则

$$\delta=\tan^{-1}\frac{h}{s} \tag{7-2}$$

式中 δ——直线的坡度角。

三、在图上作已知方向线的剖面图

根据地形图（图 7－3）作 $A—B—C$ 方向线剖面图的方法：在图纸上绘出表示平距的横轴 PQ，在 PQ 的左侧适当位置确定一点为 A，过 A 点作垂线，此为纵轴，表示高程，按比例标注高程值。然后，在地形图上沿剖面方向量取两相邻等高线间的平距，依次在横轴上标出，得 b、c、d 等点，从各点作横轴的垂线，在垂线上，按各点的高程，对照纵轴比例尺确定各点在剖面上的位置。连接各点成圆滑的曲线，即得 $A—B—C$ 方向的地形剖面图。

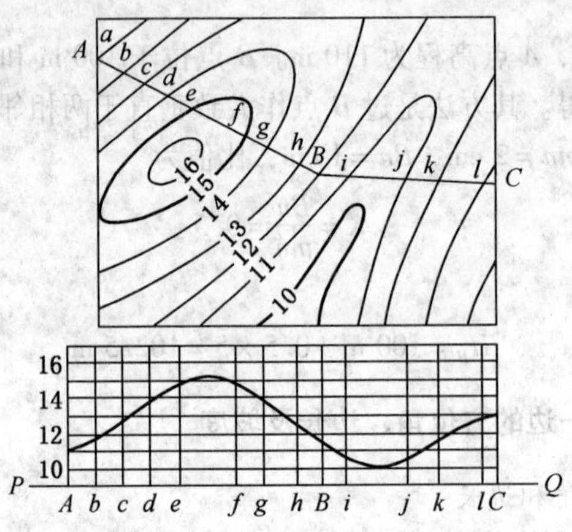

图 7－3 剖面图绘制

为了明显地表示地面起伏变化情况，剖面图上的高程比例尺往往比水平比例尺放大 10～20 倍。

四、在图上计算面积

在煤矿生产中，为了研究地表水对矿井的危害，地表塌陷区以及建筑物占地范围等问题，需要计算某范围内的水平面积。

在地形图上计算面积一般有几何图形法、透明方格纸法和求积仪法等。几何图形法是将图上圈定的范围划分成若干个几何图形，用平面几何学中计算面积的公式分别计算面积，最后求和。透明方格纸法是把绘有方格（2 mm×2 mm）的透明纸蒙在图上，直接数出范围内方格数，不足一格时可以凑整，最后累加再乘以每格的面积即得到总面积。求积仪法是利用求积仪求出图上某一区域的面积。

当地形图有 CAD 电子版时，可以在计算机上先圈定范围，然后显示水平面积。

实训　识读地形图

识读地形图 7-4 和居民地图 7-5，总结图中所绘制的内容。

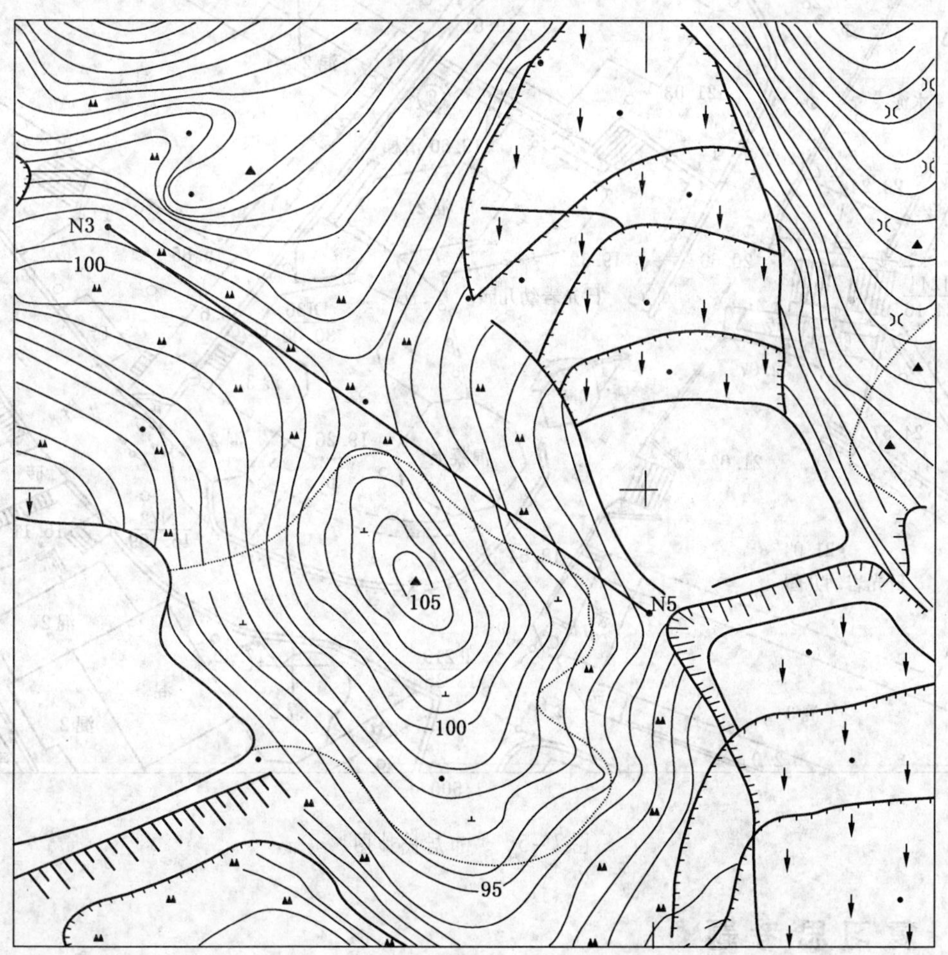

图 7-4　地形图

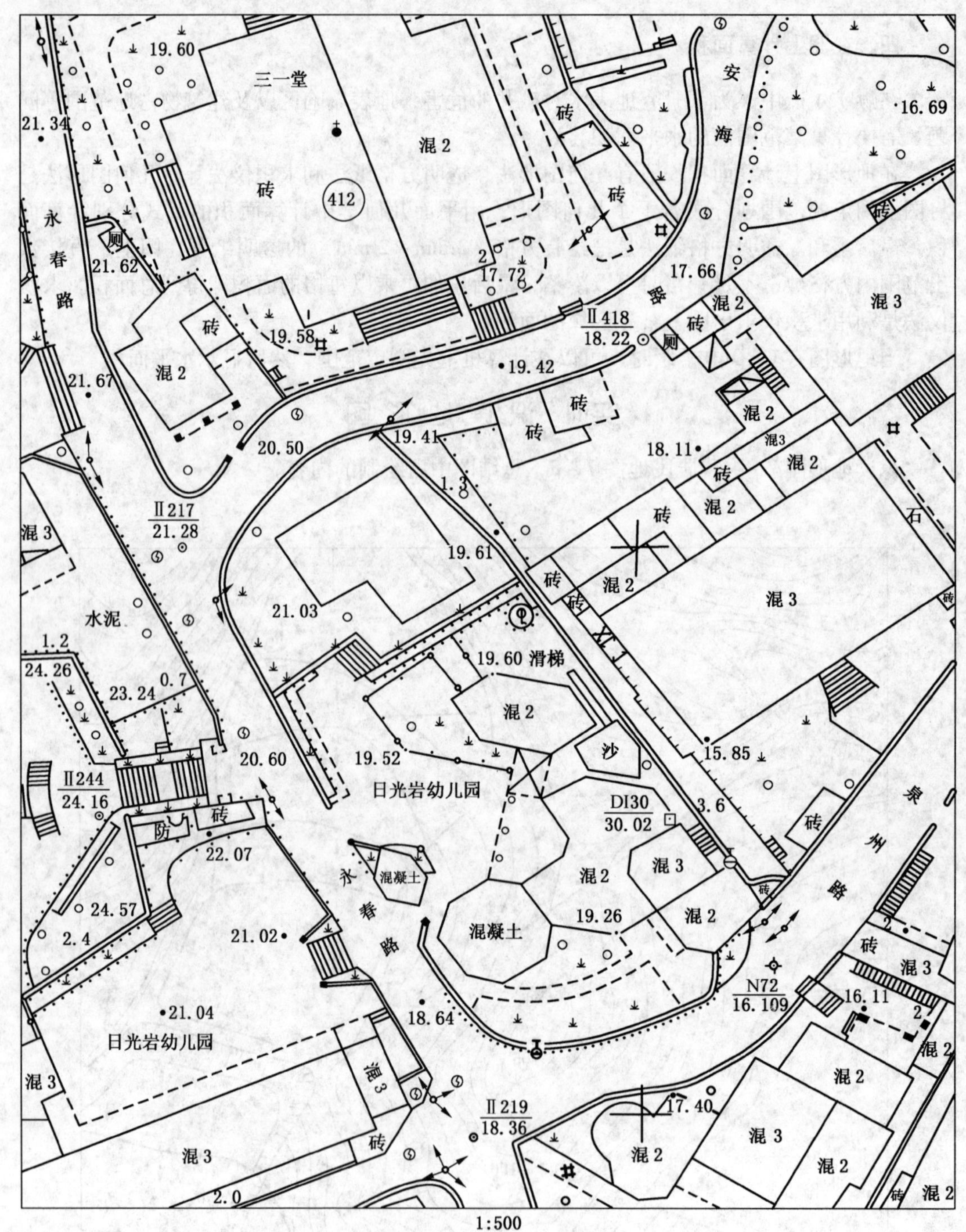

1:500

图7-5　城市居民地图

复习思考题

图7-6所示为一张1:10000的地形图，试在该图上完成以下作业：

1. 用虚线圈出山顶、山脊、山谷和鞍部各一个，画出山脊线和山谷线各一条。

2. 在北村南面，有用“+”标出的 A、B、C、D 4 点，试求：

(1) A、B、C、D 4 点的坐标；

(2) AB 直线的坐标方位角；

(3) A、B、C、D 4 点的高程。

3. 在图 7－6 中有一条由南村至北村的小路，分段求出沿线的坡度。

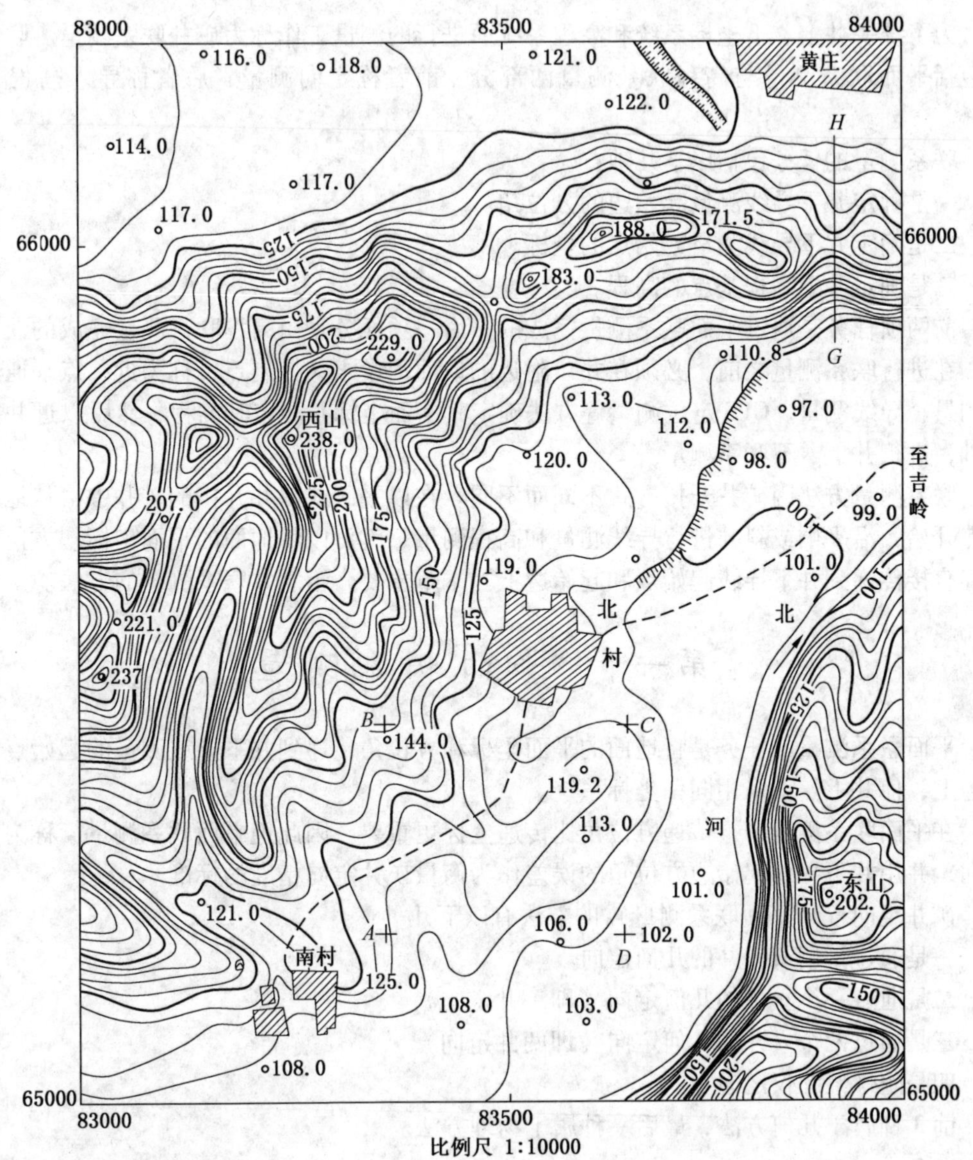

图 7－6　地形图

第八章 联系测量

为了统一井上、下坐标系统和高程系统而进行的测量工作称为矿井联系测量。联系测量包括平面联系测量与高程联系测量两部分，前者称定向测量，后者称导入高程（标高）。

联系测量的任务包括以下几项：

一是确定井下导线测量起始边的方位角。

二是确定井下导线测量起始点的坐标。

三是确定井下高程基点的高程。

前两项任务是通过平面联系测量完成的，后一项任务是由高程联系测量完成的。

在进行联系测量之前，必须在井口附近的地面埋设永久控制点，称为近井点，通过三角测量、导线测量、GPS定位测量等方法确定其平面坐标并测定其高程，然后以近井点为基础，进行井上、下联系测量。

联系测量方法因矿井开拓方式不同而不同。在以平硐或斜井开拓的矿井中，从地面近井点开始，沿平硐或斜井进行导线测量和高程测量，就可以将地面的平面坐标、方位角及高程直接传递到井下导线起始点和起始边上。本章主要介绍立井联系测量的方法。

第一节 平面联系测量

平面联系测量的任务是将地面的平面坐标和方位角传递到井下导线测量的起始点和起始边上，使井上、下采用同一坐标系统。

在平面联系测量中，传递方位角比传递坐标更重要。因此把平面联系测量简称为矿井定向，并用井下导线起始边方位角的误差作为衡量矿井定向精度的标准。

矿井定向（即平面联系测量）的方法有以下几种：

一是通过平硐或斜井的几何定向。

二是通过一个立井的几何定向（即一井定向）。

三是通过两个立井的几何定向（即两井定向）。

四是陀螺经纬仪定向。

前3种属于几何方法，最后一种属于物理方法。

一、一井定向

一井定向工作分为投点与连接两部分。

（一）投点

在井筒中悬挂钢丝至定向水平的工作称为投点。

投点是以井筒中悬挂的两根钢丝形成的竖直面将井上的点位和方位角传递到井下。投点工作的设备布置如图 8-1 所示。投点方法有稳定投点和摆动投点：前者是在钢丝上悬挂重锤并放入稳定液中；后者是让钢丝自由悬挂摆动，观测其摆动的左右读数从而求得它的稳定位置，然后与钢丝连接。

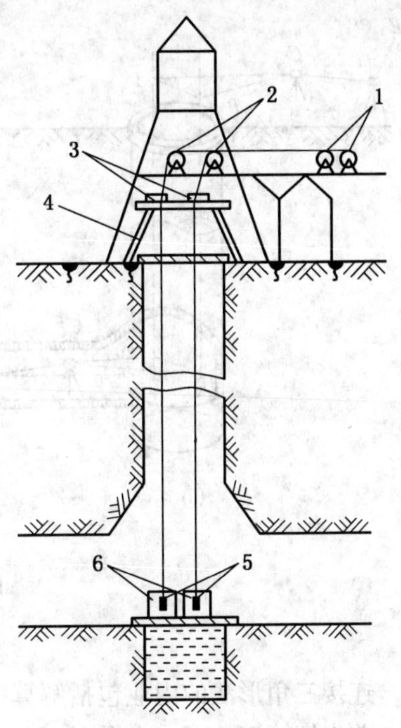

1—手摇绞车；2—导向滑轮；3—定点板；4—固定架；5—垂球；6—水桶

图 8-1 一井定向示意图

1. 投点误差

投点误差是指由于井筒内滴水和风流的影响，使钢丝的井上、井下位置不在同一条铅垂线上而产生的误差。两根钢丝偏离的方向相反时（影响最大的情况），当投点误差仅为 1 mm、两钢丝相距 3 m 的情况下，引起的方位角误差就可达到 2′18″。因此，要尽可能采取以下措施以减小投点误差：定向时暂时关闭风机，以减少风流的影响；采用直径小、抗拉强度高的钢丝；适当增加垂球的质量并将之浸入液体中；采取防水措施减小滴水的影响；尽可能增大两根钢丝间的距离。

2. 钢丝自由悬挂的检查

一井定向是以两根自由悬挂的钢丝所形成的竖直面来传递坐标和方位角的。若钢丝不处于自由悬挂状态，必然造成定向结果的错误。

为了检查钢丝是否自由悬挂，通常采用以下两种方法：

第一种为信号圈法：在地面上用铁丝做成直径为 2～3 cm 的小圈套在钢丝上，每隔一定时间下放一个，放 3～5 个看它们是否依次到达定向水平来检查钢丝是否自由悬挂。投放信号圈时不应使钢丝摆动，信号圈的质量也不应太大。此外，投放前应将钢丝上的油垢擦去以免粘住信号圈。

第二种为比距法：比距法是采用比较井上、井下两钢丝间的距离的方法进行检查。若量得的井上、井下两钢丝间的距离互差不大于 2 mm，便认为钢丝是自由悬挂的。

(二) 连接

连接是指在地面和井下进行测角和量边，使地面和井下连接点与钢丝组成一定的几何图形。其方法主要使用连接三角形法。

连接三角形法是在井上、下井筒附近选定临时连接点 C 和 C'（图 8-2a），形成以两垂线连线 AB 为公共边的两个三角形 ABC 和 ABC'，这两个三角形称为连接三角形（图 8-2b）。为了提高精度，连接三角形应布设成延伸三角形，即尽可能使连接点 C 和 C'设在 AB 延长线上，而使 γ、α 及 γ'、β'尽量小（不大于 2°），同时，连接点 C 和 C'还应尽量靠近一根垂球线。

连接三角形法的外业工作：

地面连接时，测出 δ、φ 和 γ 角，丈量 DC 边和 a、b、c 边。

井下连接时，测出 γ'、φ'和 δ'角，丈量 a'、b'边和 $C'D'$边。

测角和量边方法及精度要求按《煤矿测量规程》执行。

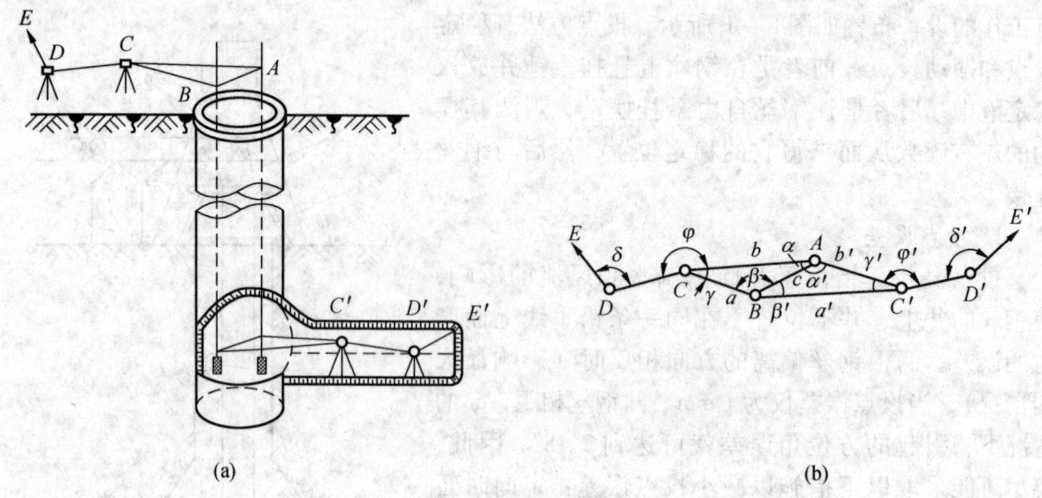

图8-2　连接三角形法

连接三角形法的内业包括解算三角形和计算导线两部分。

首先解算三角形，在图8-2b中，角度γ和边a、b、c均为已知，在三角形ABC中，可按正弦定理求出α和β角，即

$$\sin\alpha=\frac{a}{c}\sin\gamma \qquad \sin\beta=\frac{b}{c}\sin\gamma \tag{8-1}$$

当$\alpha<2°$及$\beta>178°$时，可用下列近似公式计算

$$\alpha''=\frac{a}{c}\gamma'' \qquad \beta''=\frac{b}{c}\gamma'' \tag{8-2}$$

同样，可以解算出井下连接三角形中的α'和β'角。

然后，根据上述角度和丈量的边长，将井上、下看成一条由E—D—C—A—B—C'—D'—E'组成的导线，按一般导线的计算方法求出井下起始边的方位角$\alpha_{D'E'}$和井下导线起始点的坐标$x_{D'}$、$y_{D'}$。

为了校核，一井定向应独立进行两次，两次独立定向求得的井下起始边的方位角互差不得超过2′。若满足此条件，则取两次结果的平均值作为最终定向成果。

二、两井定向

当有两个立井，且在定向水平有巷道相通并能进行测量时，就应采用两井定向。

两井定向是在两个竖井中各挂一根钢丝，然后在地面和井下定向水平用导线测量的方法把两根垂线连接起来，如图8-3所示，从而把地面坐标系统中的平面坐标和方位角传递到井下。

两井定向时，两垂球线之间的距离比一井定向大得多。当两垂球线间距离$AB=30$ m时（两井筒间的最短距离为30 m），设投点误差$e_A=e_B=1$ mm，其投向误差为13.8″。

可见，两井定向由投点误差引起的投向误差大大减少，井下起始边方位角的精度也随之提高。

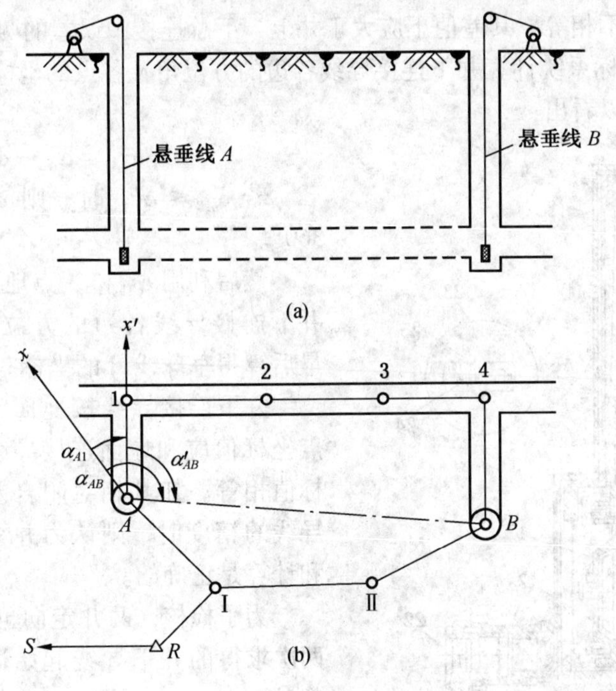

图 8-3 两井定向

两井定向同一井定向类似，包括投点、连接和内业计算工作。

1. 投点

在两个竖井中各挂一根钢丝，其方法与一井定向相同，但比一井定向简单，而且占用井筒时间短。

2. 连接

连接工作也就是进行导线测量。如图 8-3b 所示，在地面上由近井点 R 分别向两垂球线 A、B 布设导线 R—Ⅰ—A 和 R—Ⅰ—Ⅱ—B，测定 A、B 点平面位置。如果两井筒相距较远，可在两井筒附近各设一个近井点，分别与 A、B 点相连接。在井下，通过相通的巷道用导线 A—1—2—3—4—B 将两垂球线连接起来。

3. 内业计算

由于在一个井筒内仅投下一个点，因此，井下导线边的方位角，就不能像一井定向那样直接推算出来。为此，需在井下采用假定坐标系统的方法，并经过换算，才能获得与地面坐标系统一致的方位角。具体解算步骤如下：

（1）计算地面连接导线。求出 A、B 的坐标后，用坐标反算公式计算出两垂球线连线 AB 在地面坐标系统中的方位角 α_{AB} 和边长 S_{AB}。

（2）建立井下假定坐标系统，计算井下经纬仪导线。为了简化计算，常假定 A—1 边为 x' 轴方向，与 A—1 边垂直的方向为 Y' 轴，A 为坐标原点，即 $\alpha'_{A1}=0°00'00''$，$x'_A=y'_A=0$。

计算井下连接导线各点假定坐标。用坐标反算公式计算 AB 的假定方位角 α'_{AB} 及其边长 S'_{AB}。

理论上讲，S'_{AB} 归算到地面系统的投影面后，S'_{AB} 与 S_{AB} 应相等。但由于测角、量边误差的影响，使二者不相等。其差值不应大于井上、下总连接中误差的两倍。

（3）按地面坐标系统计算井下连接导线各边的方位角及各点的坐标。

由图 8 - 3b 可以看出：

$$\alpha_{A1} = \alpha_{AB} - \alpha'_{AB} \tag{8-3}$$

若 $\alpha_{AB} < \alpha'_{AB}$ 时，则 $\alpha_{A1} = \alpha_{AB} - \alpha'_{AB} + 360°$。

然后利用 α_{A1} 和 A 点地面坐标，重新计算井下连接导线各边的方位角及各点的坐标，最后算得垂球线 B 的坐标。

井下连接导线按地面坐标系统算出的 B 点坐标值应和地面连接导线所算得的 B 点坐标值相等。如其相对闭合差不超过井下连接导线的精度时，则认为井下连接导线的测量和计算是正确的。

为了检核，两井定向也应独立进行两次，两次求得的井下导线起始边方位角之差不得超过 1′。

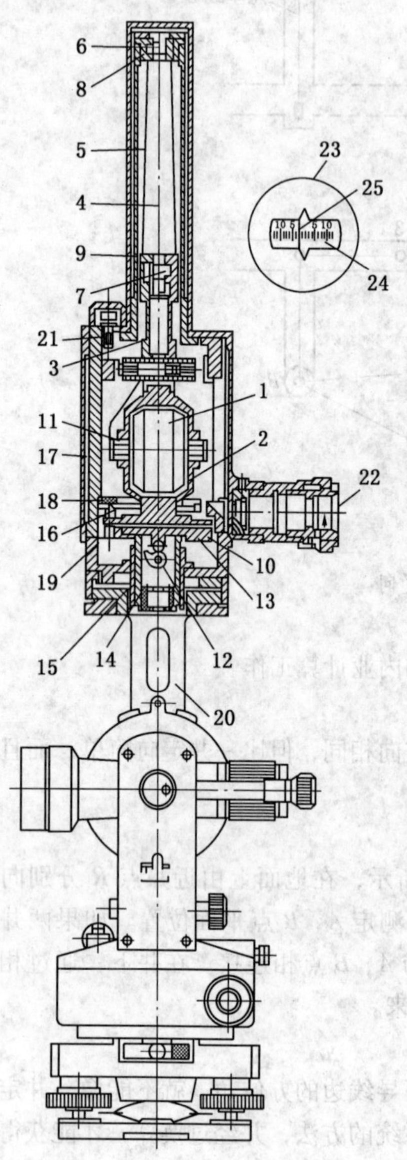

1—陀螺马达；2—陀螺房；3—悬挂柱；4—悬挂带；5—导流丝；6—上钳形夹头；7—下钳形夹头；8—上导流丝座；9—下导流丝座；10—陀螺房底盘；11—连轴座；12—限幅手轮（凸轮）；13—限幅盘；14—导向轴；15—轴套；16—顶尖；17—支撑支架；18—锁紧盘；19—泡沫塑料垫；20—联结支架；21—照明灯；22—观测目镜；23—观测目镜视场；24—分划板刻度线；25—光标线

图 8 - 4 陀螺经纬仪

三、陀螺经纬仪定向

采用几何方法定向时，因占用井筒而影响生产，且设备多，组织工作复杂，需要较多的人力、物力。用陀螺经纬仪定向可以克服上述缺点，且可大大提高定向精度。例如，用国产 DJ2 - T20 型陀螺经纬仪，一次测定方向的中误差为 ±20″。

1. 陀螺经纬仪的工作原理

陀螺经纬仪是由陀螺仪和经纬仪结合而成的定向仪器。用它可以精确地测出某一边的天文方位角，再加入子午线收敛角就可求出坐标方位角。

陀螺是高速旋转的刚体。用陀螺制成的仪器称为陀螺仪。没有任何外力作用，并具有 3 个自由度的陀螺仪称为自由陀螺仪。自由陀螺仪具有定轴性和进动性两个特征。定轴性是指陀螺轴不受外力作用时，它的方向始终指向初始恒定方向。进动性是指陀螺轴受外力作用而产生规律的偏转效应。

矿用陀螺经纬仪是一种采用具有 2 个完全自由度和 1 个不完全自由度的所谓钟摆式陀螺

仪。图 8－4 所示为徐州光学仪器厂生产的 JT15 陀螺经纬仪的结构图。由于陀螺仪具有定轴性和进动性两个特性，在地球自转作用的影响下，陀螺轴绕测站的子午线作简谐摆动，摆的平衡位置就是子午线方向。将陀螺仪与经纬仪结合起来，利用陀螺仪定出子午线方向，经纬仪测出定向边与子午线的夹角，这样就可以测出地面或井下任意边的大地方位角。

2. 陀螺北方向值的观测

陀螺北方向是指陀螺子午线方向，即陀螺轴在摆动平衡位置所指的方向。陀螺北方向值的观测通常采用逆转点法。所谓逆转点，是指陀螺轴绕子午线摆动时偏离子午线最远处的东、西两个位置，分别称为东、西逆转点。以下介绍按逆转点法观测陀螺北方向值的方法。

在测站上安置仪器，观测前将水平微动螺旋置于行程中间位置，并于正镜位置将经纬仪望远镜对准近似北方向，然后启动陀螺。此时在陀螺仪目镜视场中可以看到光标线在摆动。用水平微动螺旋使经纬仪照准部转动，平稳匀速地跟踪光标线的摆动，使目镜视场中分划板上的零刻度线与光标线随时重合。当光标达到东西逆转点时，读取经纬仪水平度盘上的读数。连续读取 5 个逆转点的读数 u_i，便可按以下公式求得陀螺子午线的方向值 N_T：

$$N_1=\frac{1}{2}\left(\frac{u_1+u_3}{2}+u_2\right)$$

$$N_2=\frac{1}{2}\left(\frac{u_2+u_4}{2}+u_3\right)$$

$$N_3=\frac{1}{2}\left(\frac{u_3+u_5}{2}+u_4\right)$$

$$N_T=\frac{1}{3}(N_1+N_2+N_3)$$

式中 N_1、N_2、N_3——摆动中值。

3. 陀螺经纬仪定向

陀螺经纬仪定向前应选好在地面测定仪器常数的已知边，在井下选好测定方位角的定向边，定向边的长度应大于 30 m。

1）在地面已知边上测定仪器常数 Δ

由于仪器结构本身的误差，致使陀螺经纬仪所测定的陀螺子午线和真子午线不重合，二者的夹角（即方向差值）称为仪器常数，用 Δ 表示。在井下定向测量前和测量后，应在地面同一条已知边（一般是近井点的后视边）上各测 3 次仪器常数，所测出的仪器常数互差应小于 2′。然后取中数，为 $\Delta_{平}$。

测定方法如图 8－5a 所示，A 为近井点，B 为后视点，α_{AB}为已知的坐标方位角。在 A 点安置陀螺经纬仪，整平、对中，然后以经纬仪两个镜位观测 B，测出 AB 的方向值 M_1；启动陀螺仪，按逆转点法测定陀螺北方向值 N_T；再用经纬仪的两个镜位观测 B，测出 AB 的方向值 M_2。取 M_1 和 M_2 的平均值 M 为 AB 线的最终方向值。于是

$$T_{AB陀}=M-N_T$$

$$\Delta=T_{AB}-T_{AB陀}=\alpha_{AB}-\gamma_A-T_{AB陀}$$

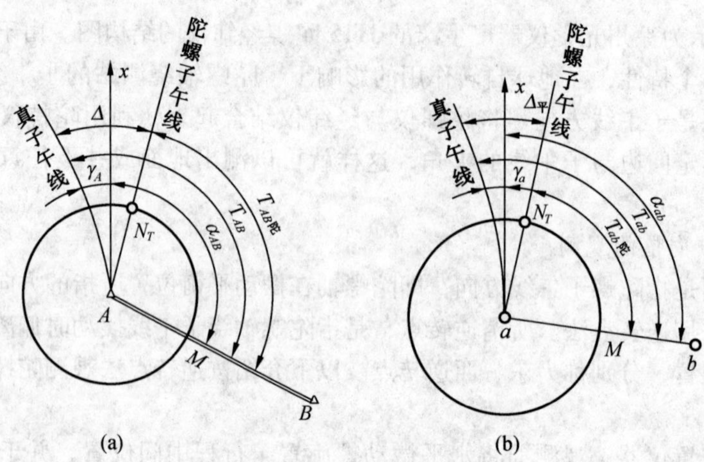

图 8-5　陀螺经纬仪定向及方位角计算示意图

式中　$T_{AB陀}$——AB 边第一次测定的陀螺方位角；

T_{AB}——AB 边的大地方位角；

α_{AB}——AB 边的坐标方位角；

γ_A——A 点的子午线收敛角。

2）井下定向边陀螺方位角的测定和坐标方位角的计算

按与地面相同的方法，在井下定向边上测出 ab 边的陀螺方位角 $T_{ab陀}$，如图 8-5b 所示，则该边的坐标方位角为

$$\alpha_{ab}=T_{ab陀}+\Delta_{平}-\gamma_a$$

式中　$T_{ab陀}$——ab 边的陀螺方位角，$T_{ab陀}=M-N_{\mathrm{T}}$；

$\Delta_{平}$——仪器常数的平均值；

γ_a——a 点的子午线收敛角。

子午线收敛角的计算方法：

（1）根据测站点的经纬度计算：

$$\gamma=(L-L_0)\sin B \tag{8-4}$$

式中　L_0——中央子午线的经度；

L、B——计算点的经度、纬度。

（2）根据测站点的坐标查表计算：

$$\gamma_a=ky_a \tag{8-5}$$

式中　γ_a——a 点的子午线收敛角，单位为分；

y_a——a 点的横坐标，单位为 km；

k——系数，可依据纵坐标 X（单位 km）查表获取（表 8-1）。

【例 1】某点的坐标为 $X=3992479.773$，$Y=28449.031$。计算过程如下：

把坐标换算成以 km 计，则 $X=3992$ km，$Y=28$ km。

通过查阅表 8-1，计算系数 $k=0.3802+0.0129\times0.92=0.392068$。

计算子午线收敛角：$Y=ky=0.392068\times28=10.977904'=10'58.7''$。

表 8－1　子午线收敛角系数 k 表

X/km	k	Δ	X/km	k	Δ	X/km	k	Δ	X/km	k	Δ
100	0.0085	85	1600	0.139	91	3100	0.2865	110	4600	0.4768	153
200	0.0170	85	1700	0.1481	92	3200	0.2975	111	4700	0.4921	157
300	0.0255	86	1800	0.1573	93	3300	0.3086	114	4800	0.5078	162
400	0.0341	86	1900	0.1666	93	3400	0.3200	116	4900	0.524	167
500	0.0426	86	2000	0.1759	95	3500	0.3316	118	5000	0.5407	172
600	0.0512	86	2100	0.1854	95	3600	0.3434	120	5100	0.5579	178
700	0.0598	86	2200	0.1949	97	3700	0.3554	123	5200	0.5757	184
800	0.0684	87	2300	0.2046	97	3800	0.3677	125	5300	0.5941	190
900	0.0771	87	2400	0.2143	99	3900	0.3802	129	5400	0.6131	197
1000	0.0858	87	2500	0.2242	100	4000	0.3931	131	5500	0.6328	205
1100	0.0945	88	2600	0.2342	102	4100	0.4062	134	5600	0.6533	212
1200	0.1033	88	2700	0.2444	103	4200	0.4196	138	5700	0.6745	222
1300	0.1121	89	2800	0.2547	104	4300	0.4334	141	5800	0.6967	230
1400	0.1210	90	2900	0.2651	107	4400	0.4475	144	5900	0.7197	240
1500	0.1300	90	3000	0.2758	107	4500	0.4619	149	6000	0.7437	

第二节　高程联系测量

高程联系测量亦称导入标高。其任务是将地面坐标系统中的高程传递到井下高程测量的起始点上，使井上、下采用同一高程系统。

高程联系测量的方法因开拓方式不同而分为：

①通过平硐导入标高。可以用水准测量的方法来完成。

②通过斜井导入标高。可以用三角高程测量的方法来完成。

③通过立井导入标高。采用一些专门的方法来完成。

通过立井导入标高，实质上就是丈量井筒深度。其方法有钢尺法、钢丝法和光电测距法。

一、钢尺法导入标高

采用钢尺（一般为 100～500 m）导入标高时，将钢尺挂上轻垂球，直接或通过滑轮下放到井下，如图 8－6 所示。再换上重垂球（质量等于钢尺检验时的拉力，一般为 10～15 kg）。然后，在井上、下各安置一台水准仪，在 A、B 水准尺上读数分别为 a、b，然后照准钢尺，井上、下同时读数为 N_1 和 N_2。由图可知，井下水准基点 B 的高程为

$$H_B = H_A - h$$

式中 $h = (N_2 - N_1) - a + b$。

导入标高至少应独立进行两次，两次导入标高之差不得大于井筒深度的 1/8000。

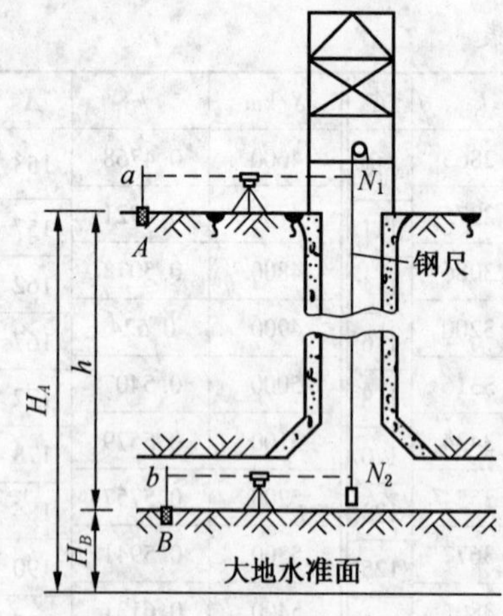

图8-6 长钢尺导入标高

二、钢丝法导入标高

如果井筒较深，没有长钢尺时，多采用钢丝法导入标高。导入标高时，将钢丝通过小滑轮由地面下放到井底，如图8-7所示，其原理及方法与钢尺导入标高相同，只是由于钢丝上没有刻划，故应在钢丝上水准仪照准之处作上标记（一般为标线夹），即 N_1 和 N_2 处，然后用小绞车绕起钢丝的同时，在地面丈量出两记号间的长度。也可在地面预先固定两点 m_1 和 m_2，用钢尺量出 m_1m_2 的长度，在用绞车绕起钢丝的同时，就可用 m_1m_2 的长度来量取 N_1 和 N_2 两记号间的长度，最后不足 m_1m_2 的余长用钢尺量出。

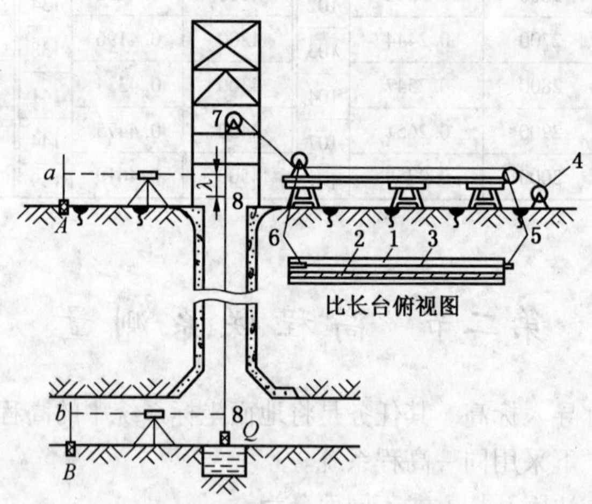

1—比长台；2—检验过的钢尺；3—钢丝；4—手摇绞车；5、6—小滑轮；7—导向滑轮；8—标线夹

图8-7 钢丝法导入标高

三、光电测距仪法导入标高

运用光电测距仪导入标高，不仅精度高，而且速度快，缩短了井筒占用时间。

如图8-8所示，光电测距仪导入标高的基本方法是：在井口附近的地面上安置光电测距仪，在井口和井底的中心部位，分别安置反光镜；井上的反光镜与水平面成45°角，井下的反光镜处于水平状态；通过光电测距仪分别测量出仪器中心到井上和井下反光镜的距离 l、s，从而计算出井上与井下反光镜中心间的铅垂距离 H：

$$H = s - l + \Delta l$$

式中，Δl 为光电测距仪的总改正数（气象、加乘常数）。

然后，分别在井上和井下安置水准仪，测量井上反光镜中心与地面水准基点的高差 h_{AE} 和井下反光镜中心与井下水准基点的高差 h_{FB}，则可按下式计算井下水准基点的高程 H_B：

$$h_{AE} = a - e \qquad h_{FB} = f - b$$

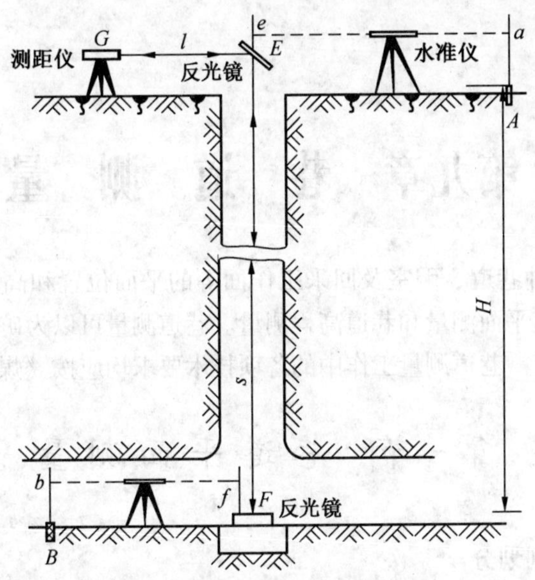

图 8-8　光电测距仪导入标高

$$H_B = H_A + h_{AE} + h_{FB} - H$$

式中，a、b、e、f 分别为井上、下水准基点和井上、下反光镜水准尺的读数。

复习思考题

一、填空题

1. 为了满足矿井建设和生产的需要，必须通过________测量建立矿井地面与井下统一起来的空间坐标系统。

2. 在矿井工业广场井筒附近布设的高程控制点，通常称为________。

3. 矿井平面联系测量的方法主要分为________定向和________定向两种。

4. 使用陀螺经纬仪进行矿井定向的方法有________法和________法。

5. 常用的竖井导入标高的方法有________法、________法和________法。

二、问答题

1. 联系测量的任务是什么？为什么要进行联系测量？

2. 一井定向、两井定向和陀螺定向各有什么优缺点？

3. 平面联系测量为什么又称定向？

4. 陀螺定向有何优点？用陀螺经纬仪如何测定未知边的坐标方位角？

5. 在图 8-2b 中，若已知 DE 边的方位角 $\alpha_{DE} = 15°20'30''$，测得 $\delta = 110°10'25''$，$\varphi = 195°10'45''$，$\varphi' = 175°49'01''$，$\delta' = 164°20'10''$，$\gamma' = 1°12'30''$，计算得 $\alpha = 1°35'46''$，$\beta' = 1°25'20''$。试计算井下 $D'E'$ 边的方位角。

6. 在图 8-3b 中，如果按地面坐标系统计算得 A、B 两垂线的方位角 $\alpha_{AB} = 37°35'42''$，按井下假定坐标系统算得的方位角 $\alpha'_{AB} = 88°27'55''$，试计算井下 $A1$ 边在地面坐标系统中的方位角。

7. 高程联系测量的方法有哪些？

第九章 巷 道 测 量

为了确定井下各种巷道、硐室及回采工作面等的平面位置和高程而进行的测量工作称为巷道测量，分为巷道平面测量和巷道高程测量。巷道测量可以为矿井建设和安全生产提供必要的数据和图纸资料。巷道测量工作中的各项技术要求均应按《煤矿测量规程》执行。

第一节 巷道平面测量

一、巷道测量级别划分

井下巷道平面测量分为平面控制测量与碎部测量两部分。

由于受井下客观条件的制约，井下巷道平面控制测量的方法只能采用导线测量。由于井下巷道是逐步掘进的，因此井下导线在矿井的建设初期只能布设为支导线，只有随着巷道的增多才能形成闭合和附合导线。

根据导线的用途和精度，井下导线可分为基本控制导线和采区控制导线。基本控制导线精度较高，是井下的首级平面控制。它主要布设在斜井、暗斜井、平硐、井底车场、水平运输巷道、总回风巷道、主要采区上、下山、石门等主要巷道中。采区控制导线的精度较低，是矿井的加密控制，它是以基本控制导线为基础，沿采区上下山、中间巷道等次要巷道布设。

基本控制导线可分为7″和15″两级。当井田一翼长度超过5 km时，应选用7″导线作为基本控制。井田一翼长度在3～5 km之间时，可选用15″导线作为首级控制。采区控制导线分为15″和30″两级。当采区一翼长度超过1 km时，选用15″导线，否则选用30″导线。各级导线的主要技术要求见表9－1。

表9－1 各级导线的主要技术要求

导线类别	井田（采区）一翼长度/km	测角中误差/(″)	边长/m	导线全长相对闭合差	
				闭（附）导线	复测支导线
基本控制导线	≥5	±7	60～200	1/8000	1/6000
	<5	±15	40～140	1/6000	1/4000
采区控制导线	≥1	±15	30～90	1/4000	1/3000
	<1	±30	—	1/3000	1/2000

根据《煤矿测量规程》规定，在布设基本控制导线时，应每隔1.5～2.0 km加测一条陀螺定向边，且7″级和15″级基本控制导线的陀螺定向精度不得低于±10″和±15″。

在主要巷道施工过程中，一般每隔 40 m 左右就应布设 30″导线，用以给出巷道掘进方向并根据计算结果填绘矿图。巷道每掘进 300 ~ 500 m 时，就应布设基本控制导线，基本控制导线点尽量利用已有的 30″导线点，其最末边应与 30″导线边重合，以检查 30″导线的正确性，保证矿图的质量。巷道继续掘进时，30″导线应从基本控制导线最末边开始，继续按上述程序进行施测，起算数据为基本控制导线所测。

二、巷道平面测量外业

井下导线的布设形式和地面一样，有闭合导线、附合导线和支导线 3 种。当布设支导线时，应进行往、返测量，亦称复测支导线。

（一）井下导线测量外业永久点

井下导线测量的外业步骤与地面导线一样，包括选点、埋点、测角、量边，其基本原理与地面导线相同。

1. 选点、埋点

井下导线点按其使用时间的长短分为永久点和临时点两种，如图 9 – 1 与图 9 – 2 所示。在木棚梁架的巷道中，可用弯铁钉钉入棚子，作为临时测点。永久点一般埋设在主要巷道的顶板上，每隔 300 ~ 500 m 设置一组，每组至少由相邻的三点组成。有条件时，也可以在主要巷道中全部埋设为永久点。永久点应在观测前一天选埋好，临时点可以边选边测。无论是永久点还是临时点都要进行统一编号，并在其附近巷道帮上作明显标记。

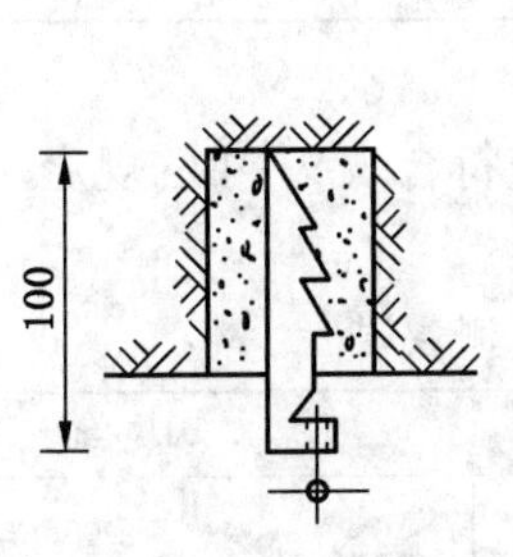

图 9 – 1 永久点标志

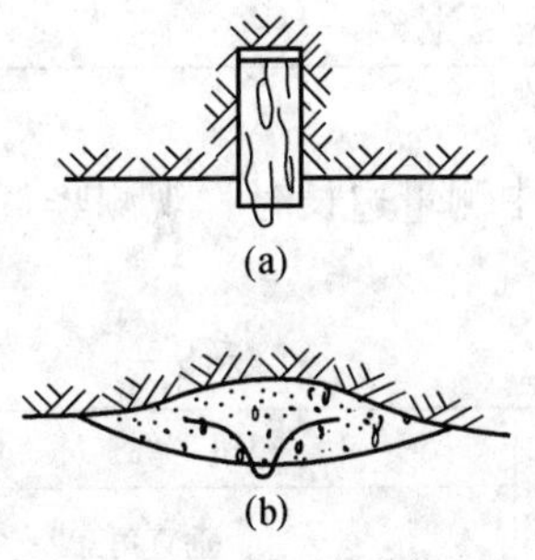

图 9 – 2 临时点标志

2. 观测角度

经纬仪（或全站仪）的安置方法与地面测量相同，由于导线点设在顶板上，仪器安置在导线点之下，故要求仪器有镜上中心，以便进行点下对中。对中时，望远镜必须处于水平位置，风流较大时，要采取挡风措施或采用点下对中器对中，如果边长较短（例如小于 30 m），为了提高测角精度、应按规程要求增加对中次数和测回数。

观测水平角的方法有测回法和复测法。不同级别的导线选用的测量仪器和限差要求见表 9 – 2 和表 9 – 3。

观测水平角（一般观测左角）时，在前、后视点上悬挂垂球，以垂球线作为觇标（或反光镜），因需要测量竖直角，还要在垂球线上作临时标志（如插小铁钉）。矿灯上蒙一层透明纸，在垂线后面照明，以便观测。在整个测角过程中，用“灯语”进行联络与指挥，有条件的矿井可采用井下专用手机联络。

表9-2 水平角观测的作业要求

导线类别	仪器类型	观测方法/测回法	导线水平边长					
			15 m 以下		15～30 m		30 m 以上	
			对中次数	测回数	对中次数	测回数	对中次数	测回数
7″导线	DJ_2	测回法	3	3	2	2	1	2
15″导线	DJ_2	或复测法	2	2	1	2	1	2
30″导线	DJ_6	或复测法	1	1	1	1	1	1

注：1. 如不用本表所列仪器，可根据仪器级别和所测角精度要求适当增加或减少测回数。

2. 由一个测回转到下一个测回，观测前应将度盘变换 180°/n（n 为测回数）。

3. 多次对中时，每对中一次测一个测回，若用固定在基座上的光学对中器进行点上对中时，每次对中应将基座旋转 360°/n。

表9-3 水平角观测限差

巷道竖直角	仪器	同一测回中半测回互差/(″)	检验角与最终角之差/(″)	两测回间互差/(″)	两次对中测回（复测）间互差/(″)
≤30°	DJ_2	20	—	12	30
	DJ_6	40	40	30	60
>30°	DJ_2	30	—	18	45
	DJ_6	60	60	45	90

在倾斜巷道中测量边长时，观测竖直角的精度应符合表9-4的规定。

表9-4 观测竖直角观测要求

观测方法	DJ_2 经纬仪			DJ_6 经纬仪		
	测回数	垂直角互差/(″)	指标差互差/(″)	测回数	垂直角互差/(″)	指标差互差/(″)
对向观测（中丝法）	1	—	—	2	25	25
单向观测（中丝法）	2	15	15	3	25	25

3. 测量边长

井下导线的边长可采用光电测距或钢尺丈量。

1）全站仪测距

采用全站仪测量边长速度快、精度高、操作方便，目前已在煤矿测量工作中广泛应用。井下使用的全站仪应符合《煤矿安全规程》的有关规定，其测量方法与地面类似。

采用全站仪测量井下导线边长时，至少要观测两个测回，每个测回中读数间的互差不得大于 10 mm。单程测量时，测回间的互差不得大于 15 mm；往返测量时，换算成水平距离（加气压、气温和倾斜改正）后的互差不得大于其平均边长的 1/6000。

2）钢尺量边

在井下导线测量中，边长丈量通常在测角之后进行。量边工具有钢尺、拉力计和温度计。量边方法有悬空丈量和沿底板丈量两种。基本控制导线的边长必须用经过比长的钢尺丈量，施以比长时的拉力，并测定温度。分段丈量时，最小尺段不得小于 10 m，定线偏差应小于 5 cm；每尺段应用不同的起点读数 3 次，读至毫米，3 次测得的长度互差不得超过 3 mm。导线边长必须采用往返丈量，丈量结果加入比长，温度、垂曲及倾斜改正数后，其互差不得大于平均长度的 1/6000；在边长小于 15 m 或竖直角大于 15°的巷道中，其互差也不得大于平均长度的 1/4000。

丈量采区控制导线的边长时，可凭经验施以拉力，不测温度，但必须往返丈量或错动钢尺位置 1 m 以上丈量两次，其互差不得大于边长的 1/2000。

当边长超过一尺段时，可用经纬仪进行定线。如图 9－3 所示，经纬仪设置在 A 点，望远镜照准 B 点垂球线上的标志 b'，将望远镜制动，在略小于钢尺一整尺段的距离处设置临时点 C、D，挂上垂球线，使 A、C、D、B 在一条直线上。然后，在 C、D 垂球线上设置标志 c'、d'，使 c'、d'、b' 与望远镜里的十字丝交点重合，定线便完成了。此后即逐段丈量，最后累加得到总的倾斜长度。

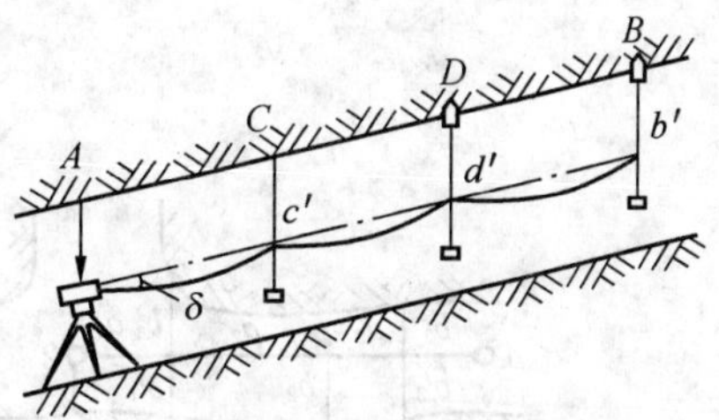

图 9－3　经纬仪定线

采用钢尺量边时，一般需要 5 人，两人拉尺，两人读数，一人记录并测记温度。全组人员应分工合理、密切配合，共同完成外业工作。

随着巷道的不断掘进，井下导线也要及时延长。采区控制导线一般每隔 30～100 m 延长一次，基本控制导线应每隔 300～500 m 延长一次。在延长导线之前，为了避免用错点位和检查导线点是否移动，应对上次所测量的最后一个水平角和最后一条边长进行检查测量。检查测量所测得的水平角满足表 9－5 中的规定后，方可由此向前延长导线，否则，应继续向后检查，直至符合要求后，才能由此向前延长导线。

表 9－5　导线延长技术要求

导线级别	导线边长	水平角不符值
7″	<15 m	≤30″
	≥15 m	≤20″
15″		≤40″
30″		≤80″

在巷道测量中，工作环境黑暗、潮湿、狭窄，来往行人、车辆较多，巷道内又有各种管线障碍，所以，无论测角或量边，都必须注意安全，爱护仪器工具。

（二）碎部测量

为了将巷道、硐室、采煤工作面的水平投影（轮廓）展绘在矿图上，应在平面控制测量的基础上，进行碎部测量。

在测角过程中，前视司光者应用小钢尺量出前视照准点（中丝所照准位置）到顶板、底板的铅直距离，称为上量和下量，量出照准点至巷道左、右帮的距离，称为左量和右量，丈量结果记入手簿，以便计算导线点的高程和展绘矿图。

测量巷道、硐室和采煤工作面的碎部，可以用支距法或极坐标法进行。无论用支距法或极坐标法，都必须以导线点（边）作为控制。

支距法多用在巷道与工作面碎部测量中。如图 9－4 所示，以导线边为基准线，量取巷道或工作面的特征点至导线边的垂距 b，并量出其垂足至测点的距离 a，然后绘制草图。极坐标法多用在硐室碎部测量中。如图 9－5 所示，导线测至硐室，在导线点上用仪器测出测点至各特征点方向线与导线边之间的夹角，并测量仪器至特征点的水平距离，同时绘出草图，根据所测数据展绘矿图。

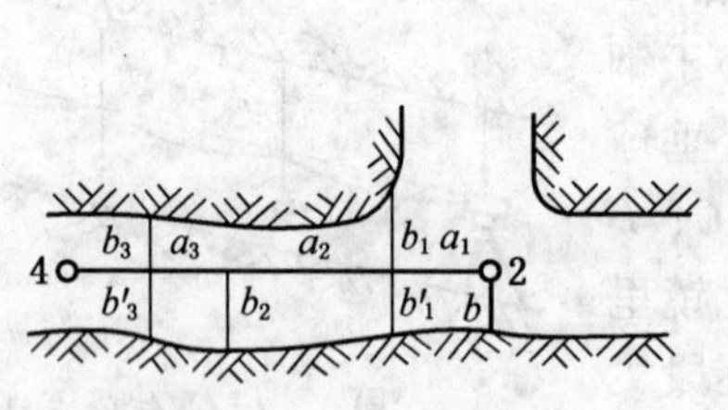

图 9－4　支距法碎部测量

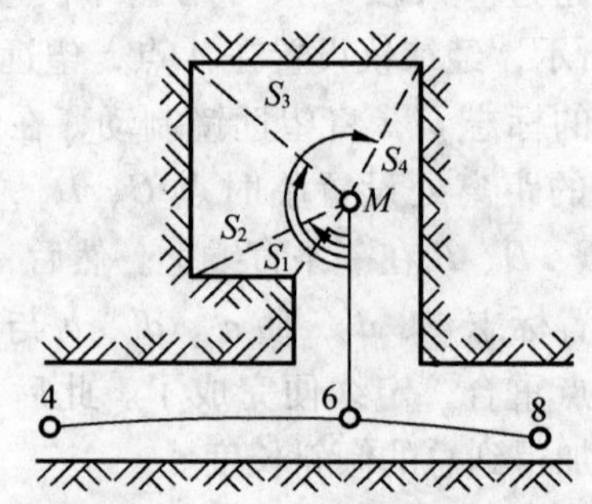

图 9－5　极坐标法碎部测量

三、巷道平面测量内业

井下闭合导线和附合导线的计算与地面相同。下面主要介绍复测支导线的计算步骤：

（1）根据第一次和第二次导线测量测得的角度分别推算最末边的坐标方位角 α_{I}、α_{II}，按下式计算角度闭合差：

$$f_\beta = \alpha_{\mathrm{I}} - \alpha_{\mathrm{II}} \tag{9-1}$$

（2）当角度闭合差不超过表 9－6 中的规定时，可按下式进行分配。设第一次和第二次实测的角度总数分别为 n_{I}、n_{II}，角度闭合差分配的计算式为

表 9－6　角度闭合差限差

导线级别	最大闭合差		
	闭合导线/(″)	复测支导线/(″)	附合导线/(″)
7″	$\pm 14\sqrt{n}$	$\pm 14\sqrt{n_1+n_2}$	$\pm 2\sqrt{m_{\alpha1}^2+m_{\alpha2}^2+n\cdot m_\beta^2}$
15″	$\pm 30\sqrt{n}$	$\pm 30\sqrt{n_1+n_2}$	
30″	$\pm 60\sqrt{n}$	$\pm 60\sqrt{n_1+n_2}$	

注：表中 n 为闭（附）合导线的总站数，n_1、n_2 分别为复测支导线往、返测量的站数，$m_{\alpha1}$、$m_{\alpha2}$ 分别为附合导线起始边、最终边方位角的中误差，m_β 为附合导线测角中误差。

$$\begin{cases} V_{\beta_i \mathrm{I}} = -\dfrac{f_\beta}{2n_{\mathrm{I}}} \\ V_{\beta_i \mathrm{II}} = \dfrac{f_\beta}{2\,n_{\mathrm{II}}} \end{cases} \tag{9-2}$$

（3）按改正后是水平角分别推算第一次、第二次所测各边的方位角。

（4）分别计算第一次、第二次所测各边的坐标增量和坐标增量闭合差。

$$\begin{cases} f_x = \sum \Delta x_{\mathrm{I}} - \sum \Delta x_{\mathrm{II}} \\ f_y = \sum \Delta y_{\mathrm{I}} - \sum \Delta y_{\mathrm{II}} \end{cases} \tag{9-3}$$

（5）计算导线全长的相对闭合差 K：

$$K = \frac{f}{\sum l} = \frac{\sqrt{f_x^2 + f_y^2}}{\sum l_{\mathrm{I}i} + \sum l_{\mathrm{II}i}} \tag{9-4}$$

其中 $l_{\mathrm{I}i}$、$l_{\mathrm{II}i}$分别为第一次、第二次导线测量第 i 边边长。若 K 满足表 9－4 的要求，则可进行下面的计算，否则应检查成果，进行部分甚至全部外业重测。

（6）分配坐标闭合差：

$$\begin{cases} V_{xi\mathrm{I}} = -\dfrac{f_x/2}{\sum l_{\mathrm{I}i}} l_{\mathrm{I}i} \\ V_{yi\mathrm{I}} = -\dfrac{f_y/2}{\sum l_{\mathrm{I}i}} l_{\mathrm{I}i} \end{cases} \qquad \begin{cases} V_{xi\mathrm{II}} = \dfrac{f_x/2}{\sum l_{\mathrm{II}i}} l_{\mathrm{II}i} \\ V_{yi\mathrm{II}} = \dfrac{f_y/2}{\sum l_{\mathrm{II}i}} l_{\mathrm{II}i} \end{cases} \tag{9-5}$$

（7）分别计算第一次、第二次导线测量所测导线点的坐标：

$$\begin{cases} x_i = x_{i-1} + \Delta\hat{x}_{i-1,i} = x_{i-1} + \Delta x_{i-1,i} + V_{xi} \\ y_i = y_{i-1} + \Delta\hat{y}_{i-1,i} = y_{i-1} + \Delta y_{i-1,i} + V_{yi} \end{cases} \tag{9-6}$$

根据已知点的坐标和改正后的坐标增量分别计算往测和返测各导线点的坐标。

井下导线测量的内业计算完毕后，即可展绘矿图。展绘矿图（又叫填绘矿图）是在绘有坐标方格网的图纸上进行的，根据计算的导线点坐标、碎部测量的记录和草图，将巷道、硐室和工作面的位置轮廓展绘出来，并在点的旁边注记点号和高程（底板）。目前大部分煤矿采用计算机绘图软件展点绘图。

第二节　巷道高程测量

为了确定巷道及矿体在竖直面上的投影位置，以及绘制各种竖直面投影图与纵剖面图，必须进行巷道高程测量。图 9－6 所示的井下巷道竖直面投影图，就是根据巷道的高程绘制的。

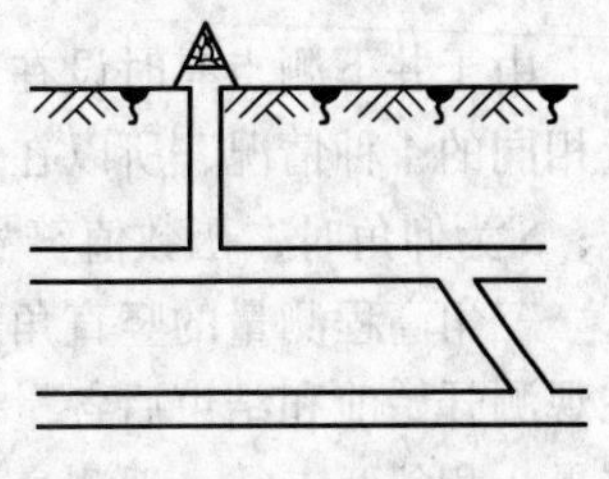

图 9－6　巷道剖面图

巷道高程测量的方法主要有井下水准测量和井下三角高程测量。在水平巷道采用水准测量的方法，在倾斜巷道采用三角高程测量的方法。

井下高程点的设置方法与导线点相同，无论永久点或临时点，都可以设在巷道顶板、底板或两帮上。井下高程点也可以和导线点共用，永久点每隔300～500 mm设置一组，每组至少由3个高程点组成，两点间距以30～80 m为宜。

一、井下水准测量

井下水准测量的方法基本上与地面水准测量相同，一般选用DS_3水准仪和普通水准尺进行测量，采用变更仪器高（变更高度大于10 cm）法进行测站检核。两次测得的高差互差不大于5 mm时，取其平均值作为观测结果。

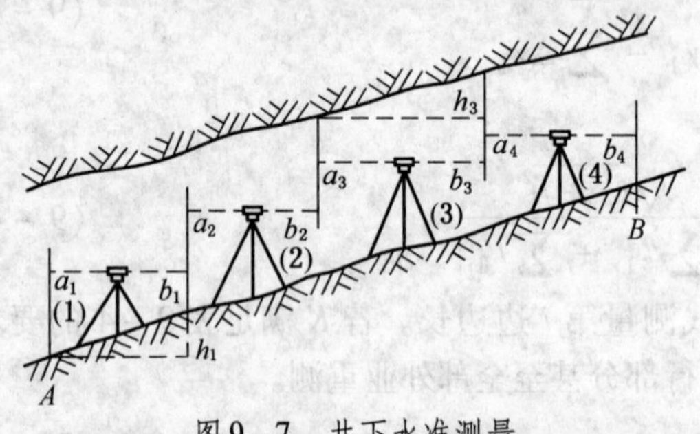

图9-7 井下水准测量

井下水准测量原理与地面基本相同，但由于井下水准点大多数埋设在顶板上，观测时要倒立水准尺，所以，计算立尺点之间的高差可能出现图9-7所示的4种情况。但高差的计算公式都是$h_i = a_i - b_i$（即后视读数－前视读数），只是当立尺点位于底板上时，应在读数前加“－”号后，再进行计算高差。

井下每组高程点间的高差都应采用往、返测量，其高差闭合差不得大于$\pm 50\sqrt{R}$ mm（R为水准点间的路线长度，以km为单位）。如条件许可，可布设成闭合水准路线，其高差闭合差不得大于$\pm 50\sqrt{L}$ mm（L为闭合路线长度，以km为单位）。当观测成果满足上述要求后，可按测站数平均分配高差闭合差，然后计算各点的高程。

二、井下三角高程测量

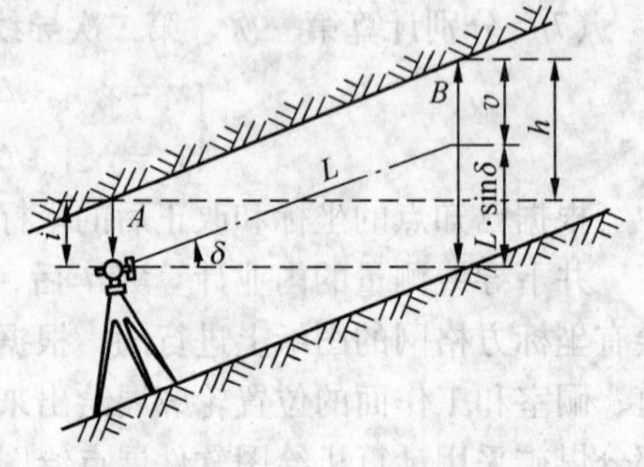

图9-8 井下三角高程测量

井下三角高程测量由水准点开始，沿倾斜巷道进行。它是根据所测的导线边的竖直角和倾斜长度以及仪器高和觇标高，利用三角原理，计算两点的高差。

井下三角高程测量通常与导线测量同时进行。如图9-8所示，安置经纬仪于A点，照准B点垂球线上的标志，测出竖直角δ，并丈量测站点A的仪器中心至B点标志的倾斜距离L，量出仪器高i和觇标高v，则两点之间的高差为

$$h = L\sin\delta + i - v \tag{9-7}$$

如果利用全站仪观测水平距离，则上式变为

$$h = S\tan\delta + i - v$$

由于井下测点有时设在顶板或底板上，因此，在计算高差时，也会出现和井下水准测量相同的4种情况，所以在使用上式时，应注意：测点在顶板上时，i和v之前应冠以负号；δ为仰角时，函数值符号为正，δ为俯角时，函数值符号为负。

三角高程测量的竖直角观测应按表9-7中的规定进行；仪器高和觇标高用小钢卷尺在观测开始前和结束后各量一次，两次丈量的互差不得大于4 mm，取其平均值作为丈量结果；相邻两点往、返测高差的互差不得大于（10＋0.3l）mm（l为两点间的水平距离，

以 m 为单位)；三角高程的路线闭合差不得超过 $\pm 100\sqrt{L}$ mm（L 为导线长度，以 km 为单位)。当测量结果满足上述要求后，即可按与边正长成比的方法分配高差闭合差，然后算出各点高程。

表9-7 竖直角观测要求

观测方法	DJ_2 经纬仪			DJ_6 经纬仪		
	测回数	竖直角互差/(″)	指标差互差/(″)	测回数	竖直角互差/(″)	指标差互差/(″)
对向观测（中丝法）	1	—	—	2	25	25
单向观测（中丝法）	2	15	15	2	25	25

第三节 罗盘仪导线测量

矿山挂罗盘仪是一种测量磁方位角的低精度仪器，它具有构造简单、使用和携带方便、工作迅速等特点。在生产矿井中，罗盘仪多用于测量次要巷道和回采工作面的位置，以及初步给定巷道掘进的方向等。在小煤矿中，它使用更为广泛，甚至用于小型贯通工程测量。

罗盘仪测量的主要工具有矿山挂罗盘仪、半圆仪、皮尺和测绳。

一、罗盘仪的构造

1. 矿山挂罗盘仪

用于测量技术工作的罗盘仪一般制成悬挂式，称为挂罗盘仪。它的构造及用途与手罗盘相仿，如图9-9所示，罗盘盒与圆环相连，当挂钩挂在测绳上时，不论测绳的倾角如何，罗盘盒在自重的作用下，总保持水平。

罗盘盒的度盘刻划按逆时针方向由 0°～360°，最小分划值为 30′。在 0°和 180°的位置，注有北（N）和南（S）字样。罗盘盒的背面有一制动磁针的螺丝，不用时将其旋紧，使用时必须旋松。罗盘盒内的磁针静止时，绕有铜丝的一端指向南，另一端指向北。

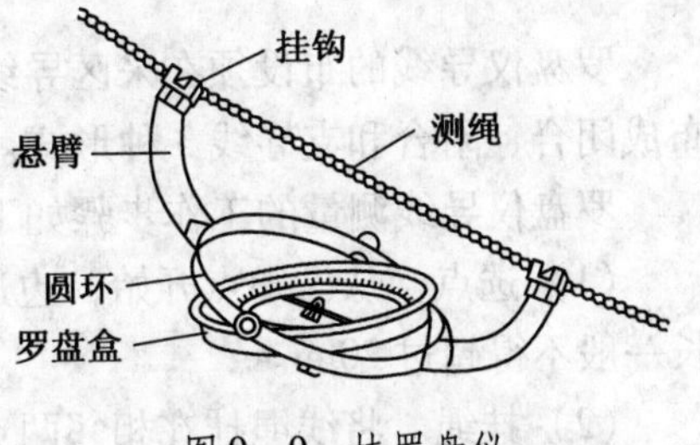

图9-9 挂罗盘仪

挂罗盘仪主要用于测量直线的磁方位角。为了方便使用，每个罗盘在使用之前，应在井下（或采区）的不同地点，选择若干条已知坐标方位角的导线边，用该罗盘分别测出各边的磁方位角。则

$$\Delta = \alpha_{磁} - \alpha \tag{9-8}$$

式中 α——已知边的坐标方位角；

$\alpha_{磁}$——已知边的磁方位角；

Δ——坐标磁偏角，东偏为正，西偏为负。

根据不同地点测得的磁方位角，按式（9－8）计算出矿井（或采区）的平均坐标磁偏角，它不仅用于罗盘仪导线测量，而且用于直线巷道的初步给向，以及次要巷道开门子（或开口子）测量等。

根据磁方位角与坐标方位角的相互关系，挂罗盘仪又可用于测量直线的坐标方位角。相邻两条直线的磁方位角之差为水平夹角，所以它又可以测量水平角。

使用挂罗盘仪时，特别要注意避开磁性物质，否则，将不会得到正确的测量结果。

2. 半圆仪

半圆仪常用铝质等轻金属制成，形状和刻划如图 9－10 所示，最小刻划为 20′或 30′，半圆仪两端有挂钩，通过半圆环的圆心小孔，用细线挂一小垂球。使用时把半圆仪悬挂在测绳上，利用垂球自重，即可在半圆仪上测量出直线的倾角。

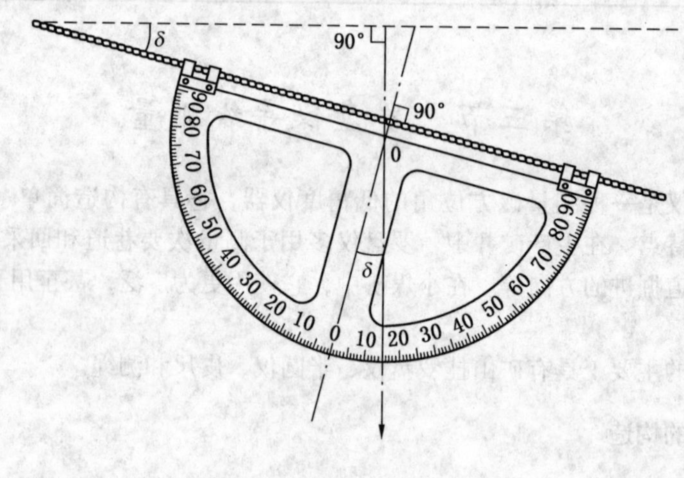

图 9－10 半圆仪

二、罗盘仪导线测量

罗盘仪导线的布设须在采区导线控制之下，根据巷道和采煤工作面的不同情况，可以布成闭合、附合和支导线 3 种形式。

罗盘仪导线测量的工作步骤如下：

（1）选点。从已知点开始，边选边测，一般在木棚子上钉入小钉作为临时测点。边长一般不得超过 20 m。

（2）挂绳。将线绳挂在相邻两点之间，并拉紧。

（3）测倾角。将半圆仪分别挂在边长的 1/3 与 2/3 处，用正、反面悬挂测出倾斜角，取平均值为最后结果。

（4）测磁方位角。将挂罗盘的 N 端（零读数端）指向导线前进方向，然后，在靠近导线边的两端点处悬挂罗盘仪，分别按磁针北端读出磁方位角，互差不超过 2°时，取平均值作为最后结果。

（5）量边。拉紧皮尺往、返丈量，读至厘米。当往、返丈量的差值与平均值之比不超过 1/200 时，取平均值作为最后结果。

(6) 碎部测量。在每个导线点上，用小钢卷尺进行“上量、下量、左量、右量”，并记录。

罗盘仪导线外业工作结束后，可用图解法或解析法确定巷道或工作面的位置。

图解法是用量角器和比例尺进行，将外业资料直接展绘在图纸上，并根据碎部测量草图展绘次要巷道或工作面的轮廓。解析法是按导线内业计算步骤求出导线点的坐标，展点后再按碎部测量资料绘制巷道。

在罗盘导线测量时，导线的最远点距已知点不得超过 200 m，导线相对闭合差不得大于 1/200，高程闭合差不得大于 1/300。罗盘仪导线的内业计算与井下经纬仪导线基本相同。不同点在于：计算前，应将导线边的磁方位角按式（9－2）换算为坐标方位角，然后进行坐标计算。

实训一　井下导线测量

一、实训目的

熟悉井下测量特点，掌握井下导线测量方法。

二、内容与要求

练习点下对中、测角与量边。在模拟巷道内（或走廊内）练习导线测量。

（1）教师事先给定已知数据。

（2）导线测量精度按 30″执行。

（3）仪器工具包括经纬仪、钢尺、线绳等。

三、测量步骤

选点、测量角度、测量距离并做好记录，如为支导线需往返测量。计算坐标。

四、注意事项

（1）在教师指导下分组练习，每组 4～5 名学生，学生轮流操作。

（2）小组成员要有团队精神，互相配合。

（3）爱护仪器，遵守纪律，注意安全。

（4）操作正确，记录规范，精度符合要求。

五、实训总结

按教师要求上交测量成果，实训总结。

实训二　井下水准测量

一、实训目的

熟悉井下测量特点，掌握井下水准测量方法。

二、内容与要求

在楼道（或走廊）内进行水准测量。

（1）教师事先给定已知点高程。

（2）仪器工具包括水准仪、水准尺等。

三、测量方法

选点、变更仪器高法观测各站高差，如为水准支线需往返测量。计算高程。

四、注意事项

（1）在教师指导下分组练习，每组4~5名学生，学生轮流操作。

（2）小组成员要有团队精神，互相配合。

（3）爱护仪器，遵守纪律，注意安全。

（4）操作正确，记录规范，精度符合要求。

五、实训总结

按教师要求上交测量成果，实训总结。

复习思考题

一、填空题

1. 巷道测量是测量________、________和________的平面位置和________。
2. 井下导线测量分为________和________两个级别。
3. 基本控制导线的测量原则是________。
4. 碎部测量的目的是________。
5. 测井下三角高程时，每站需要观测________、________、________和________。
6. 基本控制导线分为________和________两级。采区控制导线分为________和________两级。
7. 井下导线边长测量通常在测角之后进行，有________量边和________量边两种方法。
8. 采区测量包括采区内的________测量、________测量、________测量和各种碎部测量等。
9. 井下高程点一般应每隔________~________m设置一组，每组至少应由________个高程点组成。
10. 井下三角高程测量通常与________测量同时进行。

二、问答题

1. 井下导线测量与地面有何异同？
2. 测量巷道平面位置时，碎部测量主要观测什么？
3. 试述井下三角高程测量路线的内业计算步骤。

4. 井下平面控制测量的等级如何选择?

5. 井下经纬仪导线有哪几种类型?

6. 井下选点时应考虑哪些因素?

7. 为什么巷道倾角超过8°时，不宜采用水准测量?

8. 井下水准测量与地面水准测量有何不同?

9. 井下水准某站测量时，前视读数为 -1.235 m，后视读数为 1.526 m，高差应为多少?

10. 井下某站三角高程测量时，测站点和前视点均设在顶板上，已知两点间水平边长为 48 m，竖直角为 +10°，觇标高为 -1.052 m，仪器高为 -1.206 m，两点间高差应为多少?

11. 在井下 A 点安置经纬仪，欲测 B 点高程。A、B 均设在顶板上，已知仪器高为 0.610 m，A 点高程为 -45.256 m，AB 斜距为 89.036 m，觇标高为 $V=1.15$ m，$\delta=-18°36'47''$，试求 B 点高程。

第十章　巷道施工测量

巷道施工测量的任务是按照矿井设计的规定和要求，在现场实地标定掘进巷道的几何要素（位置、方向和坡度等），并在巷道掘进过程中及时进行检查和校正，通常将这项工作称为给向。

巷道施工测量是生产矿井的日常测量工作。它是在井下平面控制测量和高程控制测量的基础上进行的，而且直接与生产发生联系，所以在施工测量之前，应该认真、仔细审阅设计图纸，了解巷道的性质和用途，弄清新老巷道的几何关系，以及设计巷道周围的地质条件、水、火、瓦斯、采空区等情况。必要时，应该用解析法或图解法检查设计要素，然后才能到现场进行标定。在巷道掘进过程中，应及时给出中、腰线，随时进行检查测量并填绘矿图。

第一节　测设工作的基本方法

一、测设已知的水平角

1. 一般方法

图 10－1a 中所示 AB 为已知直线，要求定出直线 AC，使 AC 与 AB 的夹角为已知水平角 β。为此将仪器安置在 A 点上，用盘左位置照准 B 点，使度盘读数略大于 0°（起始读数），顺时针转动照准部，当读数 $=\beta+$ 起始读数时，沿视线方向定出 C_1 点。然后以盘右再按上述方法测设 β 角，标定出 C_2 点，取 C_1、C_2 的中点 C，AC 即为测设的方向，$\angle BAC$ 就是要测设的 β 角。

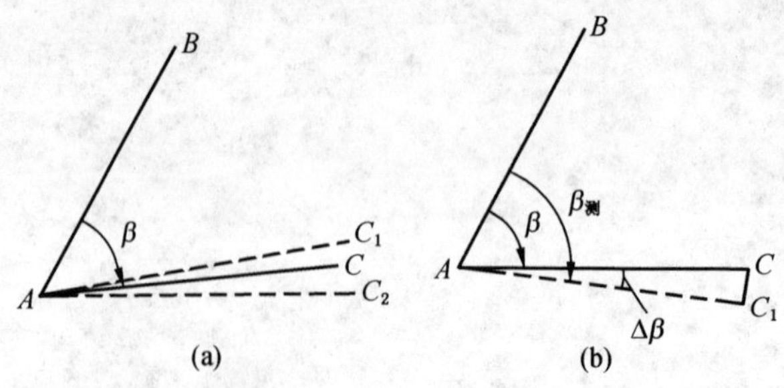

图 10－1　标定已知的水平角

2. 精确方法

当测设角度的精度要求较高时，采用测设加改正的方法。如图 10－1b 所示，首先用盘左位置测设出 β，并在实地上标出 C_1 点。然后测量 $\angle BAC_1$ 的角值，其测回数应与测设

角度的精度相当。设测量的结果为$\beta_{测}$，则

$$\beta_{测}-\beta=\pm\Delta\beta$$

再量出AC_1的距离，算差值$\Delta\beta$对应的距离CC_1，即

$$CC_1=AC_1\tan\Delta\beta\approx AC_1\frac{\Delta\beta''}{\rho''} \tag{10-1}$$

二、测设已知距离的直线

1. 用钢尺测设距离

当测设的水平距离S比较短，地面比较平坦。若要求以一般精度进行测设，则可在给定的方向上，根据水平距离S，从起点用钢尺丈量的一般方法，直接测得线段的另一端点。

2. 用全站仪测设距离

当所测设的水平距离S较长，地面倾斜或精度要求较高时，可用全站仪测设水平距离。

如图10－2所示，安置仪器于已知点A，瞄准已知方向。沿此方向移动反光镜的位置。使仪器显示值接近要测设的距离S，定出C'点。在C'点安置反光镜，测量水平距离为S'，求出S'与应测设的水平距离S之差$d=S-S'$，在实地用小钢尺沿已知方向改正C'到C点，并用木桩标定其点位。为了检核，应将反光镜安置于C点再实测AC的距离，若不符合应再次进行改正，直到测设的距离符合限差要求为止。

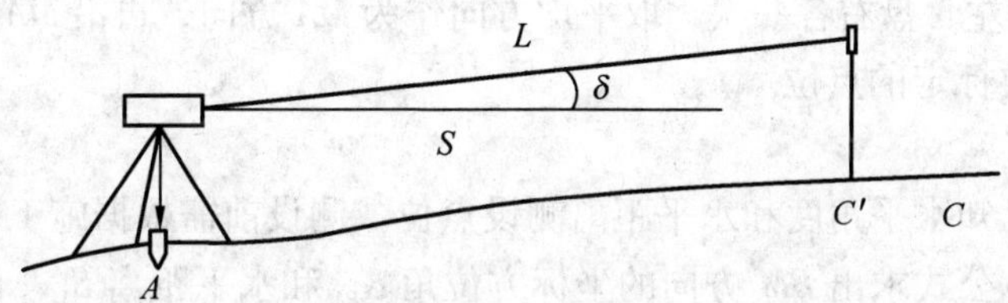

图10－2　用全站仪测设水平距离

三、测设点的高程位置

如图10－3所示，现需在B点处标出高程位置，使其高程等于设计高程H_B。为此先在B点附近测定一个临时水准点A，它的高程H_A是由最近的水准点用水准测量方法测得的。

测设时，在A和B之间安置水准仪，先在A点竖立水准尺，读得水准尺读数为a，由此得水准仪的视线高程为

$$H_i=H_A+a$$

根据视线高程求出B点水准尺上读数为

$$b=H_i-H_B$$

然后用水准仪照准B点水准尺；使尺紧贴在木桩侧面上下移动，直至B尺上的读数正好为b时，紧靠

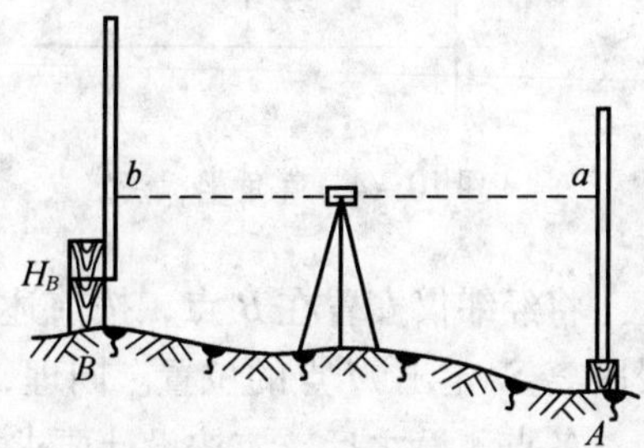

图10－3　测设已知高程

尺底在木桩上划一条红线，此线即为 B 点设计高程 H_B。

【例 1】如图 10-3 所示，已知 $H_A=125.3\ \mathrm{m}$，$H_B=126.6\ \mathrm{m}$，$a=1.726\ \mathrm{m}$，试标定 B 点的高程位置。

解

$$h_{AB}=126.6\ \mathrm{m}-125.3\ \mathrm{m}=1.3\ \mathrm{m}$$

$$h_{AB}=a-b \qquad b=a-h_{AB}=1.726\ \mathrm{m}-1.3\ \mathrm{m}=0.426\ \mathrm{m}$$

当 B 尺上的读数正好为 0.426 时，尺底即为所要标定的高程位置。

四、测设点的平面位置

测设已知点的方法有直角坐标法、极坐标法、角度交会法和距离交会法等。标定时应根据控制点的分布、标定精度的要求及施工现场条件等，选用适当的方法。

1. 直角坐标法

直角坐标法标定是根据两条与坐标轴平行的控制线进行的。这种方法只需量距和测设直角，工作比较简单。

如图 10-4 所示，欲在地面上定出 A 点位置，A 点的坐标已在设计图上确定。如果附近已有为标定所设的彼此垂直的主轴线或格网线，这时只要求出 A 点相对于格网顶点 O 的坐标增量，即

$$\Delta x=x_A-x_O=a$$

$$\Delta y=y_A-y_O=b$$

然后沿 Ox 方向量出距离 $OM=a$，并在 M 点安置经纬仪，后视 O 点，向左转 90°，标定出 MA 方向，盘左、盘右各一次，取平均方向作为 MA 方向，再沿 MA 方向量距离 b 得 A 点，则 A 点就是要标定的点位。

2. 极坐标法

本法是根据已知水平角度和水平距离测设点位。测设前需根据施工控制点和测设点的坐标，按坐标反算公式求出 BM 方向的坐标方位角 α_{BM} 和水平距离 S_1，再根据方位角求出水平角 φ_1，如图 10-5 所示，$\varphi_1=\alpha_{BM}-\alpha_{BA}$。

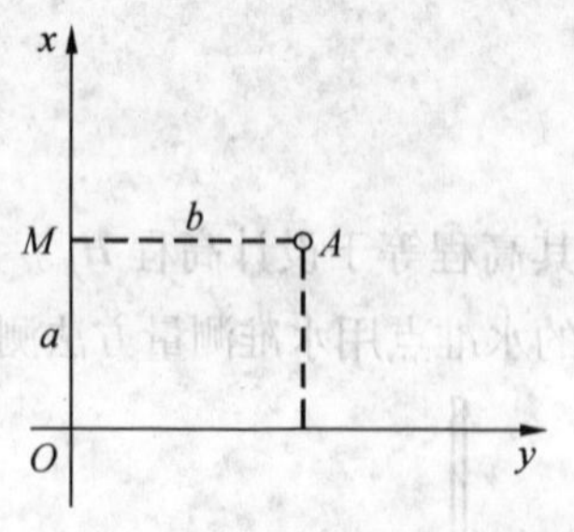

图 10-4 直角坐标法定点

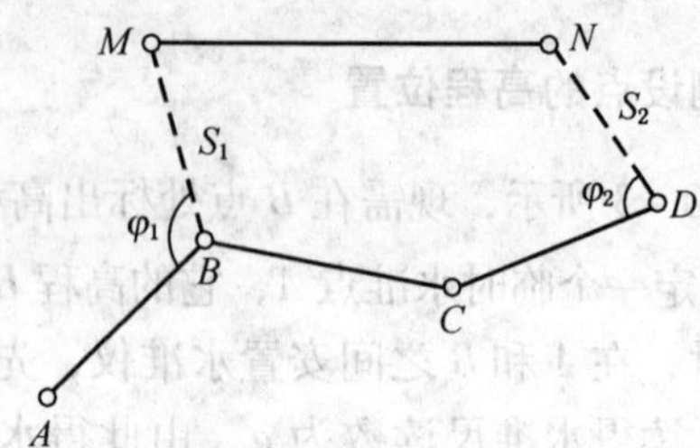

图 10-5 极坐标法定点

将经纬仪安置在 B 点，按前述方法测设 φ_1 角，以定出 BM 方向。在 BM 方向上，测设距离 S_1 定出 M 点的位置。同理，利用 φ_2 和 S_2 可以标定 N 点。

各点测设之后，应按设计要求检核角度和长度误差，若在允许范围内，才认为测设合格。

3. 角度交会法

当要测设的点位和控制点之间不便于丈量距离时，可采用角度交会法定点。此法是在两个控制点上按交会角度标定两个方向，两方向交点便是所要标定的点位。

如图 10－6 所示，设控制点 A、B、C 的坐标为已知，直线两端点 M 和 N 的坐标已由设计给出，现需要标定 M 和 N 点的位置。首先根据已知坐标进行反算求出有关的方位角，然后再计算标定需要的交会角度 α、β 和 γ、δ。将经纬仪置于 A、B、C 等控制点上，分别测设角度 α、β 和 γ、δ，其交点就是 M、N 点的位置。

4. 距离交会法

如果场地平坦且没有障碍物，控制点到标定点的距离又不超过钢尺的长度，这时可用距离交会法来标定点的平面位置。距离交会法是由两个已知点向同一待定点分别量两段距离，两距离的交点便是所要标定的点位。

如图 10－7 中，由 A、B 控制点用钢尺量取 S_1、S_2 而得交点 M，再由 C、D 量 S_3、S_4 而得交点 N。各距离 S_i，则可由 M、N 的设计坐标和控制点的已知坐标反算求得。

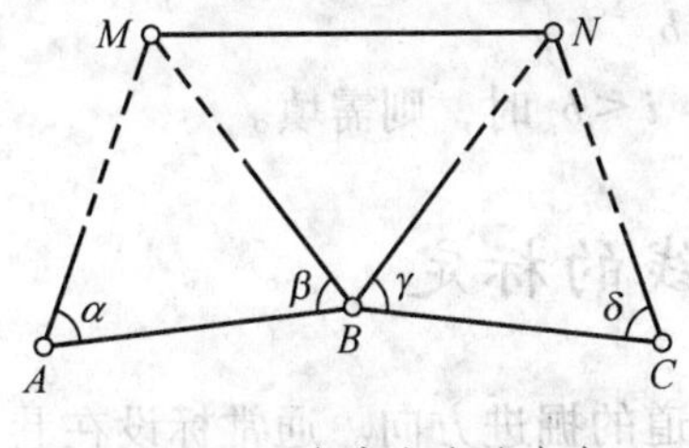

图 10－6　角度交会法定点

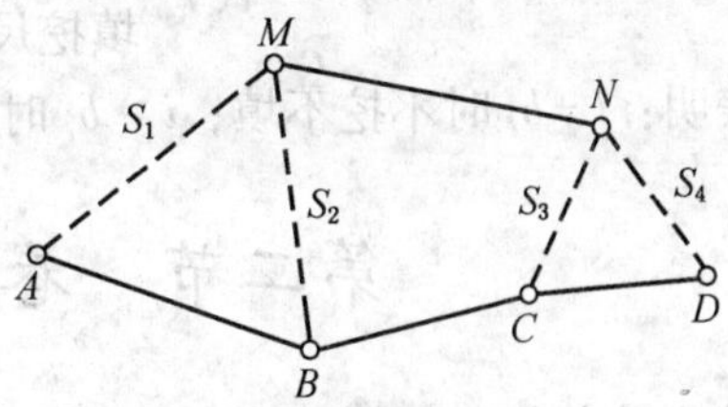

图 10－7　距离交会法定点

5. 全站仪坐标放样法

全站仪坐标放样法的本质是极坐标法，它能适合各类地形情况，而且精度高，操作简便，在生产实践中已被广泛采用。

放样前，将全站仪置于放样模式，向全站仪输入测站点坐标、后视点坐标（或方位角），再输入放样点坐标。准备工作完成之后，用望远镜照准棱镜，按坐标放样功能键，则可立即显示当前棱镜位置与放样点位置的坐标差。根据坐标差值，移动棱镜位置，直至差值为零，这时棱镜所对应的位置就是放样点位置，然后在地面作出标志。

五、测设已知坡度的直线

在修筑道路、敷设排水管道等工作中，经常要测设设计时所指定的坡度线。如图 10－8所示，A、B 为设计坡度线的两端点，若已知 A 点设计高程为 H_A，设计坡度为 i，则可以求出 B 点的设计高程：

$$H_B = H_A + i_{AB} S_{AB} \tag{10-2}$$

为了施工方便，每隔一定距离（一般 10 m）打一木桩，测设方法可用水准仪（坡度较大时可以用经纬仪）设置倾斜视线法，其步骤如下：

（1）根据附近水准点，将设计坡度线两端点的设计高程 H_A、H_B 测设于实地上，并用木桩固定。

（2）将水准仪安置在 A 点上，并量取仪器高 i，安置时使其中一个脚螺旋在 AB 方向

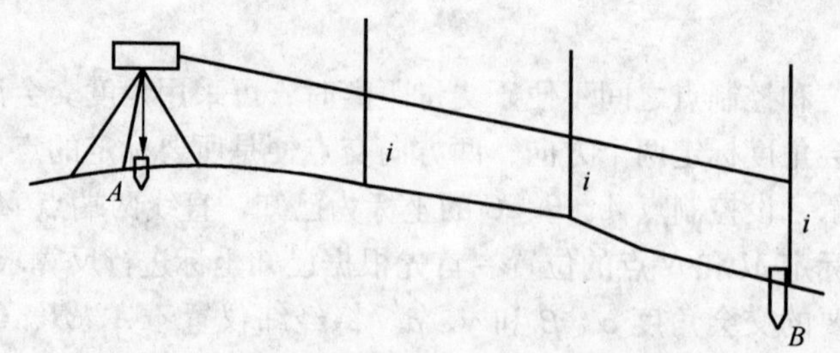

图10-8 标定已知坡度

上，另两个脚螺旋的连线大致与 AB 方向垂直。

(3) 旋转 AB 方向上的脚螺旋和微倾螺旋，使视线在 B 点标尺上所截取的读数等于仪器高，此时水准仪的倾斜视线与设计坡度线平行，当中间各桩点1、2上的标尺读数都为 i 时，则各桩顶的连线就是要测设的设计坡度线。若各桩顶的标尺读数为 b_i，则各桩的填挖尺数按下式计算：

$$填挖尺数 = i - b_i \tag{10-3}$$

上式表明：$i = b_i$ 时不挖不填；$i > b_i$ 时，需挖；$i < b_i$ 时，则需填。

第二节 巷道中线的标定

中线是巷道在水平面内的方向线，用于指示巷道的掘进方向。通常标设在巷道顶板，由中线点（成组设置，一组至少3个）组成，其间距一般不小于2 m。在巷道掘进过程中，中线点应随掘随给，最前面的一组中线点距掘进头的距离，一般不应超过30～40 m。在主要巷道，中线应采用经纬仪标定。在次要巷道中可用罗盘仪标定。

一、直线巷道中线的标定

(一) 直线巷道中线的初步标定

初步标定直线巷道的中线，一般用挂罗盘仪、皮尺、测绳等工具进行。图10-9中，虚线表示将要开掘的直线巷道，AB 为巷道设计中线，A 为中线上一点，并位于导线边 S_{45} 上。标定步骤如下。

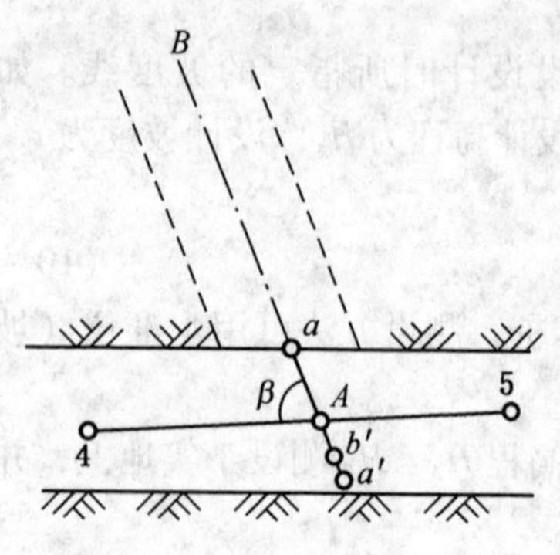

图10-9 标定直线巷道的中线

1. 用图解法确定标定数据

(1) 用量角器和比例尺在设计图纸上量取 AB 的坐标方位角和距离 S_{4A}、S_{A5}。

(2) 根据 AB 直线巷道的设计方位角和坐标磁偏角计算出 AB 的磁方位角。

2. 现场标定

(1) 用皮尺从点4沿边长量出距离 S_{4A}，定出 A 点，并丈量 S_{A5} 作为检核。

(2) 在 A 点挂测绳，另一端至开切帮，使罗盘仪的N端（零读数端）朝着开切帮方向悬挂罗盘仪

（图 10－10）。

（3）左右移动开切帮一端的测绳，使罗盘静止后的北针对准 AB 的磁方位角。这时，罗盘的 N 端方向即为新开巷道的中线方向，如图 10－1 中的 Aa 即为开切巷道的中线方向。

（4）固定测绳 Aa，并在 aA 的延长线上，标出 b'、a'点，如图 10－10 所示。

（5）$a'b'A$ 连线即为新开巷道中线方向。

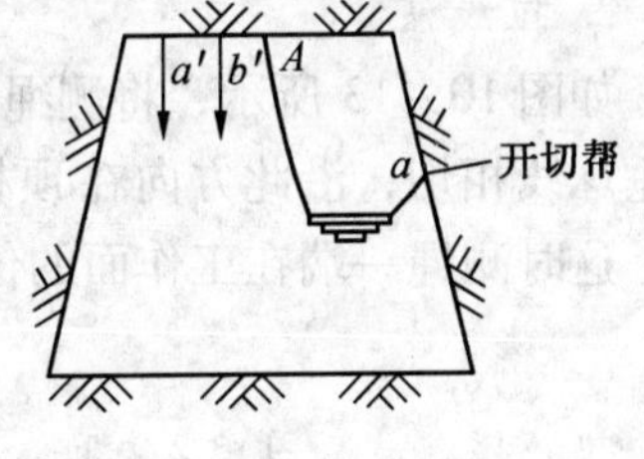

图 10－10　标定开切点

（二）直线巷道中线的精确标定

当巷道掘进了 4～8 m 以后，应精确给出中线。一般用经纬仪、钢尺等工具进行，标定步骤如下。

1. 用解析法确定标定数据

（1）根据设计巷道中线的坐标方位角 α_{AB}与原巷道中 4－5 边的坐标方位角 α_{45}，计算出水平夹角 β（称为指向角），如图 10－9 所示。

（2）根据设计巷道的起点 A 的坐标 x_A、y_A 与 4、5 点的坐标，用坐标反算公式分别算出边长 S_{4A}、S_{A5}。

2. 现场标定

（1）在 4 点安置经纬仪，瞄准 5 点，用钢尺量出 S_{4A}定出 A 点，并丈量 S_{A5}作为校核。

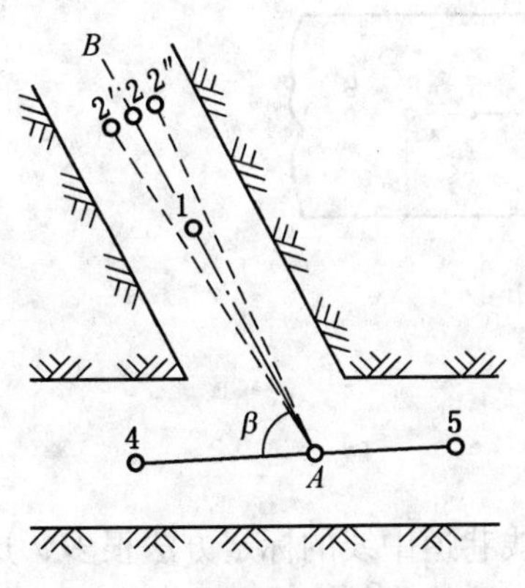

图 10－11　经纬仪标定中线

（2）在 A 点安置经纬仪，分别用正倒镜标定 β 角。这时，由于测量误差影响，正镜给出的 2′点和倒镜时给出的 2″点往往不会重合。取 2′和 2″连线的中点 2 作为中线点，如图 10－11 所示。

（3）用测回法重新检测 β 角，以避免发生错误。

（4）用望远镜瞄准 2 点，在 A—2 方向上再设一点 1，得到 A、1、2 三点，即为一组中线点，以此作为巷道掘进的方向。

（三）巷道中线的延长与使用

在巷道掘进过程中，巷道每掘 30～40 m，就要延设一组中线点。为了保证巷道的掘进质量，测量人员应不断把中线向掘进工作面延长。在主要巷道掘进过程中，通常采用经纬仪延长中线；在次要巷道一般用瞄线法和拉线法延长中线。

1. 瞄线法

如图 10－12 所示，在中线点 1、2、3 上挂垂球线，一人站在垂球线 1 的后面，用矿灯照亮 3 根垂球线，并在中线延长线上设置新的中线点 4，系上垂球，沿 1、2、3、4 方向用眼睛瞄视，反复检查，使 4 根垂球线重合，即可定出 4 点。

施工人员需要知道中线在掘进工作面上的具体位置时，可以在工作面上移动矿灯（图 10－12），用眼睛瞄视，当 4 根垂球线重合时，矿灯的位置就是中线在掘进工作面上的位置。

2. 拉线法

如图 10－13 所示，将测绳的一端系于 1 点上，另一端拉向工作面，使测绳与 2、3 点的垂球线相切；沿此方向在顶板上设置新的中线点 4，只要使其垂球线也与测绳相切即可。这时测绳一端在工作面的位置即为巷道中线位置。

图 10－12　瞄线法　　图 10－13　拉线法

3. 经纬仪法

如图 10－14 所示，点 4、5、6 为上次用经纬仪标定的中线点，点 5 是被检查的导线点。检查中线时，将经纬仪安在导线点 2，检查标定 5 点的 β 角。若实测值与上次测的值不超过 1′时，就继续延长中线。如果巷道方向不变，仪器安置在 5 点，瞄准 2 点，拨角 180°，沿视线标定出中线点 7、8、9。按 30″导线的要求。测定点 8 的位置，并填绘在图纸上。点 5、8 为采区导线点。

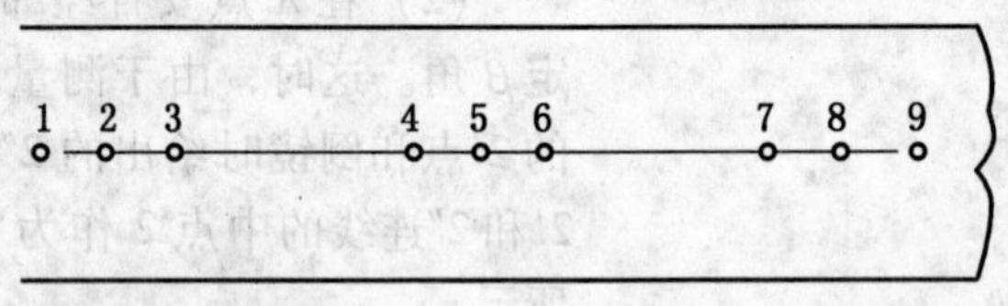

图 10－14　经纬仪延长中线

二、曲线巷道中线的标定

井下巷道的转弯部分，一般都用圆曲线连接。曲线巷道中线的标定方法很多，这里仅介绍常用的弦线法。弦线法是将圆曲线分成圆弧段，以弦线代替中线，指示巷道的掘进方向。所以，曲线巷道中线的标定应先计算标定数据，然后，到井下进行标定。

（一）计算标定数据

如图 10－15 所示，A 为曲线巷道的起点，B 为终点，半径为 R，圆心角为 θ。现用 n 段相等的弦线来代替圆弧中心线。从平面几何知道，圆弧分的段数越多，折线越接近曲线，但测量工作量也越大；反之，弦越少，弦线就与弧线相差越大。除此之外，弦线长短还与曲线半径、圆心角以及巷道的宽度、车速、车长等有关。设计弦线长度时应特别注意保证相邻两点通视。

一般说来，当曲线巷道的圆心角在 45°～90°时，分 2～3 段弦，当曲线巷道的圆心角在 90°～180°时，分 4～6 段弦。若将图 10－15 中的圆弧中心线分成 n 等分，弦长用 l 表示，由图可知

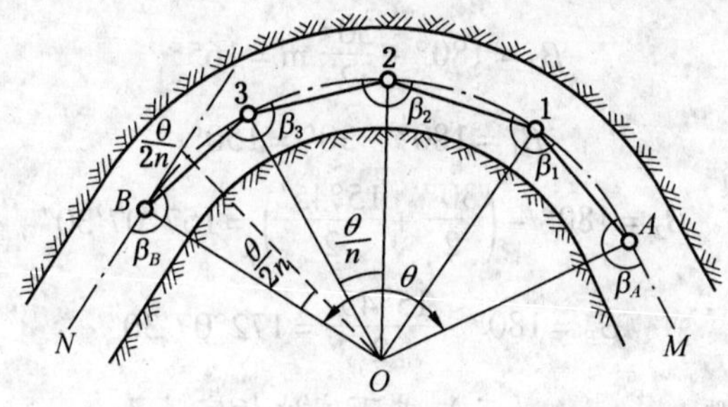

图 10－15　曲线巷道要素

$$l = 2R\sin\frac{\theta}{2n} \tag{10-4}$$

从图上还可以看出，起点和终点的转角为

$$\beta_A = \beta_B = 180° - \frac{\theta}{2n} \tag{10-5}$$

中间各转折点处的转角为

$$\beta_1 = \beta_2 = \beta_3 = \cdots = 180° - \frac{\theta}{n} \tag{10-6}$$

上述 β 角是由 A 向 B 标定的左转折角。如果从 A 向 B 标定右转折角时，那么式（10－5）与式（10－6）中的减号应变成加号。

【例 2】设中心角 $\theta = 90°$，$R = 12$ m，若三等分中心角，即 $n = 3$。每弦所对中心角为

$$\frac{\theta}{n} = \frac{90°}{3} = 30°$$

弦长为

$$l = 2R\sin\frac{\theta}{2n} = 2 \times 12 \times \sin 15° \text{ m} = 6.212 \text{ m}$$

转角为

$$\beta_A = \beta_B = 180° - \frac{\theta}{2n} = 180° - 15° = 165°$$

$$\beta_1 = \beta_2 = 180° - \frac{\theta}{n} = 180° - 30° = 150°$$

有时，巷道转角不是整数或有道岔存在不便于等分圆心角，也可以采用不等分法。如圆心角 θ 为 75°45′，就不便于等分，下面举例说明这时计算标定要素的方法。

【例 3】$\theta = 75°45'$，$R = 12$ m，将圆心角分为 30°、30°、15°45′ 3 个小角（不等分圆心角），求标定数据。

解　3 个小角所对的弦长分别为

$$l_1 = l_2 = 2 \times 12 \times \sin\frac{30°}{2} \text{ m} = 6.212 \text{ m}$$

$$l_3 = 2 \times 12 \times \sin\frac{15°45'}{2} \text{ m} = 3.310 \text{ m}$$

转向角分别为

$$\beta_A = 180° - \frac{30°}{2}\,\text{m} = 165°$$

$$\beta_1 = 180° - 30° = 150°$$

$$\beta_2 = 180° - \left(\frac{30°}{2} + \frac{15°45'}{2}\right) = 157°07'30''$$

$$\beta_B = 180° - \frac{15°45'}{2} = 172°07'30''$$

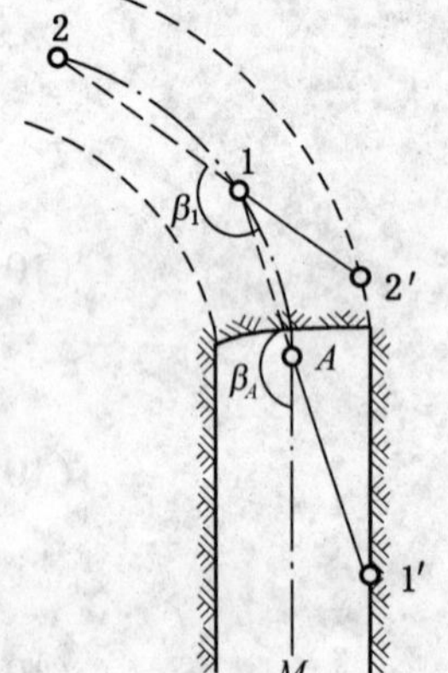

图 10-16 标定中线

（二）井下实地标定

如图 10-16 所示，当巷道从直线巷道掘进到曲线起点位置 A 后，先标定出该点。在 A 点安置经纬仪，后视中线点 M，转动望远镜给出 β_A 角，即得出 $A1$ 方向；倒转望远镜，在顶板上标出 1′点。用 1′A 方向指示 A—1 段的掘进方向。继续掘进到 1 点位置后，再置经纬仪于 A 点，再次给出 A—1 方向，用钢尺量取弦 l，并标出 1 点。然后将仪器安置于1 点，后视 A 点转 β_1 角给出 1—2 方向，再倒镜于顶板上标出 2′点，用 2′1 方向指示 1—2 段的掘进。以此类推，直至 B 点。然后在 B 点安置经纬仪，转 β_B 角，给出直线巷道方向。

（三）确定边距

为了指导掘进施工，应绘制 1∶50 或 1∶100 施工大样图。图上绘出巷道两帮与弦线的相对位置，并量出弦线到巷道两帮的边距，也称边距图。确定边距的方法有半径法与垂线法两种。

1. 半径法

在采用金属、水泥或木支架支护的巷道中，需要沿半径方向绘制边距大样图，如图 10-17a 所示。边距沿半径方向量取，并计算出内、外帮棚腿间距 $d_{内}$ 和 $d_{外}$，使棚子按设计架在半径方向上。由图 10-18 可以看出，内、外棚腿间距可由下式计算

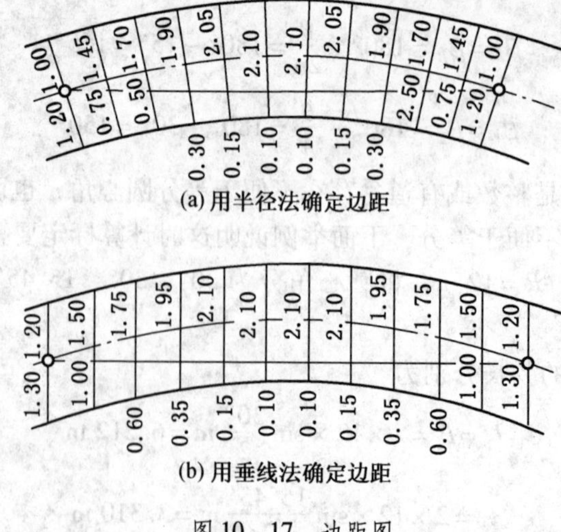

(a) 用半径法确定边距

(b) 用垂线法确定边距

图 10-17 边距图

$$d_{内} = d - \frac{dD}{2R} \tag{10-7}$$

$$d_{外} = d + \frac{dD}{2R} \tag{10-8}$$

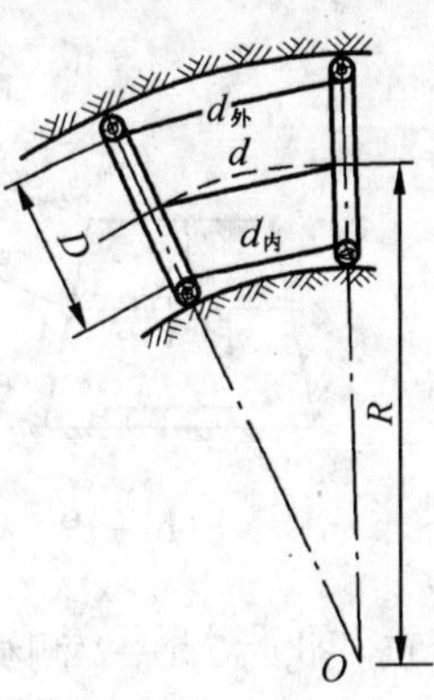

图 10－18 棚腿间距

式中 d——设计的棚间距；

D——巷道净宽；

R——曲线巷道设计半径。

2. 垂线法

当巷道采用砌碹、锚喷支护时，应采用垂线法确定边距，如图 10－17b 所示。垂线法是沿弦线每隔 1 m 作弦的垂线，然后从图上量取弦线到巷道两帮的边距，并将数值注在大样图上，以便指导施工。

第三节 巷道腰线的标定

巷道腰线是巷道在竖直面内的方向线，标设在巷道一帮或两帮上，用于控制巷道掘进的坡度。腰线点可成组设置，每组不得少于 3 个，其间距应大于 2 m。腰线一般高于巷道底板（或轨面）设计高程 1.0 m 或 1.5 m。腰线可用水准仪、经纬仪、半圆仪等来标定。巷道掘进过程中，最前面的一组腰线点距掘进头的距离，不宜大于 30 ~ 40 m。

巷道的坡度和竖直角是用腰线来控制的。根据巷道的性质和用途不同，腰线的标定可采用不同的仪器和方法。次要巷道一般用半圆仪标定腰线，竖直角小于 8°的主要巷道，用水准仪或连通水管标定腰线，竖直角大于 8°的主要巷道则用经纬仪标定腰线。对于新开巷道，开口子时可以用半圆仪标定腰线，但巷道掘进 4 ~ 8 m 后，应重新标定。现将各种标定方法分述如下：

一、用半圆仪标定腰线

由于半圆仪轻便、操作简单，广泛用于采区次要巷道腰线的标定，其操作方法如下：

1. 用半圆仪标定倾斜巷道腰线

如图 10－19 所示，1 点为新开斜巷的起点，称起坡点。1 点高程 H_1 由设计给出，H_A 为已知点 A 的高程，从图可知

$$h_{Aa} = H_A - H_1 \tag{10-9}$$

在 A 点悬挂垂球，自 A 点向下量 h_{Aa} 得到 a 点，过 a 点拉一条水平线 11′，使 1 点（腰线点）位于新开巷道的一帮上，挂上半圆仪，此时半圆仪上读数应为 0°。将 1 点固定在巷道帮上，在 1 点系上测绳，沿巷道同一帮拉向掘进方向，在适当位置选定一点，拉直测绳，悬挂半圆仪，上下移动测绳，使半圆仪的读数等于巷道的设计倾角 δ，线绳的端点即为腰线点 2。同法，再标定腰线点 3。

2. 用半圆仪标定水平巷道的腰线

如图 10－20 所示，平巷内 1 点为已有腰线点，2 点为将要标定的腰线点。自 1 点靠近巷道同一帮拉一条挂有半圆仪的线绳，将线绳的另一端上下移动，当半圆仪读数为 0 时

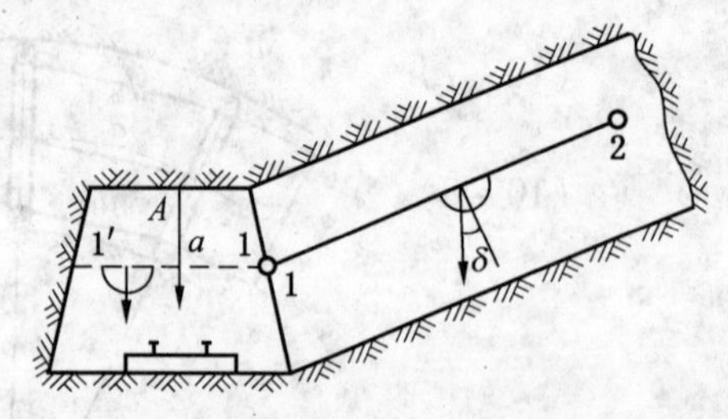

图 10-19 标定倾斜巷道腰线

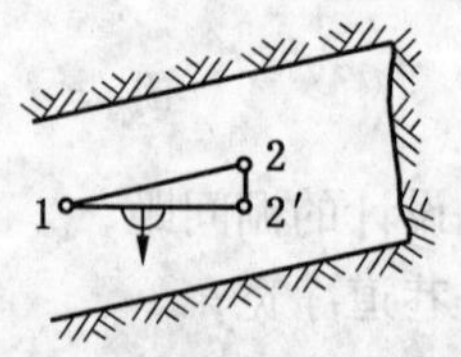

图 10-20 标定水平巷道腰线

得2′点。此时，1—2′测绳处于水平位置。用皮尺丈量1点至2′点的平距$S_{12'}$，再根据巷道设计坡度i，计算2′点与腰线点2的高差$h_{22'}$：

$$h_{22'} = i \cdot S_{12'} \tag{10-10}$$

然后用小钢卷尺由2′点垂直向上量取$h_{22'}$值，便得到腰线点2的位置。如果巷道的坡度为负值，则应由2′点垂直向下量取$h_{22'}$值，才能得到腰线点2的位置。同法，再标定腰线点3，利用1、2和3点的连线指示巷道掘进。

二、用水准仪标定腰线

在竖直角小于8°的主要巷道中，常用水准仪标定巷道腰线。在图10-21中，设A为已有腰线点，巷道设计坡度为i，要求标定腰线点B。标定步骤如下：

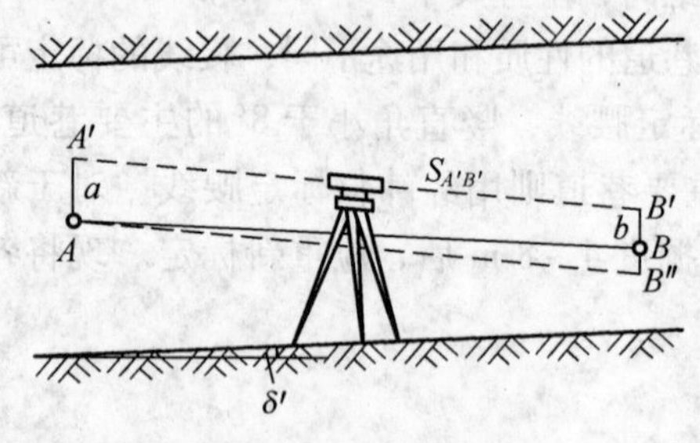

图 10-21 用水准仪标定腰线

（1）将水准仪安置在A、B之间的适当位置，后视A处巷道帮壁，画一水平记号A'，并量取AA'的铅垂距离a。

（2）前视B处巷道，在帮壁画一水平记号B'。这时，$A'B'$为水平线，用尺子量出$A'B'$的水平距离。按下式计算A、B两点间的高差：

$$h_{AB} = i \cdot S_{A'B'} \tag{10-11}$$

（3）从B'点向下量b（$b = a - h_{AB}$）值，得到新设腰线点B。A和B的连线即为腰线。

用水准仪给腰线虽然很简单，但容易出错，工作时，特别注意前、后视点上应该向上量或向下量的值是多少。

三、用经纬仪标定腰线

在竖直角大于8°的主要巷道中，通常采用经纬仪标定腰线。常与中线点标定同时进行。

1. 利用中线点标定腰线

图10-22a所示为巷道横断面图，图10-22b所示为巷道纵断面图。标定方法如下：

（1）在中线点1安置仪器，量取仪器高i。

（2）用正镜瞄准中线，使竖盘对准巷道的设计倾角δ，此时，望远镜视线与腰线平行。然后将视线与中线点4、5、6垂球线的交点4′、5′、6′用大头针作上记号。用倒镜测其竖直角，作为检查（图10-22b）。

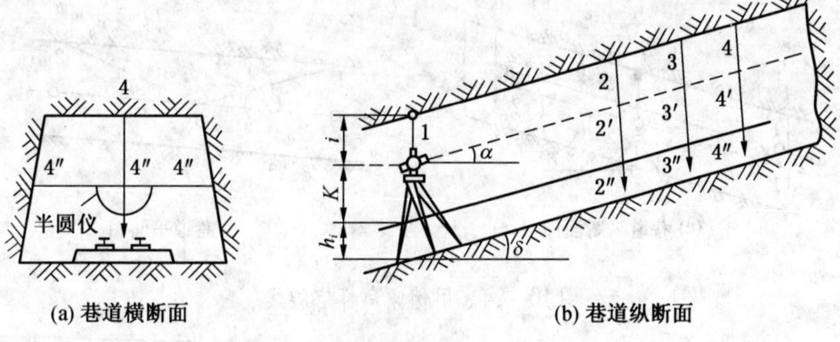

图 10－22　利用中线点标定腰线

(3) 计算交点 4′、5′、6′到腰线点的铅垂距离 b。

$$b = a_1 - i \tag{10-12}$$

式中　a_1——中线点 1 到腰线的铅垂距离，可由上次标定腰线时得到。

计算时，从中线点向下量的 i 和 a_1 均取负号。当求得的 b 为正值时，腰线在视线之上；b 为负值时，腰线在视线之下。

(4) 由中线点上的 3 个记号 4′、5′、6′起分别向下量 b 值，即得到中线上的腰线点位置，作记号 4″、5″、6″。量出腰线点到中线点的距离 a_4、a_5、a_6，以供施工时恢复腰线点点位，并为下一次标定腰线计算 b 值时提供 a 值（即相当于本次的 a_1）。

为便于使用，有的矿井将中线上的腰线用半圆仪拉一条垂直中线的水平线转移到两帮上（图 10－22a）。由于拉线不易垂直中线，因此误差往往较大。但这种误差不会传递。

《煤矿测量规程》规定，巷道每掘进 100 m，应至少对中腰线进行一次检查测量，并根据检查结果调整中、腰线。

2. 用伪竖直角标定腰线

主要巷道掘进时，应在巷道帮上准确地标设腰线点。若在标定中线的同时，用伪竖直角在巷道两帮直接标定腰线，可提高精度。

如图 10－23 所示，AB 为倾斜巷道中线方向，巷道的真倾角为 δ，BC 垂直于 AB，C 点在巷道左帮与 B 点同高，因水平距离 AC' 大于 AB'，则 AC 的伪倾角 δ' 小于 AB 真倾角 δ。用伪倾角 δ' 标定腰线点 C，必须求出其角值。由于 $l' \cdot \tan\delta' = l\tan\delta$，得 $\tan\delta' = \frac{l}{l'}\tan\delta$。

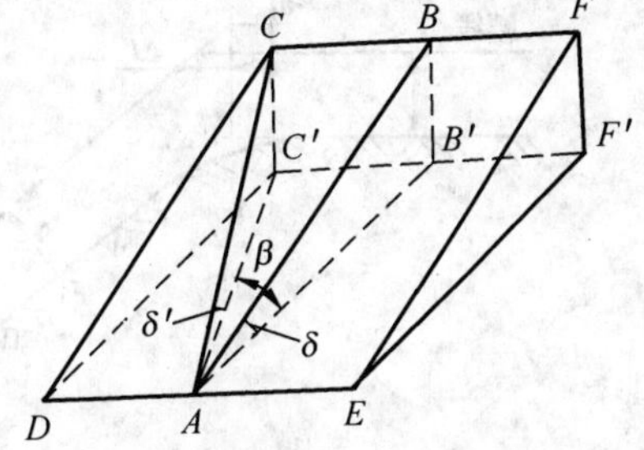

图 10－23　伪倾角与真倾角

又从直角三角形 $AB'C'$ 中得知 $\cos\beta = \frac{l}{l'}$，代入上式得：

$$\tan\delta' = \cos\beta\tan\delta \tag{10-13}$$

式中 β 角可用经纬仪测得，δ 为设计巷道的真倾角。

图 10－24a 所示为巷道纵断面图，图 10－24b 所示为巷道平面图。已知中线点 A、B、C 和腰线点 1，欲标定腰线点 2。用伪竖直角标定腰线的方法如下：

(1) 在 B 点下安置仪器，测出 B 至中线点 A 及原腰线点 1 之间的水平夹角 β_1（图 10－24b）。

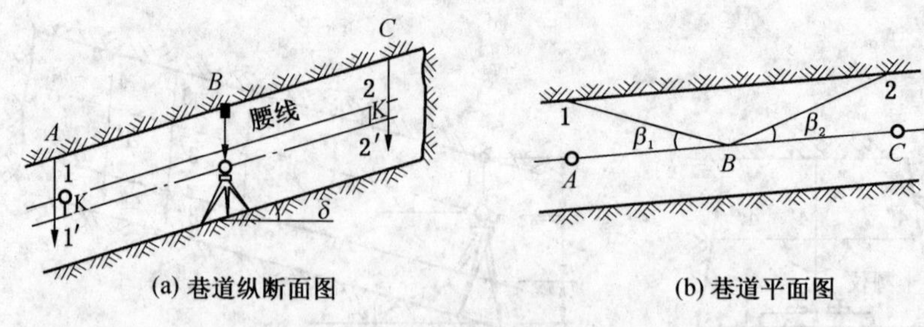

(a) 巷道纵断面图　(b) 巷道平面图

图 10-24　用伪倾角标定腰线

(2) 根据水平角 β_1 和真倾角 δ 计算伪倾角 δ'_1。

(3) 瞄准 1 点，固定水平度盘，上下移动望远镜，使竖盘读数为 δ'_1，在巷道帮上作记号 1′，用小钢卷尺量出 1′到腰线点 1 的铅垂距离 K（图 10-24a）。

(4) 转动照准部，瞄准新设的中线点 C，然后松开照准部瞄准在巷道帮上拟设腰线点处，测出 β_2 角（图 10-24b）。

(5) 根据水平角 β_2 和真倾角 δ，计算得伪倾角 δ'_2。

(6) 望远镜照准拟设腰线处，并使竖盘读数为 δ'_2，在巷道帮上作记号 2′，用小钢卷尺从 2′向上量出距离 K，即得到新标定的腰线点 2。

同法，再标定腰线点 3 等。

此法标定腰线可与标定中线同时进行，操作简便，精度可靠，是主要倾斜巷道中标定腰线的一种常用方法。

四、平巷与斜巷连接处腰线的标定

如图 10-25 所示。平巷与斜巷连接处是巷道坡度变化的地方，俗称“变坡点”或“起坡点”，腰线在此处应进行相应的调整。

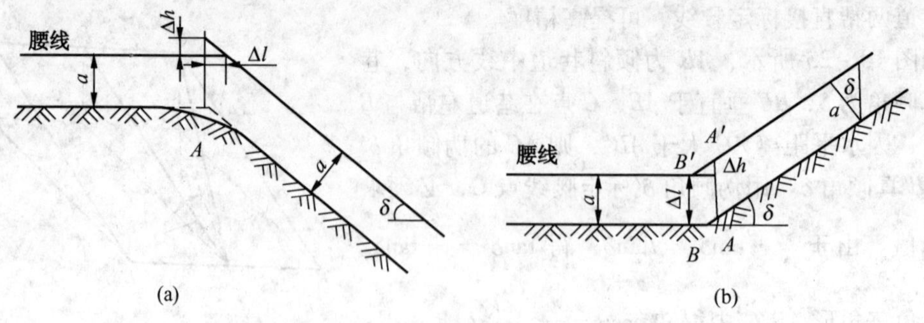

(a)　(b)

图 10-25　平巷与斜巷连接处腰线的调整

在图 10-25 中，设平巷腰线到轨面（或底板）的距离为 a，斜巷腰线到轨面（或底板）的法向距离也为 a，那么，在变坡点处，平巷腰线必须抬高 Δh，才能得到斜巷腰线的起坡点，或自变坡点处向前（图 10-25a）或向后（图 10-25b）量取 Δl，得到斜巷腰线的起坡点，由此点标定斜巷腰线。Δh 和 Δl 按下式计算

$$\Delta h = a(\sec\delta - 1) \tag{10-14}$$

$$\Delta l = \Delta h \cot\delta \tag{10-15}$$

标定时，首先在平巷的中线点上标定出 A 点的位置，然后在 A 点垂直于巷道中线的两帮上标出平巷腰线点，再向上量取 Δh（也可向前或向后量取 Δl），得到斜巷腰线的起坡点位置。

斜巷掘进的最初 10 m，可用半圆仪在巷道帮上按巷道倾角 δ 画出腰线；主要巷道掘进 10 m 后，应使用经纬仪从斜巷腰线起点开始，重新标定斜巷腰线。

第四节　激　光　指　向

激光指向仪是利用激光器产生的光源进行指向的仪器。由于激光具有良好的方向性、单色性好和亮度高等特点，因此成为理想的光学仪器光源。利用激光指向仪指示巷道的掘进方向，具有占用时间短、效率高、中线和腰线一次给定等许多优点，目前已广泛用于各类矿山建设与施工工作中。

激光指向仪的型号很多，下面仅介绍徐州天测测绘仪器设备有限公司生产的 YBJ－600 型激光指向仪。

一、激光指向仪的结构

国产的激光指向仪均采用氦－氖气体激光器，在结构上大同小异。主要由激光器、光学系统、隔爆壳体和悬挂调节装置等组成。图 10－26 所示为 YBJ－600 型激光指向仪的外观。主要技术指标如下：

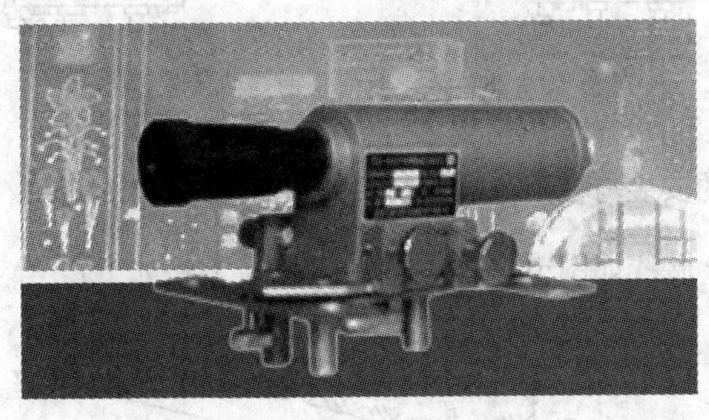

图 10－26　YBJ－600 型激光指向仪外观

激光管功率	10 mW
工作距离	600 m 处中心光斑≤35 mm（光斑大小可调）
输入电压	127 V、220 V、36 V、4.5 V
光束调节范围	水平 ±16°，垂直 ±12°
水平位移调节	±25 mm
垂直位移调节	依锚杆长度而定
防爆类型	隔爆型
工作温度	－20～40 ℃

激光管工作电压　DC3V
工作电流　≤70 mA
仪器质量　2.7 kg
外形尺寸　300 mm × 190 mm × 140 mm

该仪器通过锚杆固定在巷道顶板，既可以用 1 根连接进行一点安装，也可以用 2～4 根锚杆连接实现多点安装。激光指向仪的结构如图 10－27 所示，其安装示意图如图 10－28 所示。

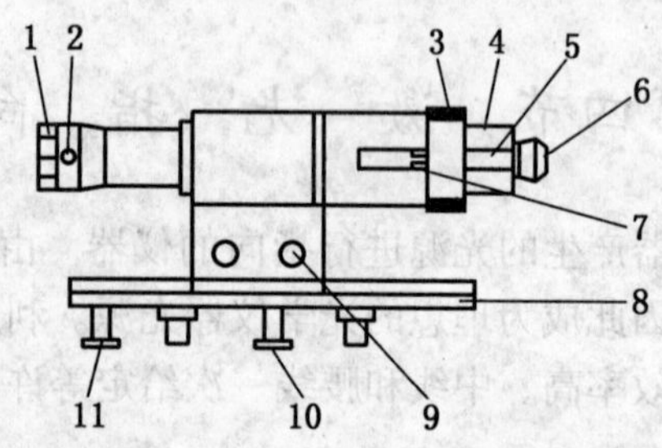

1—调焦套；2、3—防松螺钉；4—后盖；5—密封圈；6—喇叭头；7—稳压电源；8—底板；
9—调节螺钉（可调节水平角度和水平位移）；10—锁紧螺母；11—垂直角度调节螺旋

图 10－27　激光指向仪的结构

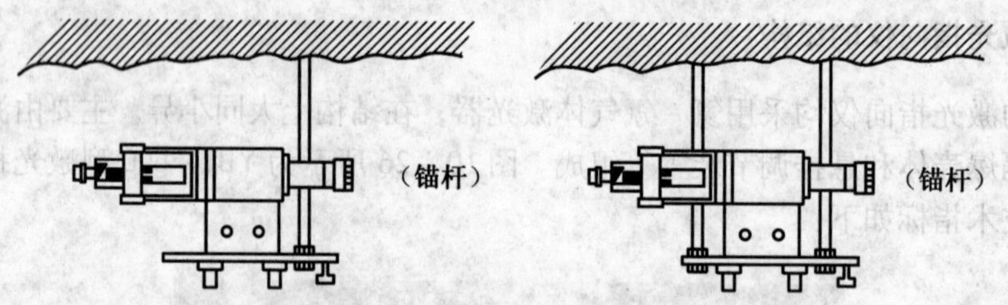

图 10－28　激光指向仪的安装示意图

二、激光指向仪的安装与使用

激光指向仪给中、腰线如图 10－29 所示。其安装方法如下：

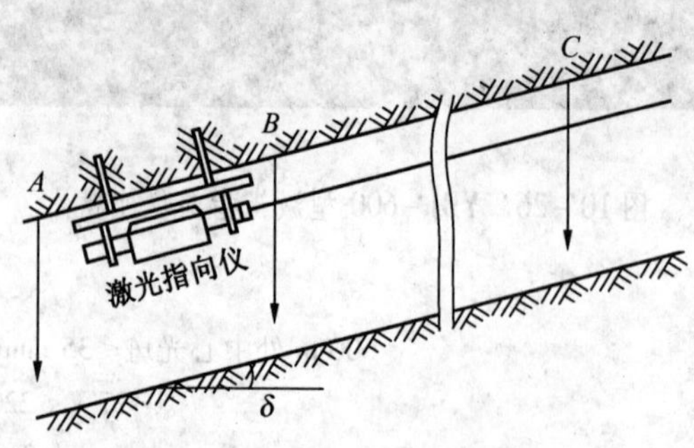

图 10－29　激光指向仪的使用

（1）选择 A、B、C 3 个中线点，其中 B 点距掘进工作面应大于 70 m，B、C 两点间的距离为 30～50 m 或更远一些。

（2）按仪器托板螺丝孔的孔距，事先在顶板适当位置钻孔。然后将锚杆放入孔中，校正尺寸，并灌注水泥，固定锚杆。然后将两根带有长孔的角钢安装在锚杆上。

（3）按仪器的托板用螺栓与角钢相连，根据中线移动仪器，使其处于中线方向上，然后拧紧螺旋。

（4）接通电源，一束红光即由聚焦镜筒射出。

（5）调整仪器，使光斑中心穿过靠近仪器的中线点的垂球线，然后进一步调整微动螺旋，使光斑中心通过靠近掘进工作面的中线点的垂球线。经反复微调，使光斑中心同时通过前、后两中线点的垂球线，此时激光束即指向巷道的中线方向。

（6）上、下微调光束，直至光斑中心到腰线的距离都为 d，即光束平行腰线为止。然后拧紧全部螺旋，此时激光束即给出巷道的中线和腰线。

三、指向仪的使用方法及注意事项

（1）激光指向仪安装、标定好后，应及时向施工单位交代光束与中、腰线的偏离值（必要时，应绘制光束与中、腰线关系图），以便施工人员掌握巷道规格。

（2）在每班使用前，施工人员应检查光束是否偏离中腰线。检查时，放下标定光束用的中线点垂球线，按标定时的垂距在垂球线上作出标记，开启电源，观察光束是否通过垂球线上的标记。若通过则光束方向正确，否则要重新调准才能使用（有的煤炭企业规定掘进工作面中、腰线的允许偏差分别为 5 mm 和 10 mm）。

（3）仪器设置必须安全牢靠，仪器至工作面的距离应不小于 70 m。巷道每掘进 100 m，要用经纬仪进行一次检查测量，根据检查测量结果调整中、腰线。

（4）指向仪安装时，必须注意电源承受电压与外接电压一致；指向仪外壳要接地。

（5）仪器起动后，眼睛应避免对视激光束；用后应及时切断电源。有的矿井在激光电源电路中加进了延时开关电路，当指向仪开启后，经十几分钟自行关闭，以减少激光器不必要的使用时间，延长其寿命。

（6）激光指向的距离一般可达 400 ~ 500 m。在开拓大巷、斜井及竖井使用极其优越。但在采区巷道，往往因为坡度、方向变化多，需要频繁地向前移动仪器，所以，它的使用受到限制。近年来研制成功的激光转向器与激光指向仪配合使用，扩大了激光指向的应用范围。当巷道变坡或转向时无须移动仪器，只要在变坡或转向点处安置转向器，即可转变光束方向继续指向。

实训一　直线巷道中线的初步标定与精确标定

一、实训目的

掌握直线巷道中线的测设方法。

二、内容与要求

（1）教师给定设计图纸及有关已知数据。

（2）计算标定数据。

（3）确定模拟场景（走廊、楼道等）。

（4）仪器工具（罗盘、钢尺、经纬仪、线绳等）。

三、测量方法步骤

(1) 利用罗盘根据磁方位角初步标定中线。
(2) 利用经纬仪根据指向角标定中线。

四、注意事项

(1) 在教师指导下分组练习，每组 4 ~5 名学生，每人必须完成一次操作。
(2) 小组成员要有团队精神，积极配合。
(3) 爱护仪器，遵守纪律，注意安全。
(4) 计算正确，操作规范。

五、实训总结

按指导教师编写实训总结。

实训二 用水准仪标定腰线

一、实训目的

掌握水平巷道腰线的标定方法。

二、内容与要求

(1) 教师给定设计图纸及有关已知数据。
(2) 确定工作场景（走廊、楼道、墙壁等）。
(3) 仪器工具（水准仪、水准尺、钢尺等）。

三、测量方法步骤

略。

四、注意事项

(1) 在教师指导下分组练习，每组 4 ~5 名学生。
(2) 小组成员要有团队精神，积极配合。
(3) 爱护仪器，遵守纪律，注意安全。
(4) 计算正确，操作规范。

五、实训总结

按指导教师编写实训总结。

实训三 用经纬仪（或全站仪）标定腰线

一、实训目的

掌握倾斜巷道腰线的标定方法，重点练习伪倾角法。

二、内容与要求

(1) 教师给定设计图纸及有关已知数据。
(2) 确定模拟工作场景（走廊、楼道、墙壁等）。
(3) 准备仪器工具。

三、测量方法步骤

略。

四、注意事项

(1) 在教师指导下分组练习，每组4~5名学生。
(2) 小组成员要有团队精神，积极配合。
(3) 爱护仪器，遵守纪律，注意安全。
(4) 计算正确，操作规范。

五、实训总结

按指导教师编写实训总结。

复习思考题

一、填空题

1. 巷道中线用于控制____________________。
2. 巷道腰线用于控制____________________。
3. 巷道中线位于____________________。
4. 巷道腰线位于____________________。
5. 中线点至少由__________个组成，其间距不得小于__________m。
6. 使用经纬仪根据__________标定中线点。
7. 次要巷道的中线可用____________________来标定。
8. 次要巷道的腰线可用____________________来标定。
9. 主要水平巷道的腰线用____________________来标定。
10. 倾斜主要巷道的腰线用____________________方法标定，精度最高。
11. 曲线巷道的掘进用__________方向来指示。
12. 确定边距的方法有______________________________。
13. 测设水平角的方法有__________和__________。
14. 激光指向仪发出的光线与____________________平行。
15. 测设距离的方法有________________和________________。

二、问答题

1. 延长巷道中线有哪几种方法？
2. 在平巷中给腰线有哪几种方法？

3. 在倾斜巷道中用经纬仪标设腰线点有哪几种方法?

4. 图 10-15 中，A、B 分别为曲线巷道的起点和终点，圆心角为 66°，曲线半径为 15 m，试计算短弦长、曲线起点 A 和终点 B 的指向角以及中间转折点的指向角。

5. 图 10-15 中，若圆心角为 98°35′，曲线半径为 12 m，试计算标定要素。并绘图说明井下标定方法。

6. 标定点的平面位置方法有哪些?

第十一章　巷道贯通测量

第一节　贯通测量工作程序

巷道贯通就是指在不同的地点以两个或两个以上的工作面，按设计要求相向或同向掘进，而后彼此相通。如果两个工作面掘进方向相对，称为相向贯通（图 11－1a），如果两个工作面掘进方向相同，称为同向贯通（图 11－1b）；如果从巷道的一端向另一端指定处掘进，称为单向贯通（图 11－1c）。

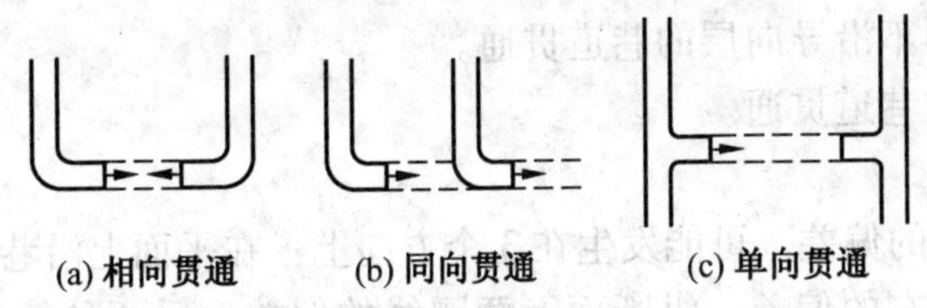

图 11－1　巷道贯通种类

采用巷道贯通,可以加快掘进速度、改善通风条件和工作条件,有利于安排生产。它是矿山、交通(隧道)、水利(隧洞)、城市(地铁)等工程中普遍采用的一种施工方法。

为了保证巷道贯通而进行的测量和计算工作称为贯通测量。井巷贯通时，各掘进工作面沿着设计方向掘进，使贯通后接合处的偏差不超过工程规定的限值。显然，贯通测量是一项十分重要的测量工作，测量人员所负的责任是重大的。如果因贯通测量过程中发生差错而未能贯通，或者贯通后接合处的偏差超过限值，将严重影响巷道质量，甚至使巷道报废，在经济上造成很大的损失。因此，要求矿山测量技术人员必须一丝不苟，严肃认真地对待贯通测量工作，以保证贯通工程的顺利完成。

贯通测量的基础是井上、下测量控制点。因此，控制点精度的高低与贯通精度有直接的关系。在重大贯通工程施工前，还要专门建立贯通控制，并进行误差预计，以保证贯通精度。

一、贯通测量工作程序

（1）根据巷道的种类和允许偏差，选择合理的测量方案（导线测量和高程测量）。重要贯通工程，须编制测量设计书，并进行贯通误差预计。

（2）根据选定的测量方案进行施测和计算，求得贯通导线终点的坐标和高程。

（3）计算贯通几何要素。包括：开切地点的坐标，巷道中心线的方位角 α，指向角 β，巷道的竖直角 δ 或坡度 i，水平距离 S 和倾斜距离 L。

（4）根据巷道的掘进速度、距离、施工日期等，预测贯通巷道的相遇点和贯通时间。

（5）实地标定贯通巷道的中线和腰线。

（6）根据工程进度，及时延长巷道中线和腰线。定期进行检查测量和填图，并根据测量结果及时调整中线和腰线。

（7）巷道贯通后，应立即测量贯通的实际偏差值，并将两边的导线连接起来，计算各项闭合差、填绘平面图和断面图，并对最后一段巷道的中、腰线进行调整。

（8）重要贯通工程完成后，应对测量工作进行分析和技术总结。

二、巷道贯通的分类及限差

巷道贯通一般分为沿导向层贯通和不沿导向层贯通两大类。

1. 沿导向层贯通（沿煤层或某种岩层）

（1）沿导向层贯通水平巷道。

（2）沿导向层贯通倾斜巷道。

2. 不沿导向层贯通

（1）同一矿井内不沿导向层的巷道贯通。

（2）两矿井间的巷道贯通。

（3）立井贯通。

贯通巷道接合处的偏差。可能发生在3个方向上：在平面上沿巷道中线方向的长度偏差；横断面上中线左右的偏差；纵断面上两腰线的偏差。后两种偏差对巷道的质量有影响，称为重要方向的偏差。对立井贯通来说，对工程质量有影响的是平面位置的偏差。

巷道贯通的偏差允许值，由矿井技术负责人等有关人员，根据井巷的用途、类型、施工方法及运输方式等研究确定。

第二节 各种巷道贯通测量工作

一、水平巷道的贯通测量

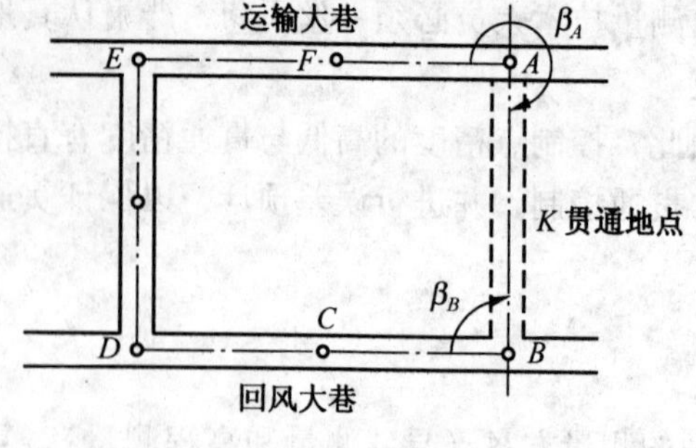

图 11-2 贯通水平巷道

如图 11-2 所示，要在主巷与副巷 A、B 点之间贯通石门，为此，要进行以下测量工作。

1. 准备工作

在掘进点 A 至 B 布设经纬仪导线和水准路线，计算 A、B 两点的坐标和底板高程。

2. 计算贯通测量的几何要素

（1）计算贯通巷道中线的方位角 α_{AB}

$$\alpha_{AB}=\tan^{-1}\frac{y_B-y_A}{x_B-x_A}=\tan^{-1}\frac{\Delta y_{AB}}{\Delta x_{AB}} \qquad (11-1)$$

（2）计算 A、B 处的指向角 β_A、β_B

$$\beta_A=\alpha_{AB}-\alpha_{AF}$$

$$\beta_B = \alpha_{BA} - \alpha_{BC}$$

（3）计算 A、B 间的水平距离 S_{AB}

$$S_{AB} = \sqrt{\Delta x_{AB}^2 + \Delta y_{AB}^2}$$

（4）计算贯通巷道的坡度 i_{AB}

$$i_{AB} = \frac{h_{AB}}{S_{AB}}$$

（5）计算 A、B 间的倾斜距离 L_{AB}

$$L_{AB} = \sqrt{S_{AB}^2 + h_{AB}^2}$$

3. 根据几何要素标定贯通方向线

分别在 A、B 点安置经纬仪，按指向角分别给出贯通巷道的中线；用水准仪按坡度分别在 A、B 处给出贯通巷道的腰线。

4. 检查、调整工作

随着巷道的掘进，还应及时对中线和腰线进行检查、调整和延长等测量工作，以保证巷道按设计要求顺利贯通。

需要注意，在沿导向层贯通水平巷道时，当导向层倾角大于30°时，由于水平面内的方向受导向层的限制，可以不给巷道的中线，只给出腰线即可。但标定腰线的精度必须严格掌握，因为腰线的误差，会引起巷道在水平方向的偏移。

二、倾斜巷道的贯通测量

图 11－3 所示为巷道一端已经开切的情况，二号下山已掘到 B 点，并继续沿 DB 方向掘进，为了加快进度，决定由上平巷往下掘，则需要找到下山与上平巷的交点 P 和指向角 β_P，以便标定开切点和掘进方向。

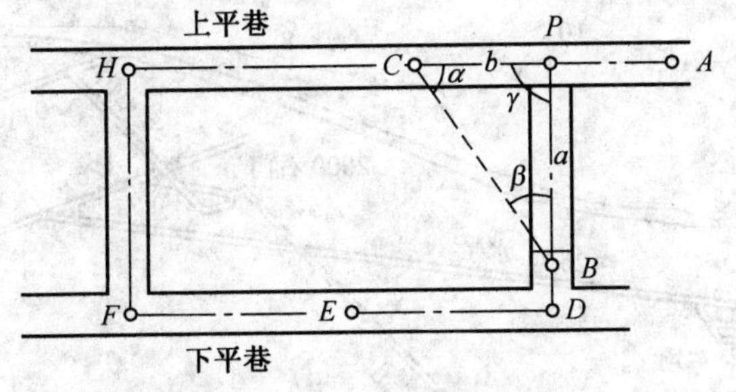

图 11－3　贯通倾斜巷道

此时，需要进行经纬仪导线测量，得到 A、B、C、D 等点的平面坐标并计算指向角 β_P：

$$\beta_P = \alpha_{PB} - \alpha_{PA} \quad 或 \quad \beta_P = \alpha_{PB} - \alpha_{AP}$$

然后，按正弦定理公式计算水平距离 S_{AP} 和 S_{PC}。在△PBC 中，先计算出 3 个内角 α、β 和 γ：

$$\alpha = \alpha_{CB} - \alpha_{CA}$$
$$\beta = \alpha_{BP} - \alpha_{BC} = \alpha_{DB} - \alpha_{BC}$$

$$\gamma = \alpha_{PC} - \alpha_{PB} = \alpha_{AC} - \alpha_{BD}$$

检核

$$\alpha + \beta + \gamma = 180°$$

则水平距离 S_{PC} 和 S_{PB} 为

$$S_{PC} = \frac{S_{BC}}{\sin\gamma}\sin\beta$$

$$S_{PB} = \frac{S_{BC}}{\sin\gamma}\sin\alpha \qquad (11-2)$$

同理，在△PAB 中，可以计算出水平距离 S_{AP} 和 S_{PB}。

根据 S_{AP} 和 S_{PC} 在实地即可标定出 P 点，并测定其高程，然后按与上述平巷贯通的类似方法，标定出贯通巷道的中线和腰线。

此外，在沿导向层贯通倾斜巷道时，当导向层倾角大于 30°时，由于竖直面内的方向受导向层底板的限制，可以不给巷道的腰线，只给出中线即可。

三、两井间的巷道贯通

为使两井间巷道正确贯通，两井的坐标系统必须统一。由于这类贯通要在两井间进行地面控制测量和矿井联系测量，因而误差的积累较大，必须采用更精确的测量方法和更严格的检查措施。下面通过在两井之间贯通斜巷实例加以说明。

图 11－4 所示为某矿中央回风上山贯通的示意图。主、副井在－425 m 水平开掘井底车场和主要运输巷。风井在－70 m 水平开拓总回风巷。中央回风上山位于矿井的中部，采

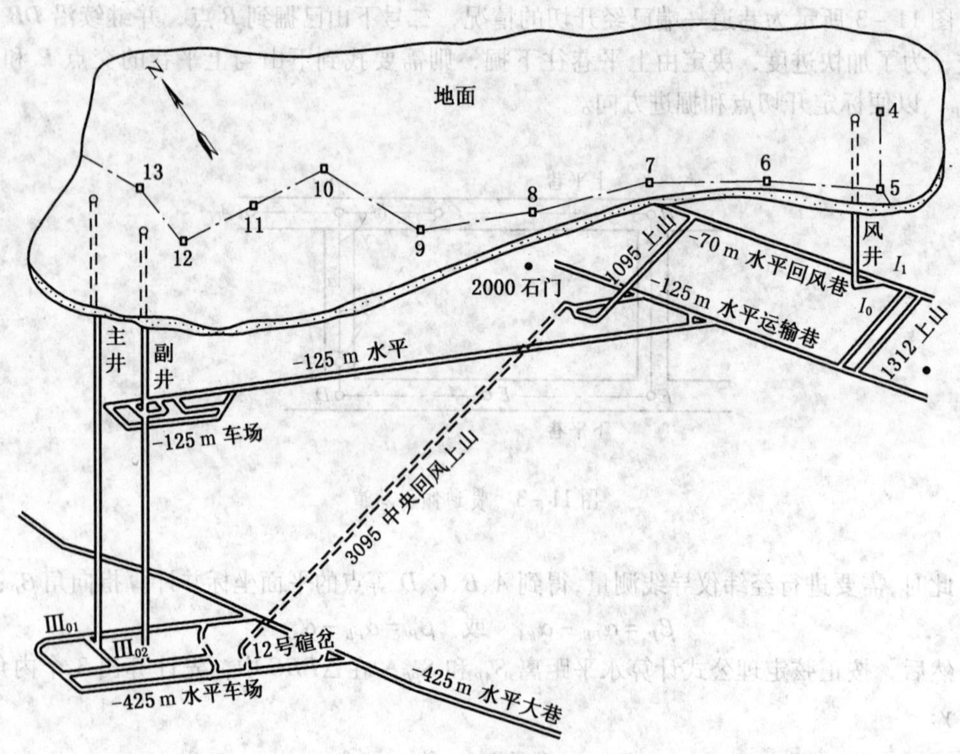

图 11－4 两井间巷道贯通

用相向贯通，由 －425 m 井底车场 12 号碹岔绕道起，按一定的竖直角掘向 －125 m 水平。为此，必须同时标定巷道的中线和腰线。需要进行的测量工作如下：

（1）进行主、副井和风井间的地面连测。采用导线、三角网或插点等方法。

（2）进行联系测量。主、副井采用两井定向，求出井下起始边的方位角和点的坐标；风井采用一井定向，求出井下起始边的方位角和点的坐标，并分别导入标高，求得井下高程基点的高程。

（3）井下导线和高程测量。从 －425 m 井底起始点设导线至回风上山的上口；再从风井井底起始点设导线至回风上山的下口。导线要选择线路短和条件好的巷道。高程测量在平巷采用水准测量，在斜巷采用三角高程测量，分别测出上山上口、下口腰线点的高程。

（4）根据上山上口、下口的导线点的坐标和腰线点高程，反算上山的方向和坡度，并在实地标定。掘进过程中，应检查和调整掘进的方向和坡度。

四、立井贯通

竖直巷道的贯通可以分为两种情况：一种是从地面和井下相向开凿的立井贯通。另一种是井下不同水平开凿的暗立井相向贯通和立井延伸的贯通。无论哪种情况的贯通，其工作内容的核心都是：在井筒的上部精确地测定出井筒中心的坐标，然后在井筒的下部精确地标定出这个坐标。

1. 从地面与井下相向开凿的立井贯通

如图 11－5a 所示，在距主、副井较远的地方新打一个三号井，决定从地上、下对凿贯通。为此，从原运输大巷继续掘进并掘好三号井的井底车场，在车场巷道中标出三号井中心点 O，先向上以小断面开掘，贯通后按全断面刷大成井。其测量工作如下：

（1）进行地面连测，求得主、副井和三号井近井点的坐标数据。地面连测可视两井间的条件，确定连测方案。

（2）以三号井的近井点为依据，实际测定井筒中心的坐标。

（3）通过主、副井进行定向，确定井下导线起始边的方位角和点的坐标。

（4）在井下运输大巷中测设导线，测定 B 点坐标和 CB 边方位角。

（5）按三号井井底车场设计的出车方向、井中坐标及运输巷道的设计方向和 B 点坐标，反算转弯处 P 点和弯道的标定数据。

（6）按 BP、PO 的方向和距离（即按设计导线），继续掘进运输大巷和车场，并要及时标定和检查中、腰线。

（7）当巷道掘过井筒中心 O 位置后，应先根据井中心附近的导线点 S 和井中心点 O 的坐标反算标定井筒中心点 O 的数据，精确地标定和埋设中心标志点。

2. 延深立井时的贯通

如图 11－5b 所示，一号井已掘到一水平，现要延深到二水平。

为不影响井筒的正常生产，决定从一水平井底车场附近开凿辅助下山，达到辅助水平。通过该下山进行贯通导线测量，在辅助水平巷道中标出井中心点 O_2 的位置，另从一水平开凿下山到二水平车场位置。通过下山测设导线，在第二水平精确标定井中心点 O_3 的位置。标定时，必须采用一水平井底中心点的实测坐标，而不能用地面井中心点坐标或原设计井中心点坐标。设计要求：在贯通工程施工前，将二水平马头门完全砌好，然后从

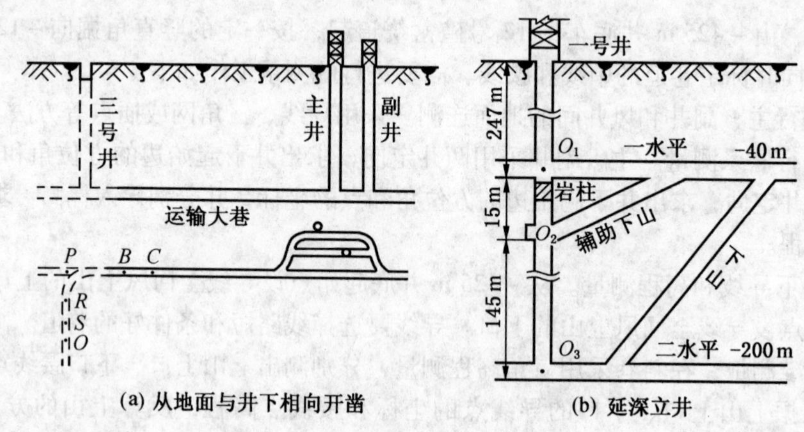

(a) 从地面与井下相向开凿　(b) 延深立井

图 11-5　立井贯通

二水平采用小断面向上打反井，与辅助水平贯通，再由辅助水平全断面向下刷大，并同时砌永久井壁。此类贯通测量，如何根据井中心点 O_1 的坐标，准确标定井中心点 O_2 和井中心点 O_3 的位置，关键是精确测设导线。

现在延深立井常采用全断面掘进，甚至要求未打下岩柱前把下部罐道罐梁全部安好。因此，要求标定工作十分准确。有的现场在井筒掘砌完毕后，在岩柱中打 1 ~ 2 个小方井，从一水平挂下垂球线到延深间，检校井筒中心点或井筒十字中线后，再安装罐梁、罐道，这样较为可靠。

实训　贯通测量

一、实训目的

掌握贯通测量方法，会标定贯通巷道的中线。

二、内容与要求

（1）准备仪器工具。

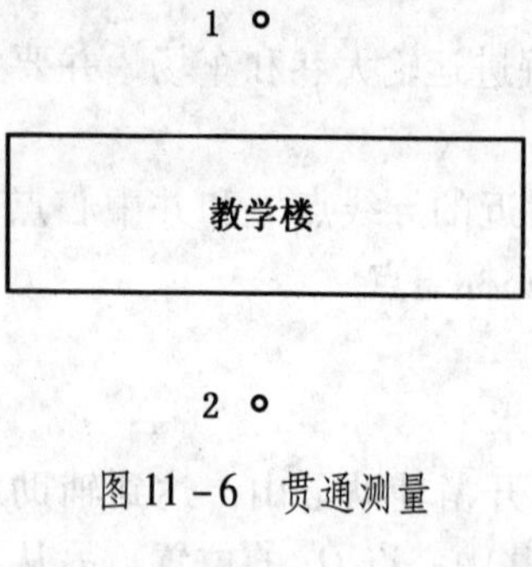

（2）在适宜的场所（图 11-6）选定 2 点（要求不通视）进行贯通测量练习，通过导线测量和水准测量，测定 2 点的坐标和高程。

（3）计算标定数据。

（4）现场标定。

1 ∘

教学楼

2 ∘

图 11-6　贯通测量

三、测量方法

略。

四、注意事项

（1）在老师指导下分组练习，每组 4 ~ 5 名学生，每人必须完成一次操作。

（2）小组成员要有团队精神，互相配合。

(3) 爱护仪器，遵守纪律，注意安全。

(4) 计算正确，操作规范，精度符合要求。

五、实训总结报告

按实训指导教师要求编写实训总结。

复习思考题

1. 什么叫贯通测量?
2. 巷道贯通有哪几种类型?
3. 巷道贯通要进行哪些测量工作?
4. 在什么条件下沿导向层贯通可以不给巷道的中线或腰线?
5. 贯通巷道的几何要素有哪些? 怎样计算?
6. 立井贯通测量的核心是什么?
7. 如图11－7所示，在2、7两点间开掘一条下山，采用相向掘进贯通，通过导线测量和高程测量获得的已知数据如下：

$x_2=69450.013$ m；$y_2=88028.147$ m；$H_{2轨}=51.342$ m；$\alpha_{2-1}=45°80'20''$；$x_7=69310.553$ m；$y_7=88139.397$ m；$H_{7轨}=-2.858$ m；$\alpha_{7-6}=252°34'30''$。试计算贯通巷道的几何要素并说明贯通测量方法。

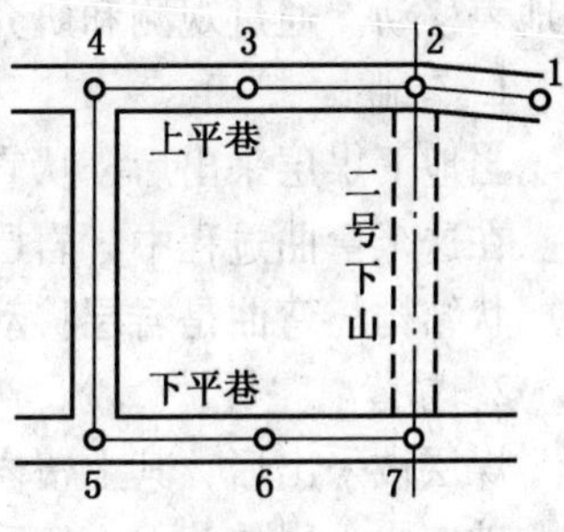

图11－7　贯通下山

第十二章　保护煤柱的留设

第一节　地表移动盆地

一、岩层移动的形式

由于开采地下矿产资源，使上覆岩层与地表遭到破坏而产生的移动与变形统称为岩层与地表移动。通过观测和研究发现，岩层与地表移动主要有以下 6 种形式。

1. 弯曲

当地下煤层采出后，从直接顶板到地表将沿其层理面的法线方向，向采空区方向弯曲。在这个弯曲过程中，岩层虽然可能发生数量不多的微小裂缝，但整体上保持其连续性和层状结构。弯曲是岩层移动的主要形式。

2. 冒落

煤层被采出后，其上覆岩层最初的弯曲达到一定限度后，其直接顶板将与岩层整体分开，破碎成小岩块落下充填采空区，这种移动形式称为冒落。冒落后的岩层不再保持原有的层状结构。冒落是岩层移动中最剧烈的一种运动形式。

3. 片帮

煤层采出后，采空区顶板岩层内出现悬空，其压力便转移到煤壁上，形成增压区，煤壁在附加荷载的作用下，一部分被压碎并垮向采空区，这种现象称为片帮。片帮将使采空区边界以外的上覆岩层与地表产生移动。

4. 岩石沿层面的滑动

当煤层倾斜时，岩石的自重力方向与岩层的层理面不垂直，岩石除产生沿法向的弯曲外，还将产生沿层理面方向的滑动。岩层倾角越大，岩石沿层理面的滑动越明显。岩石沿层理面的滑动将使采空区上山方向的岩层受拉伸，甚至被剪断，而下山方向的岩层被压缩。

5. 垮落岩石的下滑

当煤层的倾角较大时，采用自上而下的开采顺序进行采煤，上山部分回采过后，采空区已被冒落的岩块充填，这时开采下山部分的煤层时，上山部分的垮落岩石可能下滑充填下山部分的采空区，从而使上山部分的岩层和地表移动加剧，下山部分岩层移动减弱。

6. 底板岩层的隆起

如果煤层底板岩石较软且倾角较大，在煤层采出后，底板在垂直方向减压，水平方向受压，造成底板向采空区方向隆起的现象，也称为底鼓。

上述各种移动形式的出现是有其特定条件的，在某一具体岩层移动过程中不一定都同时出现。

二、采空区上覆岩层移动后的分带

地下煤层采出后，破坏了地层内部原有的应力平衡状态，采空区顶板岩层在重力作用下，向下弯曲下沉，乃至断裂而充填采空区。当采空区的面积达到一定范围时，这种移动和变形便波及地表，导致地表出现下沉、裂缝甚至塌陷，严重威胁着地面建筑物的安全。因此在建筑物下、铁路下、水体下（简称“三下”）采煤时，需要认真研究和掌握岩层与地表移动规律，确保地面和井下的安全。

按煤层上覆岩层的破坏程度不同，将其分为 3 个不同的开采影响带，即冒落带、断裂带和弯曲带。

1. 冒落带

冒落带是指采用全部垮落法控制顶板时，回采工作面放顶后引起煤层直接顶板破坏冒落的范围。其特点是顶板岩石发生破碎，而且越是靠近煤层，岩石破碎越严重。冒落带可分为不规则冒落和规则冒落两部分，在不规则冒落部分岩层失去了原有的层位，在规则冒落部分，岩层基本保持原有层位，如图 12－1 中Ⅰ所示。

冒落带的高度取决于采出煤层的厚度和岩石的碎胀系数，它通常为采出煤层厚度的 3～5 倍。

2. 断裂带

冒落带的碎石块充满采空区，使上部岩层不再冒落，而只出现裂缝、离层和断裂，但仍保持层状结构的那部分岩层称为断裂带，如图 12－1 中Ⅱ所示。

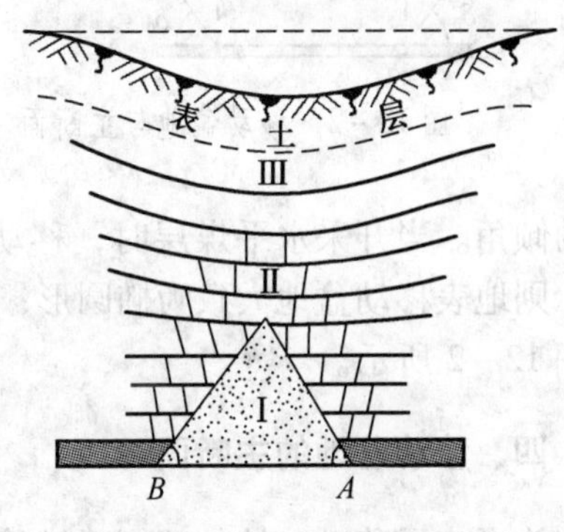

图 12－1　三带划分

断裂带内岩层不仅发生垂直层理面的裂缝或断裂，而且产生顺层理面的离层裂缝。根据垂直于层理面裂缝的大小及其连通性的好坏，断裂带又分为严重断裂、一般断裂和微小断裂 3 部分。严重断裂部分的岩层大多断开，但仍保持原有层次，裂缝的连通性强，漏水严重；一般断裂部分的岩层很少断开，连通性较强，漏水一般；微小断裂部分，裂缝基本上不断开，连通性差，漏水较弱。冒落带和断裂带合称为导水裂隙带。导水裂隙带的高度约为煤层厚度的 15～35 倍。

3. 弯曲带

断裂带之上直到地表，称为弯曲带。如图 12－1 中Ⅲ所示。弯曲带中岩层不再断裂，而是产生法向弯曲，保持原有层状结构，岩层的移动是连续而有规律的。弯曲带的高度主要受开采深度的影响，当采深很大时，弯曲带的高度将很大，但地表的移动和变形相对较平缓。

上述 3 个开采影响带，在水平煤层或缓倾斜煤层开采中表现比较明显。另外，在不同的开采条件下，上述 3 个带不一定同时出现。

影响岩层与地表移动的因素很多，主要有：岩石的物理、力学性质；煤层的倾角、开采高度及开采深度；采空区的形状、大小及采煤方法；地表的地形条件以及地质构造、水文地质条件等。

三、地表移动盆地

研究岩层与地表移动的主要任务，就是观测移动盆地的变形规律，确定各种移动参数，以便正确地留设保护煤柱以及研究在“三下”进行采煤的方法和措施。

当地下开采影响到达地表后，受采动的地表从原有标高向下沉降，从而在采空区上方形成一个比采空区面积大得多的沉陷区域。这种地表沉陷区域称为地表移动盆地。

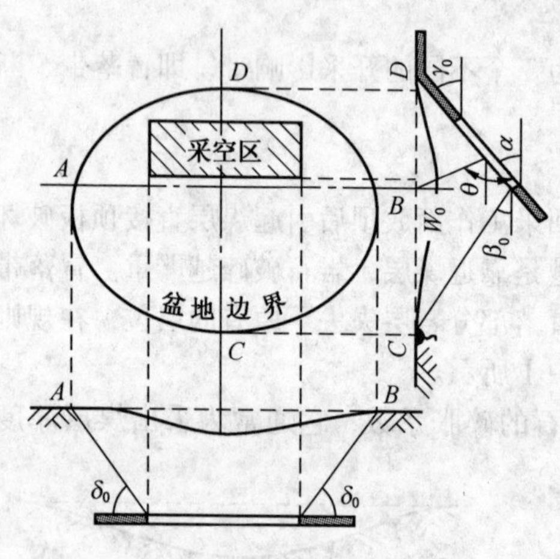

图 12-2 移动盆地与主断面

地表移动盆地是在工作面推进的过程中逐渐形成的，一般当回采工作面自开切眼开始向前推进的距离以及工作面的长度均达到平均采深的 1/4 ~ 1/2 时，地下开采就会波及地表，引起地表下沉。在地表移动初期，随着工作面的继续向前推进，地表的沉陷范围不断扩大，地表下沉值也不断增大。当工作面推进到距开切眼为平均采深的 1.2 ~ 1.4 倍时，地表的下沉值达到该地质条件下的最大下沉值。这时地表达到充分采动。之后，随着工作面的推进，地表的沉陷范围逐渐扩大，而下沉值不再增大。

移动盆地和采空区的相对位置取决于煤层的倾角。当开采水平煤层时，移动盆地在采空区上方呈对称分布，若采空区为长方形时，则地表移动盆地大致为椭圆形；当开采倾斜煤层时，移动盆地向煤层倾斜方向偏移，如图 12-2 所示。

四、移动盆地的主断面

为了表示移动盆地的特征，过移动盆地中的最大下沉点，分别作平行于煤层走向和倾向的断面，称为移动盆地的主断面。分为走向主断面和倾向主断面。主断面上既可以反映出移动盆地的最大范围，又可以反映出地表的最大移动量。通常沿主断面设置地表移动观测站，以便研究移动盆地的变形规律。

倾向主断面通过采空区的中央，走向主断面的位置，可由图 12-2 中的 θ 角来确定，θ 角为倾向主断面上最大下沉点和采空区中心的连线与水平线的所夹的锐角，称为最大下沉角。

最大下沉角可以从实际观测资料中求得，也可以按下列近似公式计算：

当 $\alpha < 45°$ 时 $$\theta = 90° - 0.5\alpha \tag{12-1}$$

当 $\alpha \geq 45°$ 时 $$\theta = 90° - (0.4 \sim 0.2)\alpha \tag{12-2}$$

其中，α 为煤层倾角。

五、地表移动盆地边界

在移动盆地内各点的地表移动和变形值是不相同的。在主断面上，可按移动和变形值的大小，将移动盆地划分为 3 个边界，如图 12-3 所示。

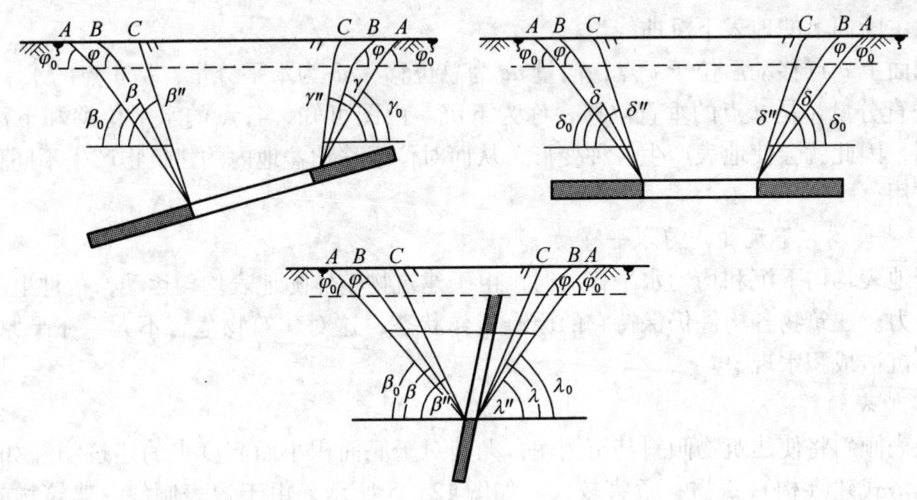

图 12-3　边界角、移动角和裂缝角

1. 盆地边界

以地表移动和变形值为零的点圈定的边界线，称为移动盆地的最外边界。由于移动和变形值是通过仪器观测确定的，考虑到观测误差，实际工作中以下沉值为 10 mm 的点圈定盆地边界，如图 12-3 中的 A 点。

当基岩裸露时，在移动盆地的主断面上，盆地边界点和采空区边界点连线与水平线在煤柱一侧的夹角，称为边界角。若基岩之上覆盖有松散层时，为松散层与基岩交界面上的最外边界点和采空区连线与水平线在煤柱一侧的夹角。边界角分走向边界角、下山边界角和上山边界角，以及急倾斜煤层底板边界角，分别用 δ_0、β_0、γ_0 和 λ_0 表示，如图 12-3 所示。

2. 危险边界

移动盆地的危险边界是以地表移动和变形值对建筑物有危险的点圈定的边界，称为危险边界，如图 12-3 中的 B 点。

不同结构的建筑物对各种变形的承受能力也不相同，我国现采用以砖木结构的建筑物能承受的最大变形值作为确定危险边界的标准。

当基岩裸露时，在移动盆地的主断面上，危险边界点（有松散覆盖层时，为松散层与基岩交界面上的危险边界点）和采空区边界点连线与水平线在煤柱一侧的夹角，称为危险移动角，简称移动角。移动角分走向移动角、下山移动角和上山移动角，以及急倾斜煤层底板移动角，分别用 δ、β、γ 和 λ 表示，如图 12-3 所示。松散层移动角的大小与煤层倾角无关，用 φ 表示。

3. 裂缝边界

裂缝边界是根据移动盆地内的最外侧的裂缝圈定的边界，如图 12-3 中的 C 点。在移动盆地的主断面上，裂缝边界和采空区边界连线与水平线在煤柱一侧的夹角，称为裂缝角。裂缝角用 δ''、β''、γ'' 和 λ'' 表示，如图 12-3 所示。

六、地表移动变形对建筑物的影响

地表移动与变形，将引起移动盆地范围内的建筑物产生移动和变形。图 12-4 所示为沿走向主断面上的地表下沉曲线。

地面上 a 点移动后位于 c 点，向量 ac 为总位移，ab 为水平分量，是 a 点的水平位移，bc 为垂直分量，是 a 点的垂直位移，称为下沉。由图可知，各点的水平位移和下沉值都不相同，因此就会使地表产生各种变形，从而对位于移动盆地内的建筑物产生不同程度的破坏作用。

1. 地表均匀下沉和均匀水平移动

当地表均匀下沉和均匀水平移动时，由于建筑物整体随地表均匀运动，构件上不产生附加应力。建筑物各构件仍保持它的原有工作状态，这对建筑物危害不大，在平原地区，地面下沉造成积水现象。

2. 地表倾斜

地表倾斜将使建筑物倾斜甚至倒塌，尤其对于底面积小而高度大的建筑物［如水塔、烟囱及塔式建（构）筑物］危害较大。如图 12－5 所示，由于地表倾斜，建筑物的中心发生偏移，引起重力重新分布。

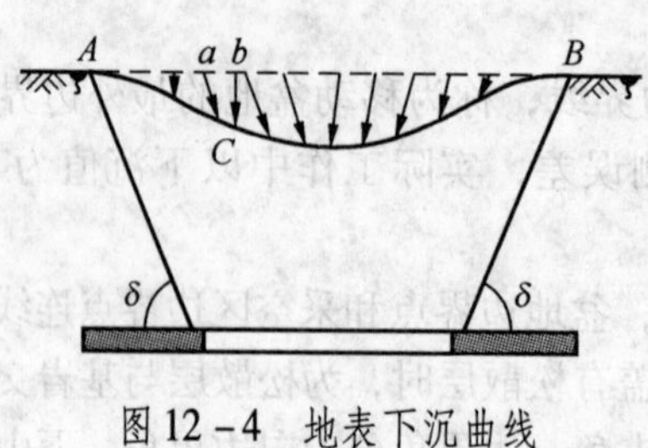

图 12－4　地表下沉曲线

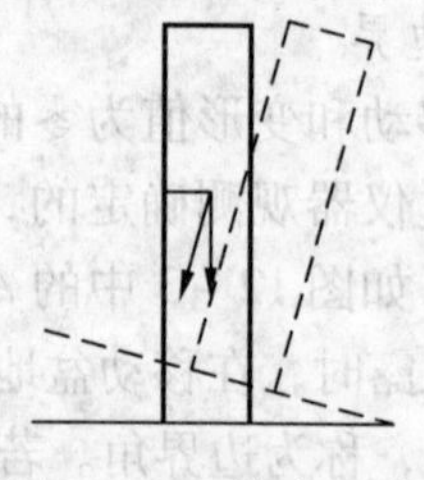

图 12－5　地表倾斜

3. 地表曲率变形

地表的曲率变形对长度较大的建筑物影响明显。当曲率变形值为负时，地表呈凹形，如图 12－6a 所示，房屋中部悬空。在建筑物底部中央产生裂缝。当曲率变形值为正时，如图 12－6b 所示，房屋两端成悬空状态，在建筑物顶部中间出现裂缝。

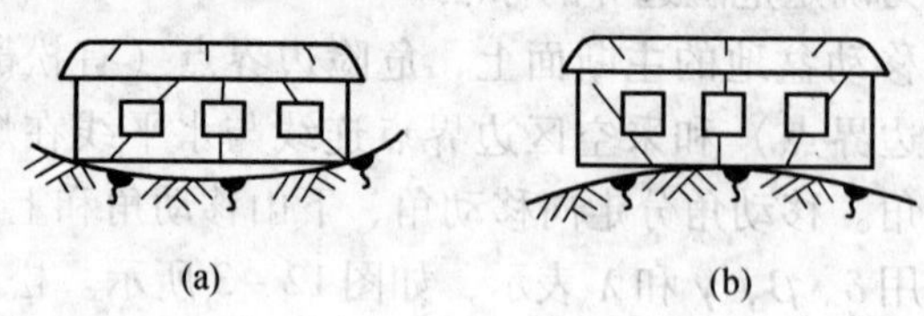

图 12－6　地表曲率变形

4. 水平变形

水平变形是指地表相邻两点水平位移不相等而出现的拉伸和压缩。拉伸变形会使建筑物地基断裂。压缩变形会使建筑物结构中间产生附加应力，从而使建筑物遭到破坏。

以上简单介绍了单一地表移动与变形对建筑物的影响，实际上建筑物往往同时受到多种移动与变形的综合影响，其破坏特征要复杂得多。

第二节　确定移动角的方法

为了使井巷、建筑物、水体及铁路等免受地下开采的影响，在开采时，应采取适当的保护措施。常用的保护措施是根据移动角留设保护煤柱。在留设保护煤柱之前，需要确定移动角，其方法有实测法和类比法两种。实测法是在采空区上方的地面上，建立地表移动观测站（点），测定各点高程与水平距离的变化情况，然后，根据观测资料进行分析、研究，计算出移动角值。类比法是借用地质条件和采煤方法相类似的矿区所测得的移动角。

一、实测法确定移动角

（一）建立地表移动观测站

在地表出现移动之前，按一定要求设置一系列相互联系的观测点称为地表移动观测站。地表移动观测站的布设形式有网状观测站和线状观测站。沿主断面设置的线状观测站又称为观测线，是目前我国采用较多的一种形式，如图 12－7 所示，观测线延伸至移动盆地之外，与特设的控制点相连接。

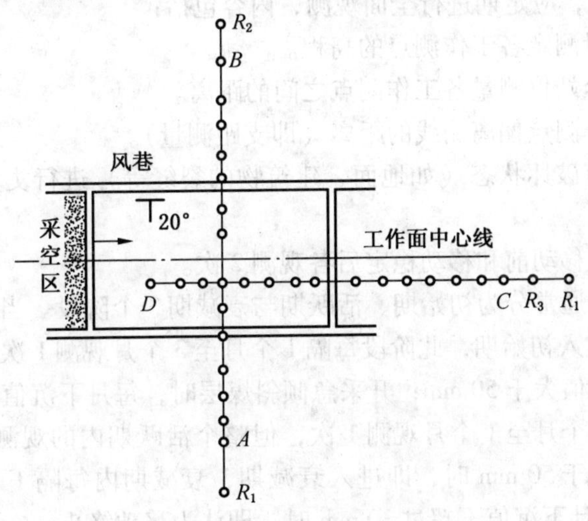

图 12－7　地表移动观测站

沿倾向主断面与走向主断面设置 AB、CD 两条观测线，R_1、R_2、R_3、R_4 为设置的控制点，受开采影响的观测点称为工作测点，控制点与工作测点相距 50～100 m。工作测点的构造和导线点相同。观测点之间的距离应尽可能相等，其间距与开采深度有关（表12－1）。

表 12－1　地表观测站测点间距　m

开采深度	测点间距	开采深度	测点间距
＜50	5	200～300	20
50～100	10	300 以上	25
100～200	15		

建立观测站就是将设计好的观测点标定于实地。首先利用矿井已知点标定出观测站某一观测线的控制点，然后标定该观测线上的工作测点及两条观测线的交点，最后在交点上安置仪器标定另一观测线上的控制点及工作测点。

控制点和工作测点可用预制好的混凝土桩埋设稳固，或在实地挖坑浇灌混凝土桩。埋设深度，在非冻土地区应不小于0.6 m；在冻土地区，测点底部应埋在冻结线0.5 m以下。

工作测点设置好后，应按顺序编号。一般情况下，倾向观测线上点的编号自下山向上山方向按顺序增加，走向观测线上点的编号按工作面的推进方向顺序增加。

建立地表移动观测站的地点，应尽量满足：地面较为平坦；煤层走向、倾角及厚度较为稳定；地质条件较为简单，无大断层；开采深度为100 ~ 300 m；单一煤层开采；四周无采空区。

（二）地表移动观测站的观测

1. 连接测量

在控制点埋设之后，地表移动之前，将观测线的控制点与矿井已知点进行联测，求得其坐标与高程。精度要求按《煤矿测量规程》执行。

2. 全面观测

观测站设置好后，应定期进行全面观测，内容包括：

（1）用水准测量测定各工作测点的高程。

（2）用钢尺或全站仪测量各工作测点之间的距离。

（3）测量各工作测点偏离测线的距离（即支距测量）。

（4）对地表原有破坏状态（如地面、建筑物的裂缝等）进行丈量素描，必要时应摄影存查。

全面观测在地表移动前和移动稳定后各观测2次。

地表移动全过程通常分为初始期、活跃期与衰减期3个阶段。当采动影响使地表下沉值达10 mm时，即进入初始期，此阶段每隔1个月至3个月观测1次。当开采缓倾斜和倾斜煤层时，每月下沉值大于50 mm；开采急倾斜煤层时，每月下沉值大于30 mm，即进入活跃期。活跃期每半个月至1个月观测1次，但整个活跃期内的观测次数不得少于4次。此后，每月下沉值小于50 mm时，即进入衰减期，衰减期内每隔1个月至3个月观测1次。6个月内地表累计下沉值不超过30 mm时，即认为移动终止。

3. 日常观测工作

日常观测工作是指在地表移动的初始期和衰减期之间适当增加的水准测量工作。日常观测工作的时间间隔，可根据开采深度、工作面的推进速度和顶板岩性等条件确定，一般每隔1 ~ 3个月观测1次。

（三）观测成果的整理

观测成果的整理包括计算和绘图。

1. 计算的移动变形值。

（1）各点的下沉值 W：

$$W_n = H_{0n} - H_n \tag{12-3}$$

式中　H_n——n号点采动后的高程；

H_{0n}——n号点采动前的高程。

下沉量为正值表示测点下降，负值表示测点上升。

（2）相邻两点的倾斜 i：

倾斜是指相邻测点的下沉差与测点间距离之比，即

$$i_{n\sim n+1}=\frac{W_{n+1}-W_n}{l_{n\sim n+1}} \tag{12-4}$$

式中　W_n、W_{n+1}——地表受采动后 n 号点和 $n+1$ 号点的下沉值，mm；

$l_{n\sim n+1}$——n 号点到 $n+1$ 号点的水平距离，m。

（3）曲率 K：

$$K_n=\frac{i_{n\sim n+1}-i_{n-1\sim n}}{\frac{1}{2}(l_{n-1\sim n}+l_{n\sim n+1})} \tag{12-5}$$

曲率也有正负之分，地表呈凸形为正，地表呈凹形为负。

（4）水平移动 U：

水平移动是指测点到控制点之间的距离变化，即

$$U_n=L_n-L_{0n} \tag{12-6}$$

式中　L_n——地表采动后 n 点到控制点的水平距离，m；

L_{0n}——地表采动前 n 点到控制点的水平距离，m。

（5）水平变形 ε：

水平变形是指两个测点间距离的伸长值或压缩值与测点间距离之比，即

$$\varepsilon_{n\sim n+1}=\frac{l_{n\sim n+1}-l_{0n\sim n+1}}{l_{0n\sim n+1}} \tag{12-7}$$

式中　$l_{n\sim n+1}$——地表移动后 n 到 $n+1$ 点间的水平距离，m；

$l_{0n\sim n+1}$——地表移动前 n 到 $n+1$ 点间的水平距离，m。

2. 绘制地表移动和变形曲线

根据计算结果绘制移动和变形曲线图，能够清楚地看出沿观测线（主断面）的地表移动和变形的分布特征。绘图时，水平比例尺一般与观测站平面图一致，竖直比例尺（表 12-2）的选择应以绘制的曲线能够清楚地反映出移动和变形的分布规律为原则。曲线图和观测线的断面图应绘制在一起，以便分析各种地质采矿条件下移动和变形分布形态。

表 12-2　竖直比例尺参考值

移动变形值	下沉 W	倾斜 i	曲率 K	水平移动 U	水平变形 ε
竖直比例尺	1:20	5:1	30:1	1:10	5:1

在断面图上应绘出：地表剖面、测点位置及编号、冲积层厚度、煤层厚度和倾角、采空区的位置、岩层柱状以及观测时的采煤工作面位置等。地表移动和变形曲线，绘于断面图的上方，以便比较，如图 12-8 所示。

3. 确定移动角值

每一次观测后，都要及时进行计算和绘制移动和变形曲线图。观测工作全部结束后，应对每次观测结果进行综合分析，以便了解观测站受开采影响产生的移动和变形的发展过程，并根据最后一次全面观测结果，计算地表移动和变形的主要参数。

移动角 δ、β、γ 的数值直接从断面图上用量角器量得。在已绘出的地表移动和变形曲线上，找出对建筑物有危险的边界值（一般采用砖石结构建筑物的临界变形值），即曲线上 $i=3$ mm/m，$K=0.2\times10^{-3}$/m，$\varepsilon=2$ mm/m 的 3 个点中最外边的一点，投影到断面图上，即得到移动盆地危险的边界点。该点与采空区边界的煤层底板连线（表土层很薄时，可不考虑表土层移动角）在煤柱一侧的夹角（图 12－8）即为岩层走向移动角 δ。同法在沿倾向主断面图上，可求得采空区上边界移动角 γ 和下边界移动角 β。边界角 δ_0、β_0、γ_0 是以下沉量为 10 mm 的点作为移动零点在断面图上来确定。

表土层移动角可通过类比法或实地观测得到。

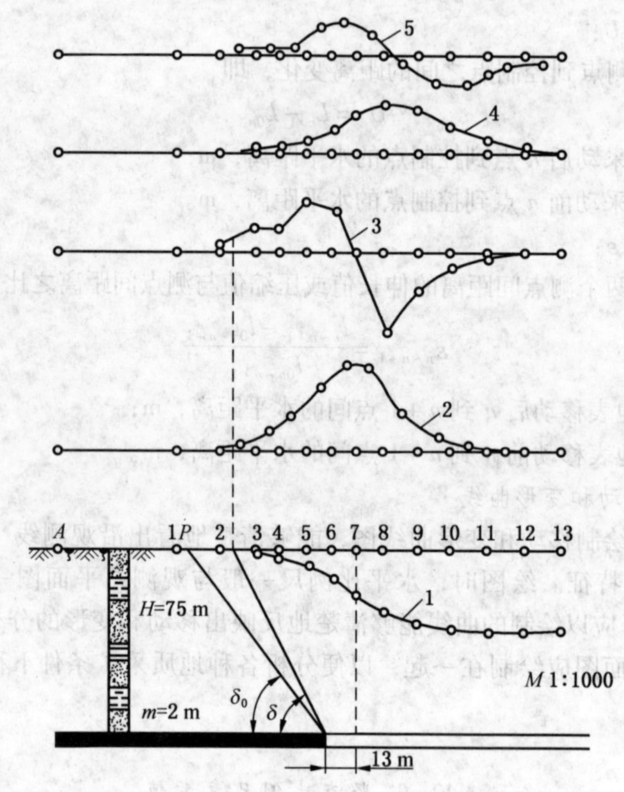

1—下沉曲线；2—倾斜曲线；3—曲率曲线；4—水平移动曲线；5—水平变形曲线

图 12－8 地表移动与变形曲线

二、类比法确定移动角

对于无地表移动观测资料的矿区或矿井，可采用类比的方法确定移动角值。

采用类比法确定移动角值的实质，就是根据本矿区（井）的煤层生成年代、上覆岩层的性质、煤层的倾角和厚度以及相应的采深与采煤方法等条件，与已有地表移动成果的条件相近的矿区（井）进行类比。选取该矿区（井）的岩层移动角值作为本矿的岩层移动参数。这种与同类煤田相比较求岩层移动角的方法称为类比法。我国一些主要矿区的移动角值见表 12－3。

表 12－3　我国主要矿区的移动角

矿区名称	煤田特征		开采条件				基岩移动角			表土层移动角 $\varphi/(°)$
	成煤年代	岩性	倾角 $\alpha/(°)$	煤厚 m/m	采深 H/m	采煤方法	$\delta/(°)$	$\gamma/(°)$	$\beta/(°)$	
开滦	石炭二叠纪	砂岩为主，砂岩、页岩	14～80	0.9～3.4	＜600	走向长壁陷落法	70	$55+0.5(H-50)$	$72-0.67\alpha$，但不小于30°	35～45
峰峰	石炭二叠纪	砂岩 砂页岩	9～20	0.6～3.0	＜260	走向长壁陷落法	73	73	$73-0.6\alpha$	58
阳泉	石炭二叠纪	厚砂岩 砂页岩	0～11	1.1～1.6	＜240	走向长壁陷落法、刀柱法	72	72	72（$\alpha\leq10$） $75-0.8\alpha$（$\alpha\geq10$）	
抚顺	第三纪	厚层油页岩和厚层页岩及泥灰岩	20～35	20～50	＜540	倾斜分层V形长壁水砂充填	65	62	$59-0.2\alpha$	45
阜新	侏罗纪	砂页岩、砂岩	＜30	1.5～2.4	＜400	走向长壁陷落法	78	78	78（$\alpha<10$） $89-1.1\alpha$（$\alpha<30$）	水大42，正常含水49
蛟河	侏罗纪	页岩、砂页岩为主	12～20	1.0～1.7	35～100	走向长壁陷落法	75	75	$75-0.8\alpha$	45
枣庄	石炭二叠纪	砂岩、页岩为主	8～18	1.0～1.7	＜200	走向长壁陷落法	75	75	$81-\alpha$	
平顶山	石炭二叠纪	页岩、砂页岩为主	＜20	1.4～2.5	＜200	走向长壁陷落法	$74-11\frac{m}{H}$	$86-46\frac{m}{H}$	$67-17\frac{m}{H}$	
鸡西	侏罗纪	砂页岩为主	15～20	1.0～2.0	60～160	走向长壁陷落法	78	72	$72-0.7\alpha$	
南桐	二叠纪	砂页岩为主上覆厚灰岩	15～80	0.9～3.4	73～270	走向长壁陷落法	70	70	$72-38\frac{m}{H}$	
淮南	石炭二叠纪	砂岩、砂页岩为主	20～84	1.8～4.2	＜180	走向长壁陷落法或水平分层、掩护支架采煤法	75	75	$75-0.65\alpha$（$\alpha\leq45$） $53-0.1\alpha$（$\alpha>45$）	40～45
徐州	二叠纪	砂岩、砂页岩为主	15～30	2.0	90～140	走向长壁陷落法或水平分层、掩护支架采煤法	西部75 贾庄75 董庄70	75 75 70	$75-0.82\alpha$ $75-0.82\alpha$ $70-0.72\alpha$	40 45 36

第三节 保护煤柱的留设

为了使地表的建筑物、铁路、水体及井巷不受地下开采的影响，可将其下方的煤层保留下来不开采，留下的煤层称为保护煤柱。

留设保护煤柱的优点是安全可靠，缺点是部分煤炭资源暂时或长期不能采出，以及因留设煤柱而使采煤工艺复杂化等。只有正确地选用岩层移动参数，才能合理地留设保护煤柱。因为煤柱留得过大，会造成国家资源的浪费，煤柱留得过小，又起不到保护作用。

因选用的移动角不可避免地带有误差，为确保建筑物、构筑物的安全，被保护的面积除了建筑物和构筑物本身所占有的面积之外，还应在建筑物周围留有围护带，增加保护面积。围护带的宽度分为四级：Ⅰ级围护带的宽度为 20 m，Ⅱ级围护带的宽度为 15 m，Ⅲ级围护带的宽度为 10 m，Ⅳ级围护带的宽度为 5 m。

保护煤柱的留设方法主要有垂直断面法和垂线法。

一、垂直断面法

现以房屋为例，说明垂直断面法设计保护煤柱的方法和步骤。

某建筑物长 60 m，宽 25 m，其建筑物长轴方向的方位角为 265°，煤层走向 205°，煤层厚度 2.0 m，倾角 35°，煤的视密度为 1.35 t/m^3，建筑物中心处的煤层埋藏深度为 140 m，表土层厚 20 m。矿井的岩层移动角 $\delta=\gamma=75°$，$\beta=47°$，冲积层移动角 $\varphi=45°$，试用垂直断面法确定煤柱尺寸，并计算建筑物的压煤量。

1. 确定受护面积

如图 12－9 所示，首先按井上、下对照图的比例尺（1∶500～1∶5000），作房屋的平面图，使房屋的长轴与煤层走向的夹角为 265°－205°＝60°，然后绘出房屋的轮廓点 1、2、3、4，过房屋的轮廓点作平行于煤层走向和倾向的外切矩形 1′2′3′4′。这样做是为了能够利用移动角值，有利于煤柱周围煤层的开采。在矩形 1′2′3′4′的外缘，再加 15 m 的围护带，得矩形 $abcd$，即为所确定的保护面积。

2. 确定保护煤柱边界

通过受护面积中心作一垂直于走向断面Ⅰ—Ⅰ，首先绘出地表与煤层，在该断面上，从被保护面积的边界点 m_1 和 n_1 起，按表土层移动角 $\varphi=45°$作斜线交基岩表面，得交点 m_2 和 n_2。然后再按基岩移动角，在基岩面上沿下山和上山方向分别以移动角 $\gamma=75°$和 $\beta=47°$作斜线交煤层于 m'和 k'点，即为保护煤柱的上部和下部边界。

同样方法，在平行于煤层走向的断面Ⅱ—Ⅱ及Ⅱ′—Ⅱ′上，按 $\varphi=45°$和 $\delta=75°$作斜线，求得沿走向断面的煤柱边界 a'、b'、c'、d'。依次将两断面上的煤柱边界转绘到平面图上，得到梯形 $ABCD$，即为保护煤柱的平面图。

然后在井上、下对照图和采掘工程平面图上，绘出保护煤柱的位置。

3. 计算压煤量 Q

$$Q=\text{体积}\times\text{视密度}=A_{平}/\cos\alpha MR$$

式中 $A_{平}$——煤柱的水平面积；

R——煤的视密度；

α——煤层倾角；

M——煤层厚度。

则
$$Q = \frac{41400 \times 2.5 \times 1.35}{\cos 35°} \text{t} = 161340 \text{ t}$$

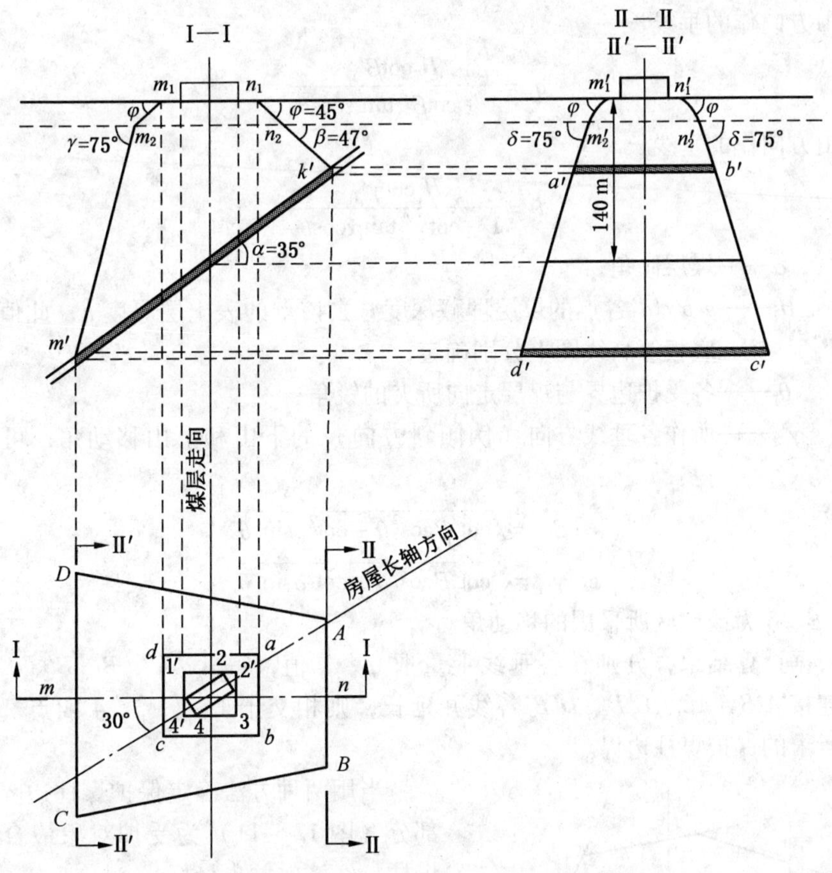

图 12 - 9　垂直断面法留设保护煤柱

二、垂线法

移动角是在主断面上描述移动和变形的重要参数。上例中建筑物的长轴方向与煤层走向斜交，用垂直断面法留设保护煤柱时，为了利用移动角，需根据建筑物的角点作沿煤层走向和倾向的保护边界。当建筑物或被保护对象窄而长（如铁路、河流）时，用此方法留设保护煤柱就会大大增加煤柱的面积，造成国家煤炭资源的巨大浪费。在这种情况下，宜采用垂线法留设保护煤柱，其步骤如下：

1. 确定受护边界

在平面图上作保护对象轮廓的围护带（取 5 ~ 20 m），得到受护边界 $abcd$，如图 12 - 10 所示。

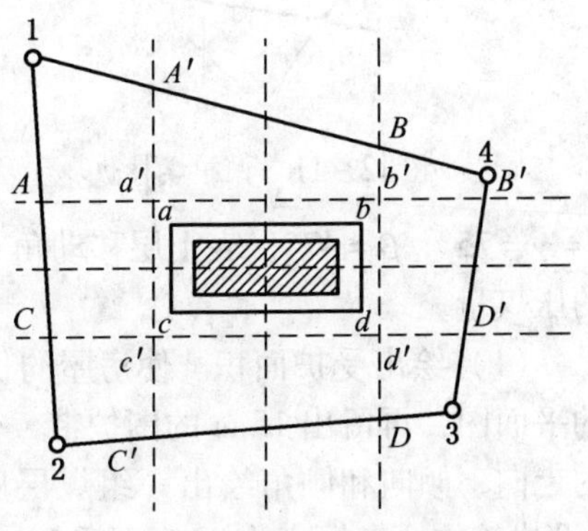

图 12 - 10　垂线法留设保护煤柱

2. 确定保护煤柱

将 $abcd$ 绘在煤层底板等高线图上，由受护边界 $abcd$ 向外量出 $S=h\cot\varphi$（式中 h 为表土层厚度，φ 为表土层移动角），得到基岩面上的受护边界 $a'b'c'd'$（图 12－10），再从 $a'b'c'd'$ 向外作各受护边界的垂线。这些垂线的长度按下式计算：

向上山方向作的垂线长

$$q_i=\frac{H_i\cot\beta'_i}{1+\cot\beta'_i\tan\alpha\cos\theta_i} \tag{12-8}$$

向下山方向作的垂线长

$$l_i=\frac{H_i\cot\gamma'_i}{1-\cot\gamma'_i\tan\alpha\cos\theta_i} \tag{12-9}$$

式中 α——煤层倾角；

H_i——$a'b'c'd'$ 各点的煤层埋藏深度减去该点的表土层厚度 h，此值可在煤层底板等高线图上分别确定；

θ_i——各受护边界与煤层走向所夹的锐角；

β'_i、γ'_i——所作各垂线方向（伪倾斜方向）的下山和上山移动角，可按下式求得：

$$\cot\beta'_i=\sqrt{\cot^2\beta\cos^2\theta+\cot^2\delta\sin^2\theta} \tag{12-10}$$

$$\cot\gamma'_i=\sqrt{\cot^2\beta\cos^2\theta+\cot^2\delta\sin^2\theta} \tag{12-11}$$

式中的 γ、β、δ 为该矿区所采用的移动角。

然后根据计算结果，分别在各垂线上量取 q_i、l_i 值，得 A、A'、B、B'、C、C'、D、D' 各点，连接 $A'B$、AC、$C'D$、$D'B'$ 各线并延长，则相交于 1、2、3、4 四点，形成四边形，即为所求的保护煤柱边界。

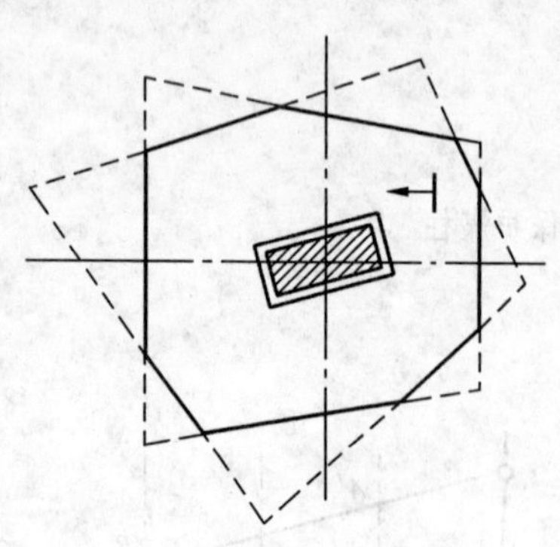

图 12－11　保护煤柱边界

当用两种方法确定保护煤柱边界时，重叠部分（图 12－11）为受护对象最合理的保护煤柱，经济效益也最好。

现以房屋为例，说明垂线法设计保护煤柱的方法和步骤：

某建筑物长 50 m，宽 20 m，其建筑物长轴方向的方位角为 85°，煤层走向 25°，倾向南东，煤层厚度 2.5 m，倾角 35°，煤的视密度为 1.3 t/m³，建筑物中心处的煤层埋藏深度为 140 m，地面平坦，表土层厚 20 m。矿井的岩层移动角 $\delta=\gamma=75°$，$\beta=47°$，表土层移动角 $\varphi=45°$，试用垂线法确定煤柱尺寸，并计算保护煤柱的压煤量。

（1）绘出受护面积。使房屋的长轴方向为 85°，按井上、下对照图的比例尺绘出房屋的平面图，再留出 15 m 的围护带，得到地面受护边界 $abcd$，如图 12－12 所示。根据煤层的走向、倾向和倾角绘出一组煤层底板等高线，通过房屋中心的等高线的数值为 140 m（设建筑物地表标高为 0），即采深。

（2）确定保护煤柱。

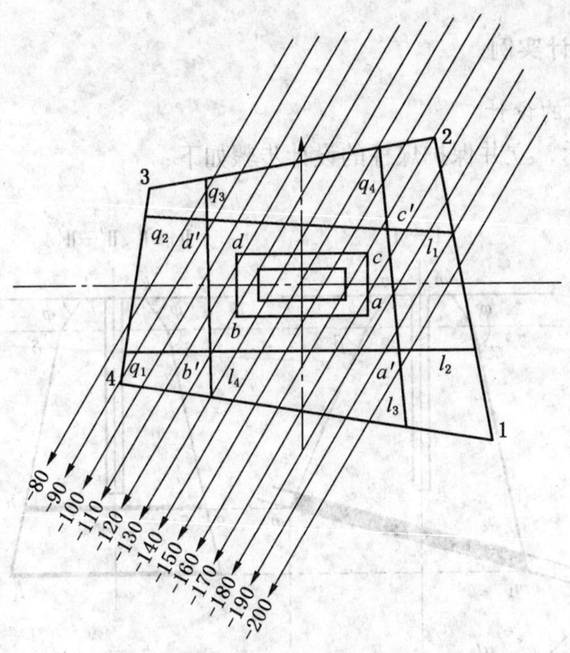

图 12-12　垂线法留设保护煤柱

①由 $abcd$ 各点向外按比例量出距离 $S=h\cot\varphi=20\cot45°=20$ m，得到基岩面上的受护边界 $a'b'c'd'$，在图上根据标高确定 $a'b'c'd'$ 点的煤层埋藏深度，并减去表土层厚度得：

$$H_{a'}=0-(-195)\text{ m}-20\text{ m}=175\text{ m}\qquad H_{b'}=0-(-120)\text{ m}-20\text{ m}=100\text{ m}$$

$$H_{c'}=0-(-162)\text{ m}-20\text{ m}=142\text{ m}\qquad H_{d'}=0-(-87)\text{ m}-20\text{ m}=67\text{ m}$$

②自 $a'b'c'd'$ 各点作围护边界的垂线，得 q_1、q_2、q_3、q_4、l_1、l_2、l_3、l_4。

③求伪倾斜方向的移动角 β'_i、γ'_i 和垂线长度 q_i、l_i。

应用式（12-10）、式（12-11），对于 q_3、q_4、l_3、l_4，$\beta=47°$，$\delta=\gamma=75°$，$\theta=60°$ 计算得：

$$\beta'=62°29'\qquad \gamma'=75°00'$$

对于 q_1、q_2、l_1、l_2，$\beta=47°$，$\delta=\gamma=75°$，$\theta=30°$计算得：

$$\beta'=50°42'\qquad \gamma'=75°00'$$

应用式（12-8）、式（12-9）计算得：

$$q_1=54.7\text{ m}\qquad q_2=36.6\text{ m}\qquad q_3=29.5\text{ m}\qquad q_4=62.5\text{ m}$$

$$l_1=45.4\text{ m}\qquad l_2=56.0\text{ m}\qquad l_3=51.7\text{ m}\qquad l_4=29.6\text{ m}$$

在各垂线上分别截取计算得到的相应长度，将各端点相连并延长相交，得四边形1234，即为所留煤柱的平面投影。

然后在井上、下对照图和采掘工程平面图上，绘出保护煤柱的位置。

(3) 计算压煤量。

$$\text{煤柱面积}=\triangle412+\triangle423=37677\text{ m}^2$$

如果采用 CAD 绘图软件绘图，其面积可利用软件直接获取。

$$\text{压煤量}=\frac{37677}{\cos35°}\times2.5\times1.3\text{ t}=149484\text{ t}$$

三、保护煤柱设计实例

1. 立井保护煤柱的设计

如图 12－13 所示，立井保护煤柱的设计步骤如下：

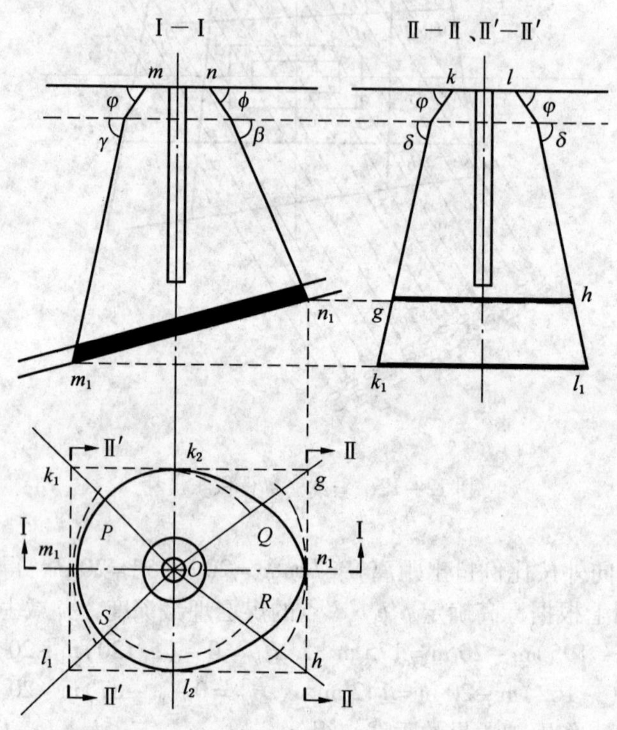

图 12－13　立井保护煤柱图

（1）首先作立井的平面图，然后通过立井井筒中心沿煤层倾斜方向作断面Ⅰ—Ⅰ和Ⅱ—Ⅱ及Ⅱ′—Ⅱ′，按Ⅰ级建筑物在井筒周围留 20 m 宽的围护带，在断面图上得 m、n 及 k、l 各点。

（2）根据冲积层和基岩的移动角值，绘出保护煤柱的边界线，在断面Ⅰ—Ⅰ上得 m_1、n_1 点，在断面Ⅱ—Ⅱ及Ⅱ′—Ⅱ′上得 g、h、k_1、l_1 各点。

（3）将 m_1、n_1、g、h、k_1、l_1 各点投影到平面图上，依次连接四点得四边形。

（4）过井筒中心作走向及倾向线将四边形分成 4 个小四边形，并作出小四边形通过井筒中心的对角线 Og、Oh、Ok_1、Ol_1。

（5）以井筒中心 O 为原点，分别以 Om_1、On_1、Ok_2、Ol_2 为半径画圆弧（虚线），并交于对角线上；在对角线上，取两圆弧与之相交点的中点，得 P、Q、R、S。

（6）用圆弧连接平面图上 m_1、P、k_2、Q、n_1、R、l_2、S 各点，即得立井井筒保护煤柱的边界。

2. 工业广场煤柱的设计

某矿的工业广场边界，如图 12－14 所示，其保护煤柱的设计步骤如下。

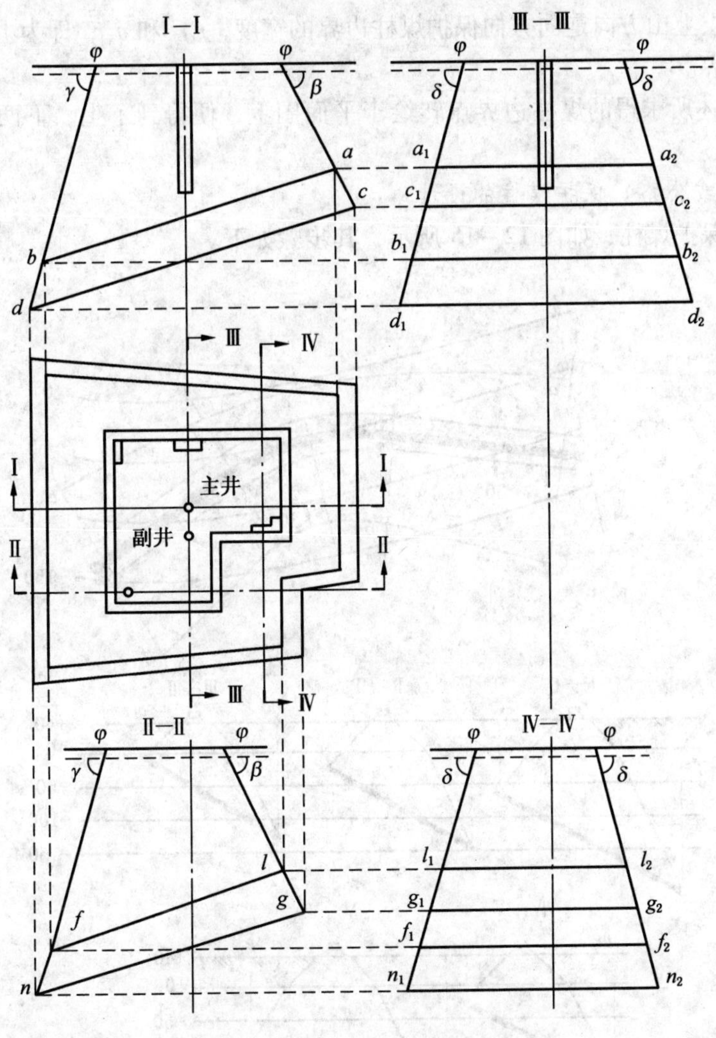

图 12-14　工业广场煤柱图

(1) 按Ⅰ级建筑物留围护带，得到受护面积。

(2) 过主井作沿煤层倾斜方向的断面Ⅰ—Ⅰ，将保护面积投影到断面图上，由受护边界以冲积层移动角 φ 作斜线和基岩面相交，再由交点分别用本矿区的移动角 γ 和 β 作斜线，与煤层相交于 a、b、c、d 点，a、b 为上煤层的煤柱边界，c、d 为下煤层的煤柱边界。

(3) 过主井作沿煤层走向的断面Ⅲ—Ⅲ，在此断面上，用相同的方法作斜线，与 a、b、c、d 处煤层投影线相交于 a_1、a_2、b_1、b_2、c_1、c_2、d_1、d_2 等点。a_1a_2 为上层上山方向保护煤柱的宽度，b_1b_2 为上煤层下山方向保护煤柱的宽度，c_1c_2 为下煤层上山方向保护柱的宽度，d_1d_2 为下煤层下山方向保护煤柱的宽度。

(4) 由于工业广场不是一个规则图形，故在较窄部位，还要用同样的方法作两个断面图Ⅱ—Ⅱ和Ⅳ—Ⅳ。在Ⅱ—Ⅱ断面上，l 和 g 便是较窄部分上、下煤层上山方向煤柱的边界，f 和 n 即为上、下煤层下山方向煤柱边界，在Ⅳ—Ⅳ断面上，l_1l_2 和 g_1g_2 便是较窄部位上、下煤层上山方向走向方向保护煤柱边界的宽度，f_1f_2 和 n_1n_2 即为上、下煤层下山方向的煤柱边界。

（5）将上述所求得的煤柱边界点转绘于平面图上，便得到了上、下两个煤层的保护煤柱的范围。

3. 铁路（或公路）保护煤柱的设计

设计铁路保护煤柱，如图 12－15 所示，其步骤如下。

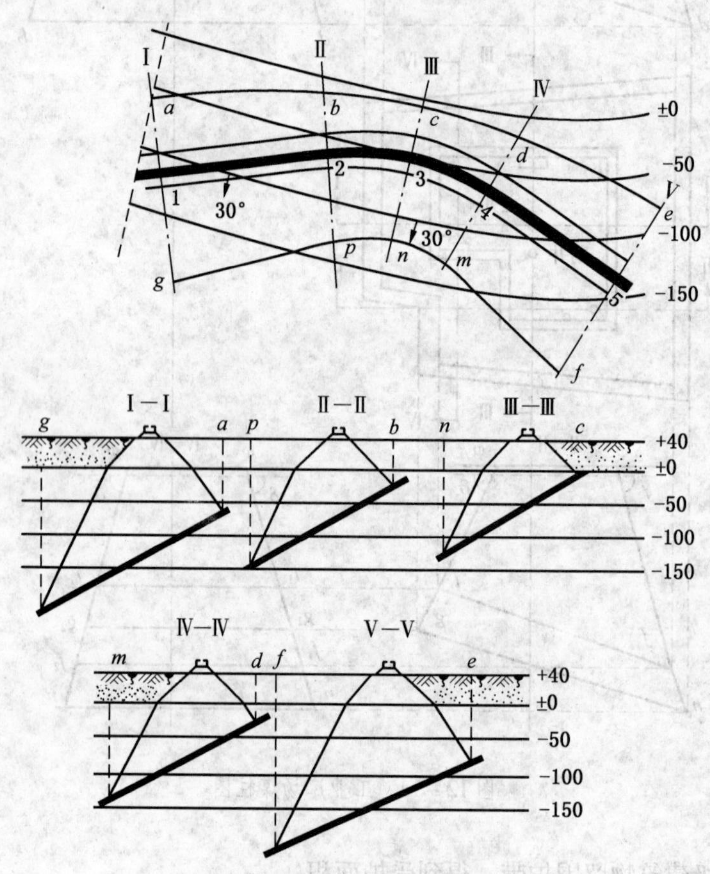

图 12－15　铁路保护煤柱图

（1）在平面图 a 上，由铁路路基向外留设围护带，即得该铁路的保护边界。

（2）在铁路转弯处及有代表性的地方，作断面图Ⅰ—Ⅰ、Ⅱ—Ⅱ、Ⅲ—Ⅲ、Ⅳ—Ⅳ、Ⅴ—Ⅴ。

（3）由于铁路中心线的方向和煤层走向不平行，故不能直接使用移动角 β 和 γ，而需要根据式（12－10）和式（12－11）计算斜向移动角 β' 和 γ'。为此，需要求出每个断面处铁路中心线与煤层走向所夹的锐角。

（4）在每个断面图上，按本矿区的冲积层移动角和所求得的斜向移动角 β' 和 γ'，便可求出保护煤柱的边界点 a、g、p、b 等。

（5）将所求得的煤柱边界点转绘到平面图上，用曲线连接各点，$abcde$ 和 $fmnpg$ 即为铁路保护煤柱边界。

实训一　垂直断面法绘制保护煤柱图

一、实训目的

掌握利用垂直断面法绘制保护煤柱图的方法。

二、已知条件

某建筑物长40 m，宽16 m，其建筑物长轴方向的方位角为100°，煤层走向30°，煤层厚度2.0 m，倾角25°，煤的视密度为1.4 t/m³，建筑物中心处的煤层埋藏深度为250 m，表土层厚30 m。矿井的岩层移动角$\delta=\gamma=75°$，$\beta=50°$，表土层移动角$\varphi=45°$，试用垂直断面法绘制保护煤柱图，并计算建筑物的压煤量（围护带宽10 m，作图比例尺1∶2000）。

三、绘制方法与要求

绘图方法见本章第三节。

在教师指导下，独立完成图纸绘制，图面要整洁、美观，计算正确。

实训二　垂线法绘制保护煤柱图

一、实训目的

掌握利用垂线法绘制保护煤柱图的方法。

二、已知条件

某建筑物长40 m，宽16 m，其建筑物长轴方向的方位角为100°，煤层走向30°，倾向北西，煤层厚度2.0 m，倾角25°，煤的视密度1.4 t/m³，建筑物中心处的煤层埋藏深度为250 m（设建筑物中心地表标高为0），表土层厚30 m。矿井的岩层移动角$\delta=\gamma=75°$，$\beta=50°$，表土层移动角$\varphi=45°$，试用垂线法绘制保护煤柱图，并计算建筑物的压煤量（围护带宽10 m，作图比例尺1∶2000）。

三、绘制方法与要求

绘图方法见本章第三节。

在教师指导下，独立完成图纸绘制，图面要整洁、美观，计算正确。

复习思考题

1. 煤层产状三要素是______________________________。
2. 岩层移动的形式有弯曲、__________________________。
3. “三下”采煤是指______________________________。
4. 按顶板岩层的破坏程度，将采矿影响范围划分为______________。

5. 地下大面积的开采，波及地表并形成洼地，称为____________________。
6. 走向主断面是指____。
7. 倾向主断面是指____。
8. 危险边界是指____。
9. 移动角是指____。
10. 留设保护煤柱图的方法有________________________________。

附录1 全站仪的基本功能及其操作

由于全站仪品牌型号繁多，规格与性能不尽相同，具体使用操作也有所差别。但各类全站仪功能大同小异，要全面掌握某一型号全站仪的使用，必须阅读相关的使用说明书。下面仅以 SET2130R 全站仪的基本操作与使用方法进行介绍。

2130R 系列全站仪采用索佳世界领先的新一代测距技术，可实现高精度、远距离无协作目标测距，反射片测距及棱镜测距，代表了新一代全站仪的发展方向。全站仪单棱镜测距可达 5 km，精度可达 $2+2\times10^{-6}$，反射片测距可达 1.3 ~ 500 m，精度可达 $3+2\times10^{-6}$，无协作目标测距可达 0.3 ~ 350 m，精度可达 $3+2\times10^{-6}$。130R 系列全站仪装载了绝对数码度盘。用户开机即可直接进行开始测量，即使中途重置电源，方位角信息也不会丢失。三轴补偿功能使测量工作更加稳定可靠。机载功能强大的测量软件包（道路测量软件）为各类专业测量提供了强大的技术支持。

一、测量前的准备工作

1. 安装电池

在进行测量之前，使用仪器自带的专用充电器对电池进行充电。充电完毕后将充电器装入仪器箱以备充电使用。整平仪器前按仪器说明书安装电池，观测完毕须将电池从仪器上取下。

2. 安置仪器

全站仪安置包括对中和整平两项工作，和经纬仪安置基本相同。

3. 开机

确保电池安装接触良好后，方可开机。SET2130R 全站仪可以按仪器键盘上的开关键直接开启。

4. 仪器自检

全站仪开机后，仪器进行自检，自检通过后，显示主菜单，方可进行测量。

5. 仪器参数设置

测量工作前，全站仪除了厂家进行的固定设置外，测量员应通过仪器的键盘操作进行一系列相关设置，主要包括以下内容：

（1）观测条件设置，包括测距模式、视准改正、竖直角模式、坐标格式、最小显示等设置。

（2）仪器设置，可以设置关机方式、显示屏的亮度和对比度等。

（3）仪器常数设置，可以进行视准差的测定和设置。

（4）通信条件参数的设置。

（5）单位设置，包括温度、气压、角度和距离显示单位设置。

二、全站仪的基本操作与使用方法

全站仪可以完成角度测量、距离测量、坐标测量、放样测量、交会测量、对边测量和面积测量等多项测量工作。在此仅介绍常用的角度、距离、坐标和放样测量的基本操作方法。

（一）角度测量

1. 角度测量模式各键功能

角度测量模式各键功能见附表1-1。

附表1-1 角度测量模式各键功能表

主要功能键	各键功能
置零	水平角设置为00°00′00″
设角	通过键盘数字输入设置水平角，输入格式如12.3456，表示12°34′56″
锁定	锁定水平度盘读数
右/左	HAR（或HR）是右增量式度盘，HAL（或HL）是左增量式度盘
ZA%	切换竖直度盘度数和百分比坡度
竖角	切换竖直度盘度数的显示格式：垂直角、垂直90°和天顶距
复测	角度测量重复测量模式

2. 角度测量的基本操作方法

1）水平角测量

（1）选择水平角显示方式。水平角测量前，应采用“右/左”键设置水平角显示方式，有右角（顺时针角）和左角（逆时针角）两种形式可供选择。

（2）水平度盘读数设置。水平度盘读数设置如下：

①水平方向置零。测定两条直线方向间的水平夹角，将其中任一直线方向作为起始方向，先用望远镜照准该方向目标，通过置零键将水平度盘的读数设置为00°00′00′，简称为水平方向置零，如附图1-1所示。

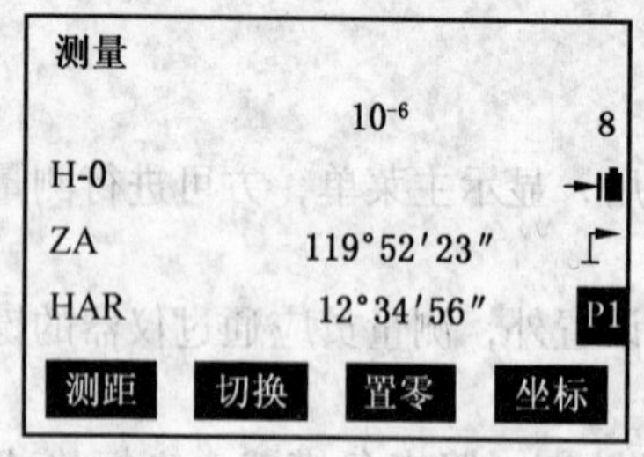

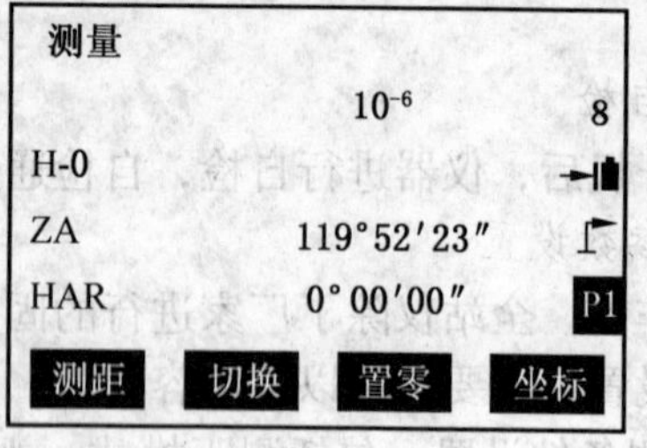

附图1-1 水平方向置零

②水平角设置。当在一个测站上进行多测回水平角观测时，每一测回开始都需要进行水平度盘读数配置，采用设角键即可进行设置。如附图1-2所示，将水平度盘读数设置为12°34′56″。

如果在坐标测量或放样时，后视方向的坐标方位角是已知量，此时也可瞄准后视点设置水平度盘的读数为已知方位角值，称为水平度盘定向。设置完成后，照准其他方向时，水平度盘显示的读数即为该方向的方位角值。

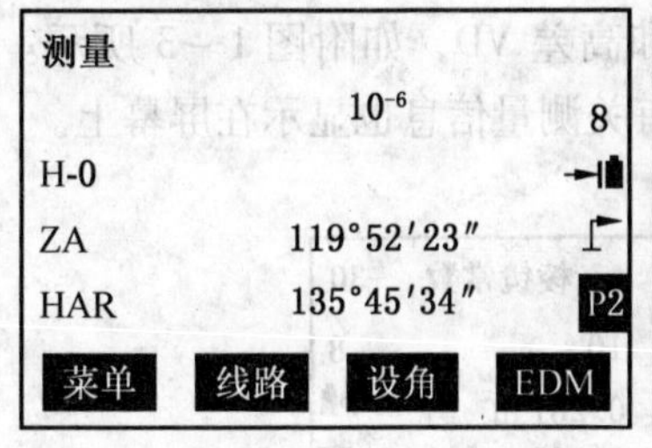

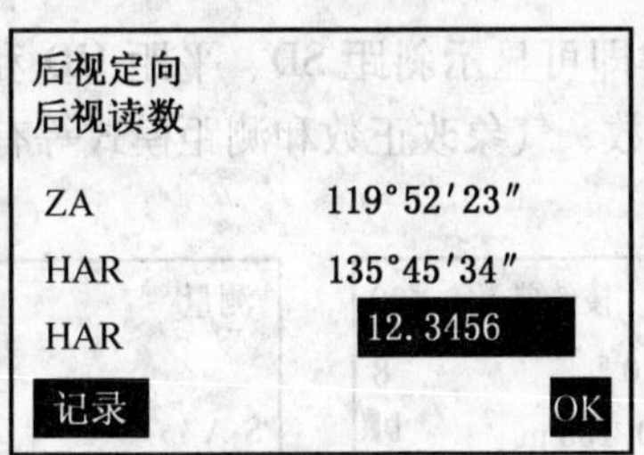

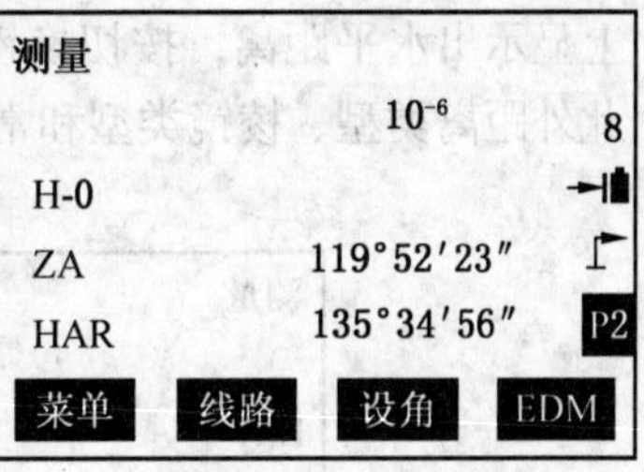

附图1-2　水平度盘读数设置

（3）水平角测量。水平度盘读数设置完成后，再旋转望远镜精确照准前视目标点，此时将显示屏上的前视目标点读数记录入测量手簿，进行计算即可得到要测的水平角值。

2）竖直角测量

（1）竖直角模式设置。通过仪器观测条件设置竖直度盘度数的显示格式，有垂直角、垂直90°和天顶距格式。

（2）竖直角观测。如果是垂直角显示模式，观测方法和经纬仪测量方法一样。如果是垂直90°，竖盘为对称度盘，水平方向竖盘读数为00°00′00″，只要瞄准目标点，即可读出竖直角，为进行检核，可盘左盘右观测取平均值。若为天顶距格式，屏幕显示天顶距，天顶距加减90°即可得到竖直角。

（二）距离测量

1. 距离测量模式各键功能

距离测量模式各键功能见附表1-2。

附表1-2　距离测量模式各键功能表

主要功能键	各键功能
测距	启动距离测量
EDM	测距参数设置
切换	切换斜距SD、平距HD和高差VD
英尺/米	变换单位

2. 距离测量

1）测距参数设置

用全站仪进行距离测量，测量员在测量之前，通过参数设置键EDM先选择精测、粗测和跟踪测等测量模式，采用温度计和气压计测量现场温度和气压并设置好气象改正参数，根据测量要求选择棱镜类型并设置棱镜常数。同时设置距离显示单位、大气折光和地球曲率改正等参数。

2）返回信号检测

通过测距信号检测键检查棱镜反射回的光信号是否足够强，这对长距离测量尤为重要。

3）距离测量

用望远镜精确照准棱镜中心，按测距键，开始距离测量，短暂时间后，测距完成，屏幕上显示出水平距离，按切换键即可显示斜距 SD、平距 HD 和高差 VD，如附图 1－3 所示。此外距离类型、棱镜类型和常数、气象改正数和测距模式等有关测量信息也显示在屏幕上。

测量	棱镜常数	-30
	10^{-6}	8
H-A	0.135 m	
ZA	69°53′34″	
HAR	123°25′39″	P1
测距	切换	英尺/米 EDM

测量	棱镜常数	-30
	10^{-6}	8
S-A	0.231 m	
H-A	0.135 m	
V-A	0.636 m	P1
测距	切换	英尺/米 EDM

附图 1－3　距离测量

4）结束测距

关机，完成测距。

（三）坐标测量

1. 坐标测量原理

坐标测量是测定地面点的三维坐标，全站仪采用坐标测量功能可直接测算测点的三维坐标 $N(x)$、$E(y)$ 和 $Z(H)$。如附图 1－4 所示，A 为测站点，B 为后视点，两点坐标分别为（N_A，E_A，Z_A）和（N_B，E_B，Z_B），求测点 P 的坐标。

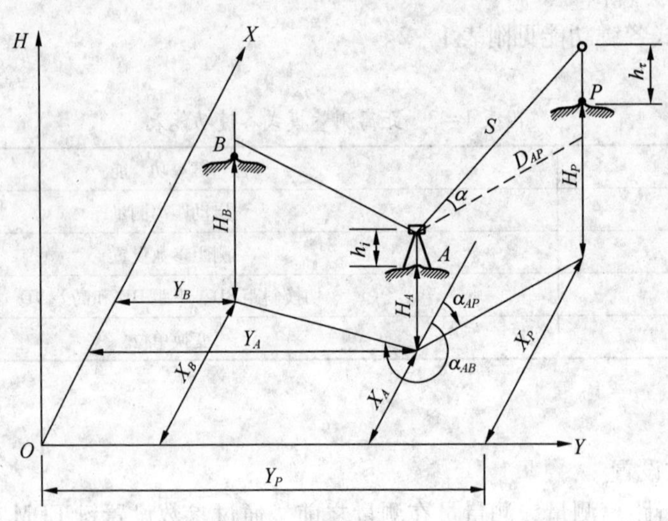

附图 1－4　坐标测量原理图

由于 A、B 坐标已知，由坐标反算公式先计算出 AB 的坐标方位角 α_{AB}。实际上，在将测站点 A 和后视点 B 的坐标输入仪器后，瞄准后视点 B，仪器自动计算 AB 的坐标方位角 α_{AB} 并将水平度盘读数设置为该坐标方位角。当用仪器瞄准 P 点，显示的水平度盘读数就是测站点 A 至测点 P 的坐标方位角。测出测站点 A 至测点 P 的水平距离后，测点 P 的坐标可按下列公式算出：

$$\begin{cases} N_P = N_A + D_{AP}\cos\alpha_{AP} \\ E_P = E_A + D_{AP}\sin\alpha_{AP} \\ Z_P = Z_A + D_{AP}\tan\alpha + h_i - h_\tau \end{cases}$$

式中 N_A、E_A、Z_A——测站点坐标；

D_{AP}——测站点 A 至测点 P 的平距；

α——棱镜中心的竖直角；

α_{AP}——测站点至测点方向的坐标方位角；

h_i——仪器高；

h_τ——目标高（棱镜高）。

上述计算过程是由全站仪机内软件计算完成，通过操作键盘即可直接得到测点坐标。

2. 坐标测量

1）选择坐标测量模式

实际上坐标测量也是测量角度和距离，通过机内自带软件而得。通过键盘选择坐标测量模式进入坐标测量菜单，如附图 1 -5 所示。

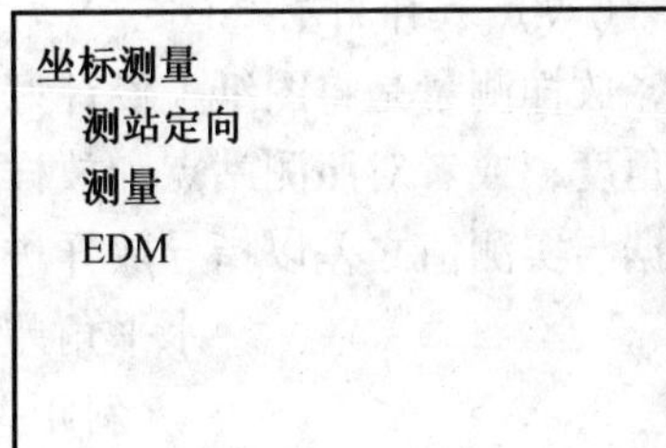

附图 1 -5 坐标测量菜单

2）测距参数设置

因坐标测量需要距离测量值，故在测量坐标之前，需要进行测距参数设置。如附图1 -5 所示，选择 EDM 进行参数设置，其设置方法与距离测量设置方法相同。

3）测站定向

选择测站定向，可以设置测站坐标和后视定向，如附图 1 -6 所示。

（1）输入测站点坐标：选择测站坐标，依次输入测站点坐标 N、E 和 Z。用 2 m 钢卷尺量取仪器高。通过操作键盘输入仪器高和目标高，如附图 1 -7 所示。

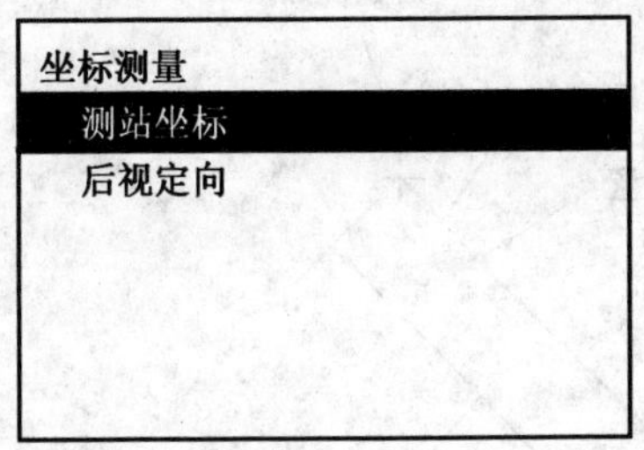

附图 1 -6 测站定向

N_0: 123.000
E_0: 456.000
Z_0: 500.000
仪器高: 1.525 m
目标高: 1.300 m
调取 记录 OK

附图 1 -7 测站坐标设置

（2）输入后视点坐标：瞄准后视点，选择后视定向，通过坐标定向可依次输入后视点坐标。由于在坐标测量中，输入后视点坐标是为了求得起始坐标方位角，因此后视点的 Z 坐标可不输入，如附图 1 -8 所示。

如果后视点方向的坐标方位角已知，可先瞄准后视点，如附图 1 -9 所示，然后选择角度定向，直接输入后视点方向的坐标方位角数值。在这种情况下，就无须输入后视点坐标。坐标方位角输入方法和水平度盘读数设置操作方法一样，在此不再详述。

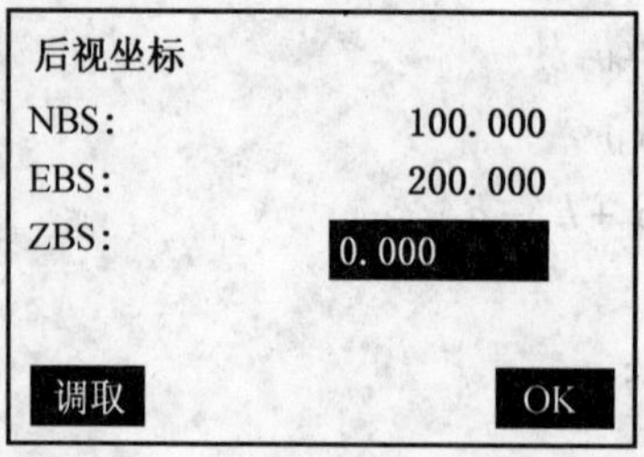

后视坐标
NBS: 100.000
EBS: 200.000
ZBS: 0.000
调取 OK

附图1-8 后视坐标定向

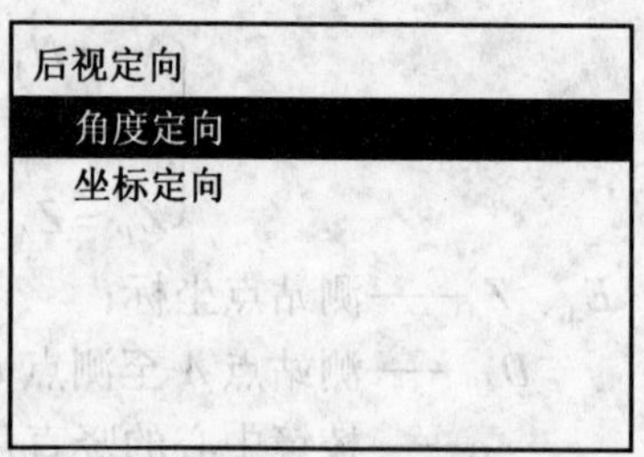

附图1-9 后视定向

4）测量测点坐标

在测点上安置棱镜，用仪器瞄准棱镜中心，按坐标测量键即显示测点的三维坐标。设置后视完成后，应直接测量后视点或其他已知点坐标进行检核，以防出现错误。

（四）放样测量

放样测量是将图纸上设计好的构筑物在实地上测设出来。在放样过程中，通过对照相关角度；或者对照测站点和放样点之间的距离、高差或坐标，仪器将显示预先输入的放样数据与实测值之差以指导放样进行。显示的差值由下式计算：

水平角差值＝水平角实测值－水平角放样值

斜距差值＝斜距实测值－斜距放样值

平距差值＝平距实测值－平距放样值

高差差值＝高差实测值－高差放样值

全站仪均有放样功能，下面只简要介绍按角度和距离放样以及按坐标放样的功能。

1. 按角度和距离放样测量

角度和距离放样是根据相对于某已知方向转过的角度以及至测站点的距离测设出所需要的点位，如附图1-10所示。其放样步骤如下：

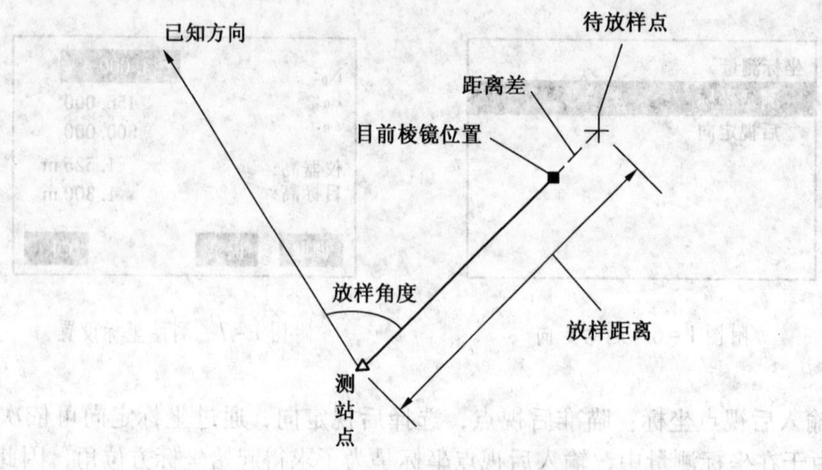

附图1-10 角度和距离放样测量

（1）在测站点上安置全站仪，精确照准选定的已知点方向；通过置零键将水平度盘读数设置为00°00′00″。

（2）选择放样模式，输入需要放样的距离和水平角值。

（3）进行水平角放样：在水平角放样模式下转动照准部使仪器实测水平角值与放样水平角值的差值显示为零时，固定照准部。此时仪器的视线方向就是角度放样值的方向。

（4）进行距离放样：在确定的角度放样值的方向上安置棱镜，并移动棱镜使其位于全站仪望远镜视准面，通过微动螺旋精确照准棱镜。选取距离放样测量模式，按照屏幕显示的距离放样引导，朝向或背离仪器方向移动棱镜，直至距离实测值与放样值的差值为零时，定出待放样的点位。

一般全站仪距离放样测量模式有：角度和斜距放样测量、角度和平距放样、角度和高差放样测量等。

2. 坐标放样测量

如附图1－4所示，A、B为已知点，P点坐标（N_P，E_P，Z_P）给定。要求在A、B的基础上测设出P点。按坐标放样的步骤如下：

（1）选择坐标放样模式。通过键盘选择坐标放样模式进入坐标放样菜单，如附图1－11所示。

（2）测距参数设置和测站定向。测距参数设置和测站定向与全站仪坐标测量设置方法完全相同。

（3）输入放样点坐标。选择放样数据，通过模式选择坐标放样，依次输入放样点坐标（N_P，E_P，Z_P）。如附图1－12所示。

附图1－11　坐标放样测量

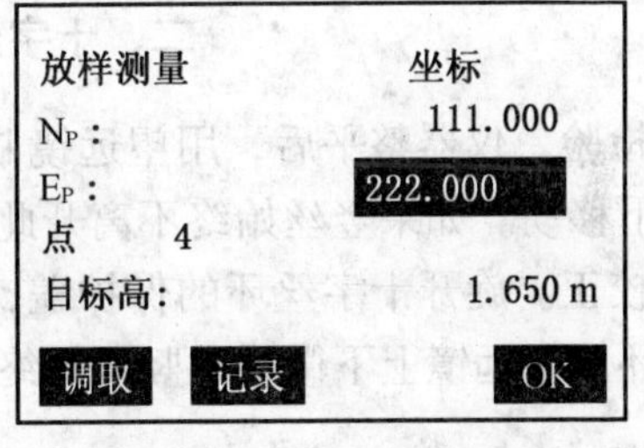

附图1－12　放样数据输入

（4）放样测量。参照水平角和距离进行放样的步骤，将放样点的平面位置定出。

（5）高程放样。将棱镜置于放样点P上，在坐标放样模式下，测量P点的高程，根据其与已知高程的差值，上下移动棱镜，直至差值为零，放样点P的位置即确定。

全站仪除了上述测量功能外，另外，还有后方交会测量、对边测量、偏心测量、悬高测量和面积测量等测量功能，在此不再一一介绍。

附录2 经纬仪的检验与校正

经纬仪要准确地测出水平角和竖直角，应满足下列3个几何条件（附图2-1）：①水准管轴垂直于仪器的竖轴；②视准轴垂直于水平轴；③水平轴垂直于竖轴。在使用仪器之前，要检查这些条件是否得到满足。

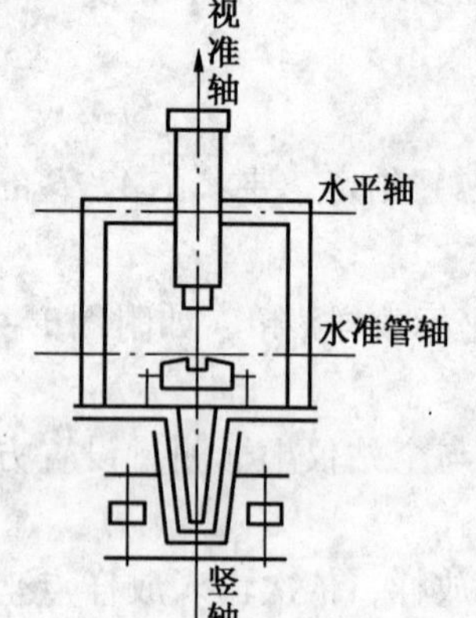

附图2-1 经纬仪应满足的几何条件

一、水准管轴垂直于仪器竖轴

（1）检验。将仪器大致整平，转动照准部使水准管和任一对脚螺旋的连线平行。然后调节脚螺旋使气泡严格居中，再将照准部旋转180°，如果气泡仍居中，表明水准管轴垂直于竖轴；如果气泡偏离中央，说明水准管轴与竖轴不垂直，需进行校正。

（2）校正。当仪器旋转180°之后，气泡偏离中心，用校正针拨动水准管的校正螺丝，使气泡的偏斜值减至一半；再旋转平行于水准管的两个脚螺旋，改正残留的一半，使气泡严格居中。上述步骤须反复进行，直至气泡偏离中心不大于半格为止。

二、十字丝竖丝垂直于水平轴

（1）检验。仪器整平后，用望远镜瞄准远方目标明显的一点，制动后用微动螺旋使望远镜上下移动。如果竖丝始终不离开此点，则此条件满足；否则，需要校正。

（2）校正。旋开十字丝环的保护盖，放松十字丝环上端和左右两侧的校正螺丝，转动十字丝环使望远镜上下微动时竖丝始终位于目标上，然后再旋紧3个校正螺丝。

三、视准轴垂直于水平轴

物镜的光心和十字丝中心的连线构成了仪器的视准轴，光心是不会变动的，而十字丝中心常发生移动。

（1）检验。仪器整平后，以正镜位置使望远镜大致水平，瞄准远处一点目标，读得水平度盘读数为a_1；倒镜仍旧瞄准原来的目标，得出水平度盘读数为a_2。如果a_1与a_2相差180°，则条件已满足；否则，就需校正。

（2）校正。取两次（正倒镜）水平度盘读数的平均值a：

$$a = [a_1 + (a_2 - 180°)]/2$$

求出a后，将度盘读数置于正确读数a处，此时望远镜的十字丝中心必然偏离原来的目标，调整十字丝环的左右两个校正螺丝，使其中心对准目标为止。

四、水平轴垂直于仪器的竖轴

在满足上述条件的情况下，如果水平轴不垂直于竖轴，则当整平仪器使竖轴竖直时，水平轴就倾斜了，因而望远镜上下转动时扫出的视准面将是一个倾斜面。

（1）检验。整平仪器后，用望远镜瞄准高处一点 A（距仪器 20～30 m），如附图 2－2 所示。固定照准部，然后将望远镜放平，在墙上标出十字丝中心所对准的一点 a_1；倒镜再瞄准高处的 A 点，再将望远镜放平，在墙上（与 a_1 点同一高度）又标出一点 a_2。若 a_1 与 a_2 重合，就满足了此条件；否则，应校正。

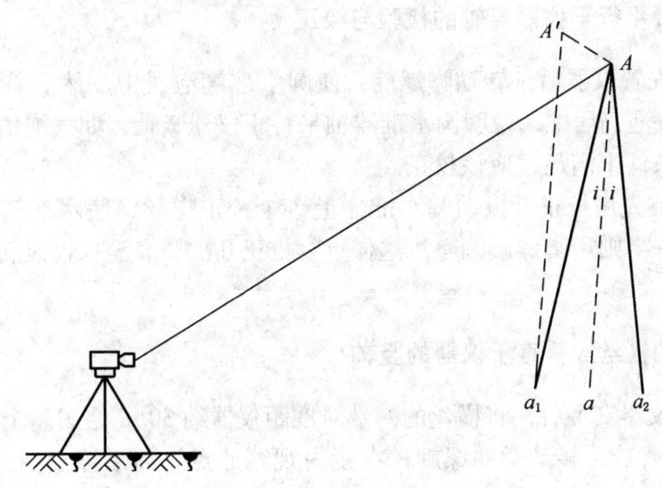

附图 2－2　水平轴垂直于仪器的竖轴

因为正、倒镜的两个视准面是向着相反方向倾斜了同一个角度 i，故 a_1a_2 的中点 a 即与 A 点在同一铅垂线上。

（2）校正。在墙上连出 a_1、a_2 的直线，找出其中点 a，使十字丝中心对准 a。然后抬高望远镜，此时瞄准点离开了目标 A 点，移至 A' 处。用校正针拨动支架上的校正螺丝，抬高或降低水平轴，使十字丝中心对准目标 A，即满足了此条件。

光学经纬仪的水平轴是密封的，如需校正，应由仪器检修人员在室内进行，作业人员只进行上述检验。

五、竖盘指标差的校正

在观测竖直角时，尽量用盘左、盘右两个镜位测量，取两个镜位所测角值的平均值，能消除竖盘指标差的影响，但指标差过大将给计算带来不便，因此，应及时校正。

（1）首先瞄准某一目标，在指标水准管气泡居中的情况下，分别测得盘左和盘右的读数 L 和 R。

（2）根据 L 和 R 计算指标差 x，并求得盘右位置没有指标差时的正确读数 R_o，$R_o = R - x$。

（3）在盘右位置不变的情况下，用指标水准管微动螺旋将读数对准正确读数 R_o 的位置。此时，指标水准管气泡必不居中，再用校正针拨动水准管校正螺丝，将气泡调至中央。

此项校正要反复进行，直至指标差不超过规定为止。

附录3 微倾水准仪的检验与校正

一、圆水准轴平行于仪器竖轴的检验与校正

（1）检验。安置仪器后，转动脚螺旋，使圆水准气泡居中，然后将仪器绕竖轴转动180°。如果水准气泡仍居中，说明圆水准器轴平行于仪器竖轴；如气泡偏离圆水准器的中心，则表明上述条件未满足，应该校正。

（2）校正。首先用校正针拨动圆水准器上3个校正螺丝，使水准气泡向中央移动偏离值的一半，另一半则用脚螺旋调整。这样重复校正几次，直至仪器旋转至任何位置气泡均居中为止。

二、十字丝的横丝应垂直于仪器的竖轴

（1）检验。仪器安平后，将横丝的一端对准距仪器约30 m处的一个固定点（点尽量要小），旋紧制动螺旋，转动微动螺旋，在镜内观察此点。如果该点始终在横丝上移动，表示满足此项条件；否则，应该校正。

（2）校正。松开十字丝环上相邻的2个螺丝，通过转动十字丝环进行调整，直到望远镜左右微动时目标始终在横丝上移动为止，最后旋紧十字丝环的固定螺丝。

三、水准管轴平行于视准轴的检验与校正

（1）检验。选取相距约80 m的A、B两点（附图3－1）。在A、B点的中点处S_1安置水准仪，并读取后、前视读数。如果仪器不满足上述条件，说明在所读取的两读数中都含有误差x。又因水准仪距A、B点的距离相等，所以误差x大小也相等，在计算高差时即可消去，而求得正确的高差h。如附图3－1a所示，后视实际读数为$(a+x)$，前视实际读数为$(b+x)$，则

$$h=(a+x)-(b+x)=a-b$$

求出两点间的正确高差h之后，把仪器搬到A点附近（相距2～3 m）的S_2处，整平

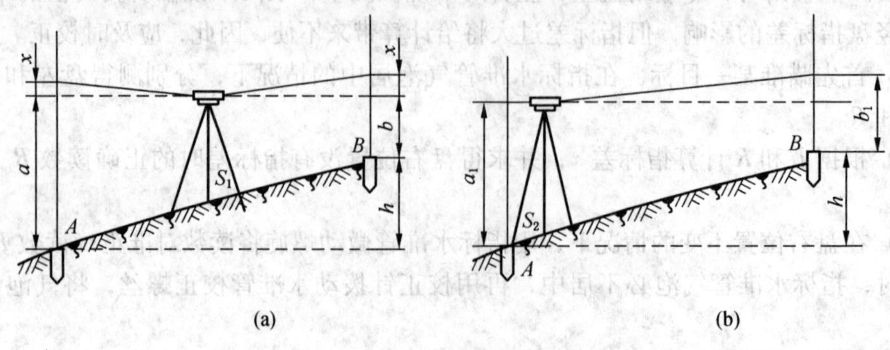

附图3－1 水准管轴平行于视准轴的检验

仪器，直接从 A 点标尺上读取读数 a_1（附图 3－1b），因为仪器位置接近 A 点，可以忽略 x 对 a_1 的影响，即认为 a 是视线水平时的读数，由此计算出视线水平时的前视读数 $b = a_1 - h$。如果实际读的前视读数 b 和计算值 b 相等，则说明水准管轴平行于视准轴；否则，应进行校正。

（2）校正。先用微倾螺旋使望远镜的十字丝横丝对准所计算出的前视读数 b，这时视准轴就处于水平位置了。但望远镜上的水准管气泡必然偏离中央，用校正针拨动水准管上的校正螺丝，使气泡居中，水准管轴也就处于水平位置了。

校正后，将仪器搬到距 A 点后面 10 m 左右的地方，再测 A、B 两点的高差。如果和正确的高差 h 不等，其差数不超过 3 mm，则认为已经校正好了；否则，还应重复进行校正，直到满足上述要求为止。

附录4　地物、地貌符号

地物、地貌符号见附表4－1。

附表4－1　地物、地貌符号

序号	名称	符号	说明
1	一般房屋	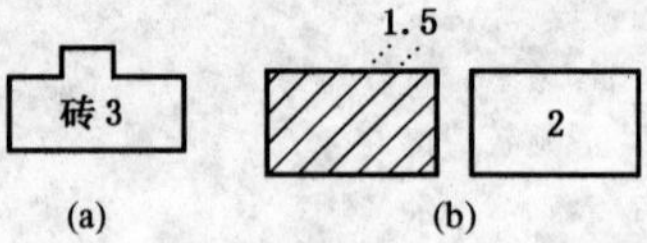 砖3 (a)　1.5　2 (b)	钢筋混凝土、砖（石）木结构； a为1:500～1:1000； b为1:2000
2	简单房屋	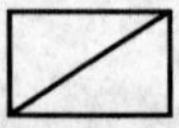	以竹、木、土坯、秫秸为材料的简易房屋
3	特种房屋	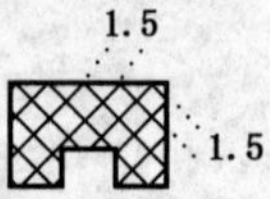 1.5　1.5	有纪念意义需永久保留，加注说明或专有名称
4	棚房	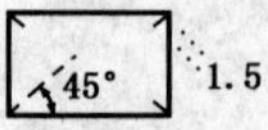 45°　1.5	临时性不表示
5	窑洞	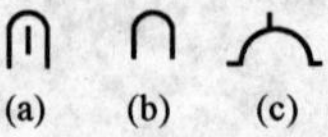 (a)　(b)　(c)	a为住人的； b为不住人的； c为砖瓦窑
6	温室	 温	加注类别说明
7	建筑说明符号	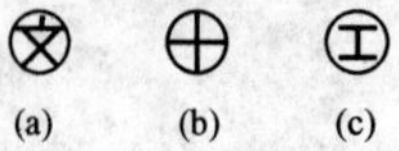 (a)　(b)　(c)	a为学校； b为医院； c为工厂
8	水塔、烟囱、变电所	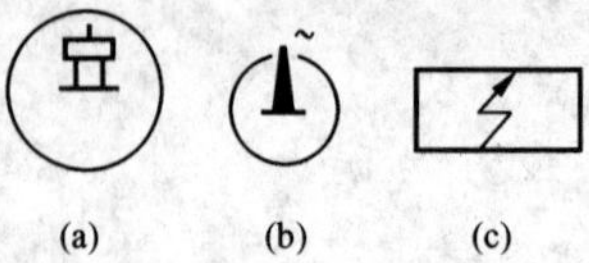 (a)　(b)　(c)	a为水塔； b为烟囱； c为变电所
9	旗杆、消火栓、抽水泵站	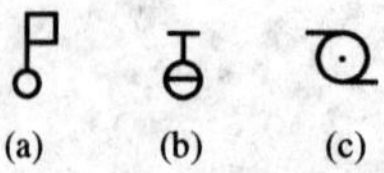 (a)　(b)　(c)	a为旗杆； b为消火栓； c为抽水泵站
10	石油井、天然气井、盐井	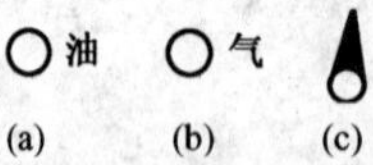 油 (a)　气 (b)　(c)	a为石油井； b为天然气井； c为盐井

附表4-1（续）

序号	名　称	符　号	说　明
11	三角点	凤凰山 394.468 3.0	分子为点名，分母为高程
12	图跟点、水准点	N16 84.46 (a) 25 62.74 (b) Ⅱ京石5 32.804 (c)	a为埋石的； b为不埋石的； c为水准点，分子为等级、点名
13	露天采掘场	3.0 石	加注产品名，如“石”“沙”等
14	乱掘地	乱掘	无规则的挖掘沙、石、土的场地
15	矿渣堆		
16	篱笆、铁丝网	(a) (b)	a为篱笆（竹、木等材料编成）； b为铁丝网
17	电线	(a) (b) (c)	a为高压线； b为低压线； c为通信线
18	铁塔高压线	(a) (b)	a为1∶500～1∶1000； b为1∶2000
19	管线	(a) 暖 (b)	a为暖气管及检修井； b为地下自来水管
20	管线	(a) 下水 (b) 油	a为下水管道及检修井； b为地面管线，注明输送物质
21	架空管线	(a) 热 (b) 水 1.0	a为依比例； b为不依比例
22	栅栏、栏杆	10.0 1.0	用于各种类型

附表4-1（续）

序号	名 称	符 号	说 明
23	活树篱笆	5.0 0.5 1.0	由灌木、荆棘等形成的规整篱笆
24	省、自治区	4.0 5.0 0.6	境界以线状地物为界的可沿地物两侧每隔3~5 cm交错绘出3~4节符号
25	县、自治县	3.0 5.0 0.3	
26	铁路	10.0 0.2 0.2 0.5 0.5 (a) 10.0 0.8 (b)	a为1:500~1:1000； b为1:2000
27	电气化铁路	8.0 2 2 1.0 (a) 1.0 0.8 10.0 (b)	电杆位置实测
28	公路	0.15 沥 砾 0.3	注明路面材料，分界线用点线
29	简易公路	0.15 碎石 0.15	路面为碎石、矿渣等
30	大车路	8.0 2.0 0.15 0.15	虚线绘在上方或左方
31	小路	4.0 1.0 0.3	
32	内部道路	1.5 0.5	指公园、工矿、机关、学校等内部有铺装材料的主要道路
33	阶梯路	0.5	指用水泥、石块、砖砌成阶梯式的人行路
34	路堑、路堤	(a) (b)	a为路堑； b为路堤
35	独立树	(a) (b) (c)	a为阔叶； b为针叶； c为果树

附表4-1（续）

序号	名 称	符 号	说 明
36	纪念碑	1.5 1.5 4.0 3.0 (a) (b)	a为1:500~1:1000； b为1:2000； 加注专有名称
37	塑像	1.0 4.0 2.0 (a) (b)	艺术塑像及古代遗留下来的石雕等
38	牌坊、牌楼	1.0 0.5 1.0	两端支柱实测，临时性不表示
39	亭	3.0 1.5 3.0 1.5 (a) (b)	指公园、陵园、路旁等处的亭状建筑物
40	庙宇	2.5 1.2 (a) (b)	佛教、道教、孔庙、神庙及各种庵、寺、院等宗教建筑物，加注专有名称
41	教堂	3.0 1.5 (a) (b)	天主教、耶稣教等传教的场所
42	清真寺	3.0 1.5 (a) (b)	依比例表示时，符号绘在主要建筑物上
43	独立坟	2.0 2.5 (a) (b)	指有明显方位意义、形体比较高大的单个坟墓
44	坟地	5 2.0 2.0 (a) (b)	a为坟群； b为散坟
45	无线电杆、塔	(a) 0.5 60° 3.5 1.0 (b)	a为依比例； b为不依比例

附表4-1（续）

序号	名称	符号	说明
46	地下建筑物的出入口	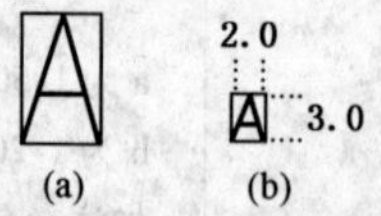 2.0 3.0 (a) (b)	a为依比例； b为不依比例
47	电线杆上的变压器	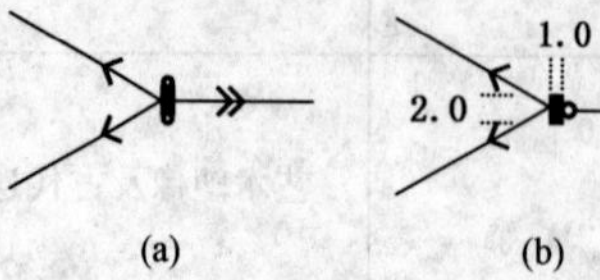 1.0 2.0 (a) (b)	a为1:500～1:1000； b为1:2000
48	电线杆	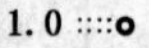 1.0	
49	围墙	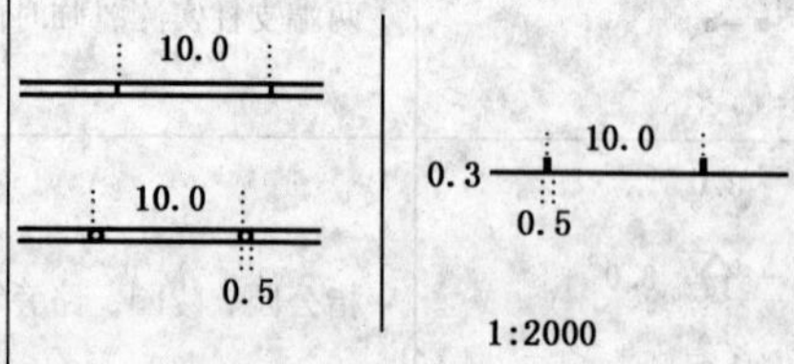 10.0 10.0 0.5 0.3 10.0 0.5 1:2000	土、砖、石混凝土墙的宽度在1:500、1:1000地形图上依比例尺表示，若图上宽度小于0.5 mm时，按0.5 mm绘出。1:2000地形图上用不依比例符号表示，黑块符号一般朝里绘
50	河流	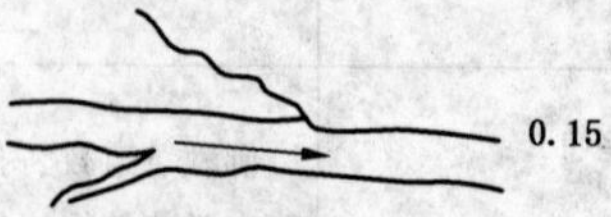 0.15	箭头表示流向，图上河面宽度小于0.5 mm时用单线表示
51	时令河	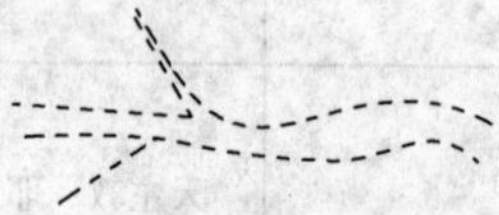	
52	沟渠	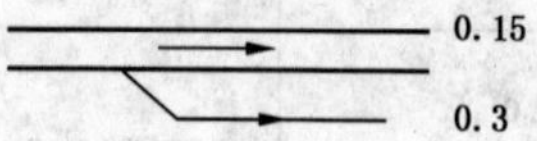 0.15 0.3	宽度在图上大于1 mm（1:2000图上大于0.5 mm）用双线表示，小于1 mm（1:2000图上小于0.5 mm）的用单线表示
53	斜坡	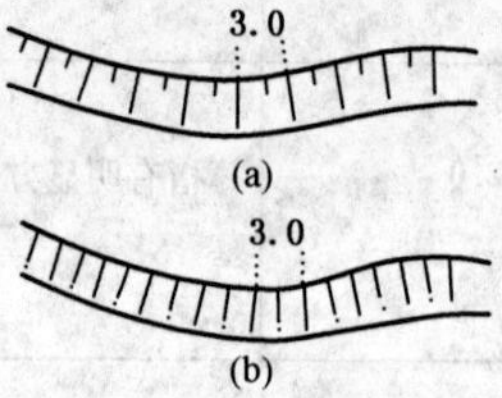 3.0 (a) 3.0 (b)	a为未加固； b为已加固
54	水井	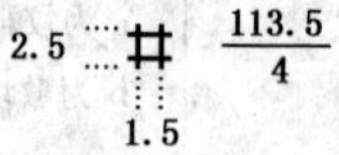 2.5 1.5 113.5/4	113.5为水面高程； 4为地面至水面深度
55	泉	 1.5 79.3	79.3为泉口水面高程
56	陡坎	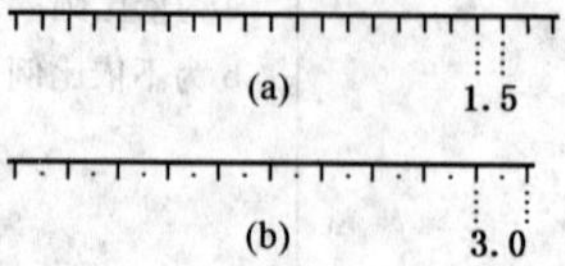 (a) 1.5 (b) 3.0	a为未加固； b为已加固

附表4-1（续）

序号	名称	符号	说明
57	陡崖	(a) (b)	a为土质的； b为石质的
58	冲沟	3.5	3.5为深度注记
59	疏林		
60	灌木林		
61	经济林	梨	注明树种名称
62	旱地		
63	水生植物地	0.5 3.0 藕	
64	稻田	0.2 2.0 10.0 10.0	
65	等高线	(a) 0.15 (b) 25 0.3 (c) 1.0 6.0 0.15	a为基本等高线（首曲线）； b为加粗等高线（计曲线）； c为半距等高线（间曲线）

附录5 煤矿测量、地质图图例

煤矿测量、地质图图例见附表5－1。

附表5－1 煤矿测量、地质图图例

序号	名称	符号	说明
1	导线点	1.5 398.0 0.8 (a)　142.0 1 (b)	1:5000不表示； a为永久点；b为临时点； 点号注在巷道内，底板高程原则上注在点的右侧
2	水准点	170.690 ⊥ 1.5	1:5000不表示； “⊤、⊥、⊣”符号分别表示在“顶、底、帮”的位置
3	立井	一号井 156.36 15.73 3 4 提升 (a)　一号井 156.36 15.73 2 3 提升 (b)	1:500，1:1000按实际比例绘制； a为1:2000；b为1:5000； 箭头为进（回）风符号
4	暗立井	五号井 -45.37 -130.24 3 4 提升 (a)　五号井 -45.37 -130.24 2 3 提升 (b)	
5	暗小立井	六暗井 35.20 -13.70 3 通风 (a)　六暗井 35.20 -13.70 2 通风 (b)	1:500，1:1000按实际比例绘制； a为1:2000；b为1:5000； 右边注明用途；左上为井口高程，左下为井底高程
6	斜井	九号井 4 2.5 85.23 1 1 1 提升 19° (a)　九号井 85.23 提升 19° (b)	1:500，1:1000按实际比例绘制； a为1:2000；b为1:5000； 左侧为井口高程，右边注明用途暗斜井绞车硐室依实测绘制
7	斜煤仓	3 80.0 5.2 55°　36.2 2 -27.5 55°	1:500，1:1000按实际比例绘制； 1:5000不表示； 左上注仓口高程，左下注仓底高程，虚线表示有人行道

附表5-1（续）

序号	名　称	符　号	说　明
8	平硐	二号平硐 193.17 2 3 (a)　二号平硐 193.17 1.2 2 (b)	1:500，1:1000 按实际比例参照1:2000绘制；a为1:2000；b为1:5000
9	报废井筒		
10	岩巷	2 0.3 (a)　0.5 (b)	1:500，1:1000 按实际宽度绘制；a为1:2000；b为1:5000
11	煤巷	0.3 (a)　0.5 (b)	1:500，1:1000 按实际宽度绘制；a为1:2000；b为1:5000
12	倾斜巷道	4.5 1.5 1.5 4°	1:500，1:1000 按实际宽度绘制；1:5000不表示
13	水仓		1:500，1:1000 按实际宽度绘制；1:5000不表示；内涂浅绿色
14	水闸门	全门 1.5 7 半门 7 (a)　4 4 (b)	1:5000不表示；a为1:500、1:1000；b为1:2000；符号由宽到窄为水流方向，内涂浅绿色
15	锚喷巷道		1:5000不表示
16	混凝土、料石等砌碹的巷道	0.2 0.2	1:5000不表示
17	井下测风站	6	符号用红色
18	隔爆水棚	2 3	符号内用蓝线表示
19	发火区与发火点	3 火 0.4 1954.2.1/1955.3.2	虚线为推测部分，“火”表示发火点，分子为发火时间，分母为处理好的时间

附表5-1（续）

序号	名称	符号	说明
20	防火密闭墙	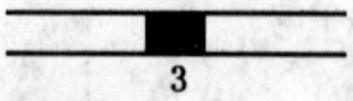 3	内涂红色
21	井田边界	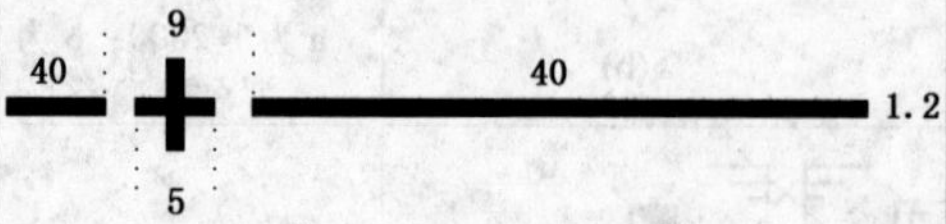 40 9 40 5 1.2	
22	可采边界	10 5 10 3 1.2	
23	地层产状	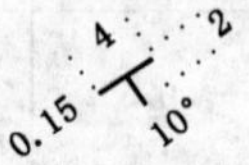 4 2 0.15 10°	
24	见煤钻孔	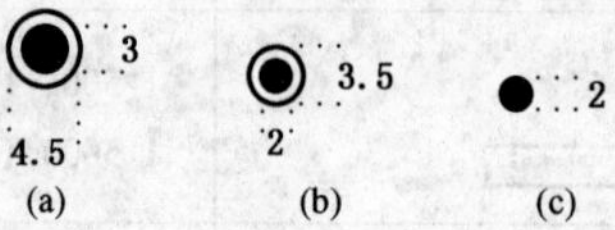 3 4.5 (a) 3.5 2 (b) 2 (c)	
25	未见煤钻孔	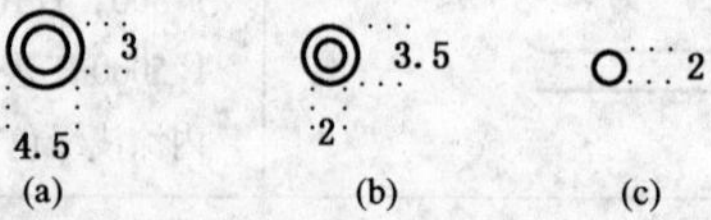 3 4.5 (a) 3.5 2 (b) 2 (c)	a为1:500、1:1000； b为1:2000地面； c为1:2000井下； 在地形图上左边只注孔口高程；在煤层底板等高线图、储量计算图、采掘工程图上，左上为孔口高程，左下为底板高程，右边为煤层可采高度
26	见煤斜孔	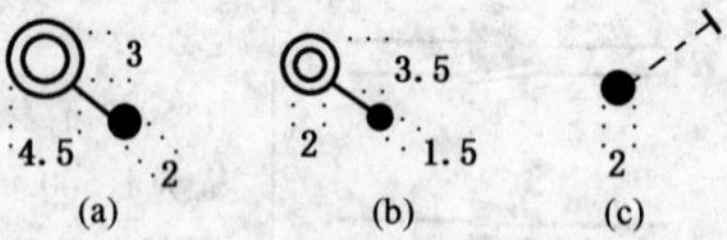 3 4.5 2 (a) 3.5 2 1.5 (b) 2 (c)	
27	报废孔	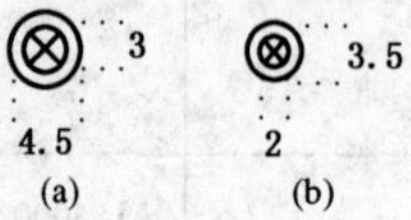 3 4.5 (a) 3.5 2 (b) 2 (c)	
28	专用工程孔	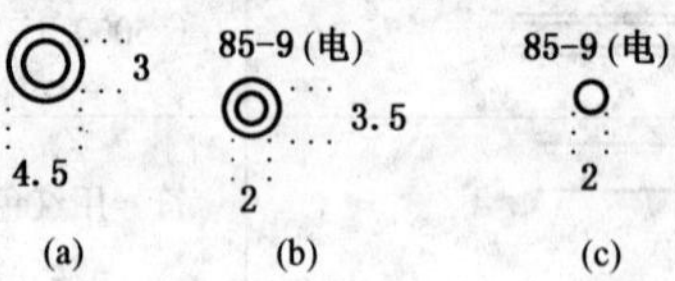 3 4.5 (a) 85-9(电) 3.5 2 (b) 85-9(电) 2 (c)	右边加注“电”、“风”、“排”、“灭”等字，分别表示输电、通风、排水、灭火等钻孔； a为1:500、1:1000； b为1:2000地面； c为1:2000井下
29	水文孔	 4 6	上方注记孔号； 左侧注记：$\frac{\text{孔口高程}}{\text{孔深}}$； 右侧注记：$\frac{\text{水位高程，水位高度}}{\text{单位涌水量，渗透系数}}$
30	漏水孔		上方、左侧注记同上

附表5-1（续）

序号	名 称	符 号	说 明
31	疏水孔	3	右侧注记主要含水层水位（m）
32	长期观测孔	1.5	右侧注记主要含水层水位（m）
33	涌水孔	2	
34	注水孔	3	
35	井下涌水钻孔	3.5	
36	井下注浆孔	3.5	左：孔口高程/孔深； 右：含水层、深度、厚度/单位涌水量，注浆量
37	地面注浆孔	3 5 3.5	
38	井下探放水孔	3.5 (a) α=23° (b) β=14° (c) 0.5 (d)	a为水平孔； b为上斜孔； c为下斜孔； d为直孔； α为上斜角，β为下斜角
39	煤层底板等高线	150 0.15	
40	实测向斜轴	4 1.0	箭头表示岩层的倾斜方向。实测褶皱每100 mm为一组，组与组间距10 mm，推断褶皱每隔5节（20 mm）绘一组，组与组间距10 mm
41	推测向斜轴	2 20 1.0	
42	实测背斜轴	1.0	箭头表示岩层的倾斜方向。实测褶皱每100 mm为一组，组与组间距10 mm，推断褶皱每隔5节（20 mm）绘一组，组与组间距10 mm
43	推测背斜轴	1.0	

附表5-1（续）

序号	名称	符号	说明
44	断层上、下盘	(a) 2 20 0.3 (b) 2	a为上盘； b为下盘
45	井巷实测断层	(1) 15 2.5 5 2 0.2 3 (2) 2.5 2 5 0.2 3 15	（1）正断层； （2）逆断层。用于采掘工程图上。在水平地质切面图上，走向线粗0.5 mm
46	实测陷落柱	0.3	
47	推断陷落柱	0.3 10 3	
48	岩浆岩侵入体	0.3	侵入范围用红实线圈画
49	煤层露头及风氧化带	(a) 0.8 (b) 0.2 (c) 0.2 5 2	a为煤层露头； b为风化带； c为氧化带
50	淋水区		两端符号为起止点
51	积水区	3	内注记：$\frac{\text{积水量（m}^3\text{）}}{\text{积水面积（m}^2\text{）}}$
52	断层防水煤柱	0.3	
53	指北针	N	根据图纸大小自行确定，但箭头宽与长之比为1:3

参 考 文 献

[1] 白裕良．矿山测量［M］．北京：煤炭工业出版社，1996.
[2] 关桂良．矿山测量［M］．北京：煤炭工业出版社，1995.
[3] 马文来．建筑工程测量［M］．徐州：中国矿业大学出版社，1998.
[4] 刘星．工程测量［M］．重庆：重庆大学出版社，2004.
[5] 高井祥．测量学［M］．徐州：中国矿业大学出版社，2004.
[6] 李天和．矿山测量［M］．北京：煤炭工业出版社，2005.
[7] 地形图图式［M］．北京：测绘出版社，2006.
[8] 巩望旭．煤矿地质与测量［M］．北京：煤炭工业出版社，2006.
[9] 李明庚．建筑工程测量［M］．北京：机械工业出版社，2008.
[10] 王淑红．建筑工程测量［M］．北京：清华大学出版社、北京交通大学出版社，2009.
[11] 刘俊荷．矿图［M］．北京：煤炭工业出版社，2011.
[12] 李战红．矿山测量［M］．北京：煤炭工业出版社，2011.

中国煤炭教育协会审定煤炭工业出版社出版
煤炭技工学校“十二五”规划教材

专业	书　　名	专业	书　　名
综合机械化采煤专业	机械制图与 CAD	综采机械维修专业	机械制图与 CAD
	机械基础与液压传动		工程力学
	煤矿电工学		金属工艺学
	煤矿地质与矿图		机械基础与液压传动
	采煤概论		煤矿电工学
	综采电气设备		公差配合与技术测量
	矿井通风与安全		采煤概论
	综合机械化采煤工艺		采掘机械
	采煤机		综掘机械
	液压支架与泵站		综采电气设备
	煤矿安全概论		煤矿安全概论
	综采运输机械		综采机械维修与安装
	电工基本技能实训		电工基本技能实训
	钳工基本技能实训		钳工基本技能实训
综采电气维修专业	机械制图与 CAD	普通采煤专业	机械制图与 CAD
	电工学		工程力学
	煤矿电子技术基础		机械基础与液压传动
	机械基础与液压传动		煤矿电工学
	采掘机械		煤矿地质与矿图
	采煤概论		巷道掘进
	矿山电力拖动与控制		煤矿开采方法
	综采电气设备维修技术		采掘机械
	综掘机械		煤矿安全爆破技术
	煤矿安全概论		矿井通风与安全
	电工基本技能实训		采煤工艺
	钳工基本技能实训		煤矿安全法律法规基础知识
			电工基本技能实训
			钳工基本技能实训

专业	书　　名	专业	书　　名
机械化掘进专业	机械制图与CAD	矿井建设专业	机械制图与CAD
	工程力学		工程力学
	机械基础与液压传动		机械基础与液压传动
	煤矿电工学		煤矿电工学
	煤矿地质与矿图		煤矿地质与矿图
	煤矿测量		矿山测量
	煤矿开采方法		采煤概论
	掘进工程		建井机械
	综掘机械		煤矿建井技术
	综掘工艺		煤矿建井工艺
	矿井通风与安全		特殊凿井工艺
	煤矿安全概论		矿井通风与安全
	电工基本技能实训		煤矿安全概论
	钳工基本技能实训		电工基本技能实训
			钳工基本技能实训
矿山机械运行与维修专业	机械制图与CAD	煤矿电气设备检修专业	机械制图与CAD
	煤矿电工学		工程力学
	工程力学		电工学
	机械基础与液压传动		煤矿电子技术基础
	采煤概论		机械基础与液压传动
	矿山电力拖动与控制		采煤概论
	矿山固定机械与运输设备		矿山固定机械与运输设备
	矿山机械检修与安装工艺		矿山电力拖动与控制
	采掘机械		煤矿供电技术
	煤矿安全法律法规基础知识		煤矿电气设备检修工艺
	电工基本技能实训		煤矿安全法律法规基础知识
	钳工基本技能实训		电工基本技能实训
			钳工基本技能实训

专业	书名	专业	书名
矿井运输专业	机械制图与 CAD	地质与测量专业	测绘学基础
	工程力学		煤矿地质基础
	机械基础与液压传动		煤矿电工学
	煤矿电工学		矿区地形测量
	采煤概论		采煤概论
	铆焊工艺		矿山测量
	矿井轨道运输		矿井水文地质
	电机车电机与拖动		采矿 CAD
	电机车机械与维修		煤矿地质与矿图
	电机车电气与供电设备		煤矿安全法律法规基础知识
	煤矿安全法律法规基础知识		矿区控制测量
	电工基本技能实训		岩移观测
	钳工基本技能实训		钻探工程
			电工基本技能实训
			钳工基本技能实训
通风与安全专业	机械制图与 CAD	选煤专业	机械制图与 CAD
	煤矿地质与矿图		煤矿电工学
	煤矿电工学		机械基础与液压传动
	流体力学与流体机械		煤化学
	煤矿开采方法		选煤机械
	巷道掘进		选煤厂流体机械
	矿井通风技术		选煤厂电气设备与控制技术
	煤矿安全技术		重力选煤
	煤矿安全检测仪器与监控系统		浮选
	采煤概论		选煤厂技术检查
	煤矿安全法律法规基础知识		煤矿安全法律法规基础知识
	电工基本技能实训		电工基本技能实训
	钳工基本技能实训		钳工基本技能实训